U0109168

臺灣歷史與文化研究輯刊

十 編

第 1 冊

台灣左統運動的文化戰線：
《人間思想與創作叢刊》(1998～2008) 研究

王奕超 著

花木蘭文化出版社

國家圖書館出版品預行編目資料

台灣左統運動的文化戰線：《人間思想與創作叢刊》（1998
～2008）研究／王奕超 著 — 初版 — 新北市：花木蘭文化出
版社，2016〔民105〕
序4+ 目2+236 面；19×26 公分
（臺灣歷史與文化研究輯刊 十編；第1冊）
ISBN 978-986-404-781-9（精裝）
1. 臺灣政治 2. 社會運動 3. 文化研究
733.08   105014931

ISBN- 978-986-404-781-9

9 789864 047819

臺灣歷史與文化研究輯刊
十 編 第 一 冊   ISBN：978-986-404-781-9

台灣左統運動的文化戰線：
《人間思想與創作叢刊》（1998～2008）研究

作　　者　王奕超
總 編 輯　杜潔祥
副總編輯　楊嘉樂
編　　輯　許郁翎、王筑　美術編輯　陳逸婷
出　　版　花木蘭文化出版社
社　　長　高小娟
聯絡地址　235 新北市中和區中安街七二號十三樓
　　　　　電話：02-2923-1455 ／傳真：02-2923-1452
網　　址　http://www.huamulan.tw 信箱 hml 810518@gmail.com
印　　刷　普羅文化出版廣告事業
初　　版　2016 年 9 月
全書字數　219458 字
定　　價　十編 18 冊（精裝）台幣 36,000 元

版權所有·請勿翻印

台灣左統運動的文化戰線：
《人間思想與創作叢刊》(1998～2008)研究

王奕超　著

作者簡介

王奕超，1988 年生於台灣台北，淡江大學中文系畢業，國立台北教育大學台灣文化研究所文學組碩士。主要學術興趣在台灣左翼思潮、文藝、運動史。曾任報社記者，主跑交通、環保、勞工等議題，現爲亞洲智慧文化旗下產業雜誌編輯。平時也關心當代政治、社會運動，不定期以筆名在相關同人刊物、共筆部落格發表評論。

提　　要

　　《人間思想與創作叢刊》是由作家陳映眞和其思想同志所創辦的一套文化性叢刊，發行於1998 年至 2008 年。它是一套高度政治化的文化刊物，其誕生於台灣民族主義興盛，而台灣左統運動被邊緣化的時代，目的是爲了替台灣左統運動競奪歷史詮釋權乃至於文化領導權。

　　在刊物立場上，《人間思想與創作叢刊》將恢復中國認同作爲台灣社會去殖民的目標，因此，該刊著重於再現存在於近代台灣的中國民族主義的歷史記憶。爲此，該刊的同仁出土、整理和介紹不少相關史料，尤其是第二次世界大戰結束後，海峽兩岸分裂以前的歷史過渡期的史料，更是該刊致力於挖掘和詮釋的重點。而該刊的另一個重心則是思索東亞地區整體的去殖民問題，並且關心和質疑中華人民共和國在資本主義化之後的政治和文化的發展方向。它頗能反映台灣的左統運動在 20、21 世紀之交的核心關懷。雖然，《人間思想與創作叢刊》秉持著台灣左統運動歷來的「第三世界主義」視野，對於台灣和東亞的去殖民問題的思索和關切，有其可貴之處，然而，其去殖民最終並不是導向一種開放的可能，而是被限定在特定國族的本位立場之中，這也反映了「第三世界主義」的侷限性。

豐厚台灣文學研究的視野與內涵
——序《台灣左統運動的文化戰線：
《人間思想與創作叢刊》（1998～2008）研究》

奕超的碩士論文〈台灣左統運動的文化戰線：《人間思想與創作叢刊》（1998～2008）研究〉將由花木蘭文化出版社出版，收錄於「台灣歷史與文化研究輯刊」，這是值得恭喜的事。

在台灣文史研究的領域，奕超選擇梳理、統整 1990 年代以後異於台灣社會主流國族意識的左統文化運動，並與其進行對話，的確是很意義與價值。近幾年來，無論從批判或肯定的角度去研究左統光譜的代表人物陳映眞之思想和實踐的論文其實不少，然而以整個左統社群爲對象，將《人間思想與創作叢刊》作爲核心主軸，並以「思想運動」作爲切入角度的研究，目前仍只有奕超的論著，相信它會是將來相關研究者的重要參考。

台灣是個移民的社會，歷經不同的政權統治、世界性思潮的交會、戰前與戰後的政治劇烈變遷，各世代、族群交織不同的愛恨情仇，也發展出分歧、對立的國家認同和共同體想像，透過對這些不同文本的爬梳和理解，將有助於發現雙方各自的洞見與不見，並能讓我們對於立場差異，具有更多的包容心。尤其在面對台灣社會的各種爭議，更是須時時保持開放的心態去了解歷史的多元、重層及複雜，才可能爲文學、文化、歷史、政治認同的諸爭端中尋得存異求同之道。

奕超論文撰寫過程非常用心，批閱之後再修訂的章節再多到達 9 次，他精益求精的精神實在值得稱許。在論文口試時本校台文所向陽教授、清華大學台文所陳建忠教授提出許多寶貴意見，對於奕超論文的精進同樣是深有貢獻，在此一併致謝。

翁聖峰序於國立台北教育大學台灣文化研究所

自　序

　　本書是我 2013 年完成的碩士論文，反映的是我研究所 3 年下來，對於台灣新文學、台灣近代史領域若干議題的些許心得，雖然一直以來都認為自己的這份論文在析論上過於粗疏，所囊括的討論面向也過於龐雜而不夠聚焦，甚至因為從完稿至今已隔了 3 年，儘管關懷、認同的對象依舊，但在一些問題的思考上也不免有所變化，然而由於一來個人短期內無法從繁忙的工作生活中抽出充裕的改寫時間，二來也想盡可能的保留能反映最初寫作時個人思想狀態的印跡，因此在最終，我並未對原本的論述進行太大的更動，而只有將部分觀點進行些微調整，並刪除了過份冗雜的文獻回顧。至於錯謬與不足之處，尚祈諸先進、同懷不吝賜正。

　　本書從寫作到出版，可以說受惠於許多師長的支持與協助，因此我要在此鄭重的向他們致上最深的感謝。

　　首先，我要感謝吾師翁聖峯教授，他的指導與推薦，是本書得以完成和出版的關鍵，也感謝他過去對於粗枝大葉的我，在論文撰寫和應對、待人等方方面面上的提點、指導。他嚴謹、認真、細心的治學與處世態度，始終是我的學習榜樣。

　　其次，我還要感謝向陽老師與陳建忠老師。

　　我感謝向陽老師於論文口試期間給予的寶貴建議和鼓勵，我更感謝他過去在所上開設的與理論和思潮課程，這些課程提供的思辨，都是本書諸多論述發展的起點。

　　至於陳建忠老師，他在過去兩次口考過程中所給予的諸多寶貴意見，都是我論文書寫與修正的重要指引，因此我想向他致上最誠摯的謝意，在此也祈願仍於病中的他早日康復。

　　此外，我也想感謝曾健民醫師，要不是他接受我的冒昧叨擾，並且親切的回答我的各種提問，本書的許多部分恐怕無法順利完成。

　　然後，我還要感謝何義麟老師、李筱峰老師、應鳳凰老師、方眞眞老師等國立台北教育大學台灣文化研究所的其他師長們，以及助教雅芹，由於他們對於學生的關懷、照顧和包容，使得我得以擁有溫暖、自由、舒適的學習、研究環境。

　　最後，我要特別感謝我那長年爲家庭勞苦付出的雙親，是他們的理解與支持，讓我在本書的撰寫過程，得以專心投入而無後顧之憂。由於我至今仍沒有什麼足以稱道的成就，值得他們驕傲，因此請容許我厚顏、任性的將這份貧弱的勞作再次獻給他們。

2016 年盛夏

目次

第一章　緒　論

我並沒有錯誤，爲何我這麼孤獨？〔註1〕

——陳映眞

第一節　研究動機與問題意識

一、研究動機

　　上面這段小說家陳映眞（1937～）所發出的充滿悲慨的問句，是引自陳映眞1990年代以後思想上的重要同志曾健民（1950～），在舉辦於2009年的「陳映眞創作50週年國際學術研討會」上的回憶性陳述。據他說，這是陳映眞在1990年代初期寫給他的一張字條的大致內容。這樣的問句，可以說是充分的表現了作爲台灣文壇、知識圈極爲重要卻也備受爭議的文學家、文化旗手的陳映眞，在1990年代以後的強烈寂寞感。事實上，這樣的寂寞感並不只是陳映眞個人的，也同樣是其所屬的政治、知識社群——台灣左統陣營〔註2〕的成員的共同感受。從1990年代以後，堅信自身理念的他們，幾乎成了與台灣社會格格不入的「異端」存在著。

　　然而，左統陣營並不是一直以來都是「異端」的，在尚未解嚴時的台灣社會，他們其實扮演過「先驅」的角色。在那黎明前的漫長黑夜裡，他們的批判性論述曾經是引路的篝火，但是當黎明到來後，那些篝火，很快就失去

〔註1〕引自曾健民，「講評」，文訊雜誌社主編，《陳映眞創作50週年國際學術研討會論文集》，（台北：文訊雜誌社，2009年11月），頁300。

〔註2〕關於「左統」所蘊涵的概念的定義，將在本章第二節的概念界定部分進行詳細說明。

了原本在暗夜裡所具有的光亮，仍然堅守著原本的步調與方向，不肯配合新時代動向的他們，雖然依舊存在於已然奔向不同方向的人們對於那漫漫暗夜的記憶裡，但是在當前的現實裡，他們卻是不被正視的。

　　頗能反映這個現象的是台灣學界對於左統陣營的相關研究。譬如對於陳映真和其對於文化界影響頗大的《人間》雜誌的相關論文實在不少〔註3〕，但是這些研究的重點多數是擺在 1990 年代以前。而對於台灣左統陣營的研究，目前僅以郭紀舟（1968～）的碩論《一九七〇年代臺灣左翼啓蒙運動──《夏潮》雜誌研究》〔註4〕爲代表，該論文對於左統陣營在戰後的崛起與發展有很詳盡的爬梳和分析，但是該論文主要著重的是左統陣營最爲興盛的 1970 年代，並略及 1980 年代，它同樣把研究重點擺在 1990 年代以前。可以說，1990 年代以後的陳映真與台灣左統陣營的發展和實踐，是較少被研究的，因爲他們在 1990 年代以後的實踐和論說，一直是被忽視的。

　　然而，左統陣營難道只有在那些解嚴前的政治、文化運動史話裡的「先驅」角色才有意義嗎？首先，陳映真與左統陣營從當年引路的「先驅」地位，淪爲 1990 年代後被遺忘的邊緣者，並且一直難以再突破困局的這樣的一個歷程本身，就是很值得我們去探究的課題，這樣的轉變，除了反映的是台灣大環境的變化，也應與左統陣營自身在實踐上的侷限性大有關係。而這樣的侷限性，對於追求某種社會願景而實踐的人們，或許能有一定的啓示性意義。另一方面，雖然他們是這個時代的「異端」，但是他們所堅持的「異議」，不見得就完全的不合時宜，透過對於他們這種與時調不同的意見的理解，多少能幫助我們反思一些早已習以爲常，而且當下仍然存在，卻不被正視的問

〔註3〕截至本研究起始的 2012 年 9 月，台灣的學位論文研究陳映真的就有 17 篇以上，（來源：臺灣碩博士論文知識加值系統 http://ndltd.ncl.edu.tw/cgi-bin/gs32/gsweb.cgi/ccd=i0YnyC/search#result，以「陳映真」搜尋「論文名稱」和「關鍵詞」，並剔除《人間》雜誌的相關研究，2012 年 9 月 30 日）。而相關的台灣期刊論文則在百篇以上，（來源：臺灣期刊文獻資訊網 http://readopac.ncl.edu.tw/nclJournal/，以「陳映真」搜尋「篇名」和「關鍵詞」，2012 年 9 月 30 日），至於《人間》雜誌的研究，則有 4 篇學位論文和 4 篇期刊論文，（來源：臺灣碩博士論文知識加值系統 http://ndltd.ncl.edu.tw/cgi-bin/gs32/gsweb.cgi/ccd=7h6Dpi/search#result，以「人間雜誌」搜尋「論文名稱」和「關鍵詞」，2012 年 9 月 30 日，以及臺灣期刊文獻資訊網 http://readopac2.ncl.edu.tw/nclJournal/，以「人間雜誌」搜尋「篇名」和「關鍵詞」，2012 年 9 月 30 日）。

〔註4〕見郭紀舟，《一九七〇年代臺灣左翼啓蒙運動──《夏潮》雜誌研究》，（東海大學歷史學系／碩士論文，83 學年）。

題和困境。基於上述的理由，筆者認為，關於左統陣營的研究，實有必要不只侷限於 1990 年代以前，而應往 1990 年代以後開拓。

不過，要瞭解 1990 年代以後的左統陣營，必須要有一個代表性的切入點。最方便的方式，就是從該陣營 1990 年代以後的代表性刊物切入，在筆者原本粗淺的理解裡，《人間》雜誌是陳映真辦的最後一份刊物，同時也是左統陣營至目前為止的最後一份文化性刊物。1990 年代後的左統刊物，似乎只剩《海峽評論》這本政論性質較重的中國民族主義刊物。直到偶然間，筆者讀到了羅奇的〈陳映真的堅持：由《人間》雜誌到「人間思想與創作叢刊」〉〔註 5〕這份舊報導，筆者才赫然驚覺到，1990 年代末期，陳映真曾為了延續《人間》雜誌的理想，發行了名為《人間思想與創作叢刊》文化性刊物。筆者認為，文化性刊物可能比純粹的政論性刊物，更能廣泛的反映左統陣營的理念和實踐的面向，因為該陣營雖然有強烈的政治立場，但同時又是個文化知識份子氣息較重的社群，他們的實踐除了有政治面向的，還有文化面向的，而且，他們文化方面的實踐，往往又是其政治理念的重要宣揚手段，因此以他們的文化性刊物作為考察對象，應比以他們的政論性刊物作為觀察對象來得全面。就如同《夏潮》這份文化雜誌代表了 1970 年代左統陣營的精神，《人間》這份文化雜誌則表現了 1980 年代左統陣營最引人注目的社會關懷方式，筆者認為，《人間思想與創作叢刊》這份文化性刊物，雖然不像《夏潮》和《人間》這樣的聞名，但是在作為一份延續它們的精神的文化性刊物這個意義來說，或許比起《海峽評論》更能全面反映左統陣營在 1990 年代以後的各種實踐和關懷。

由於當前學界並未對於《人間思想與創作叢刊》這份刊物進行研究，因此筆者決定以該刊作為研究主題，並期待能透過對於這份刊物的研究，深入瞭解左統陣營這個與當今時潮格格不入的政治、知識社群的堅持，以及他們在世紀之交的文化實踐意義和終究無法造成重大影響的根本性因素。

二、問題意識

關於《人間思想與創作叢刊》，在此有必要介紹一下，它是由人間出版社以「一般書籍」的形式出版，標榜「台灣社會・歷史・思想・批判・文學・

〔註 5〕羅奇，〈陳映真的堅持：由《人間》雜誌到「人間思想與創作叢刊」〉，《聯合報》，1999 年 9 月 20 日，41 版。

藝術」的不定期季刊，內容分為圖版頁、論述、文藝欄三個部分，從 1998 年出刊，到 2008 年停刊，共 16 期，前後由曾健民和陳映真主編〔註6〕。

除了這 16 期，另有三本可視為獨立書籍看待的《人間思想與創作叢刊增刊》，分別是《1947～1949 台灣文學問題議論集》〔註7〕、《鵝仔——歐坦生作品集》〔註8〕、《遙念台灣——范泉散文集》〔註9〕，第一本是屬於文獻的彙編，後兩本則是作家的作品集。雖然這三本增刊的性質不同於 16 期的《人間思想與創作叢刊》，但內容與其中幾期的的專題、特輯是有關聯的。

筆者期待，透過本研究的梳理，能解決以下的幾個問題：第一，《人間思想與創作叢刊》為何創刊？與 1990 年以後的時代背景和整個左統陣營的處境有何關係？第二，《人間思想與創作叢刊》的使命是什麼？如何運作？第三，《人間思想與創作叢刊》有哪些具體的實踐和關懷？其侷限性是什麼？第四，透過對《人間思想與創作叢刊》的考察，左統陣營是否具有值得承繼的思想資源呢？以上這四個問題，正是本研究所要探究的方向。

第二節　概念界定

一、概念界定

在進入本研究之前，有必要先對於幾個重要的概念進行界定與釐清，以便於讀者理解，在本論文中提及這些概念時所代表的意義。這包括了本論文所關注的「台灣左統運動」（Left-Wing Chinese Irredentist Movement in Taiwan）這個概念，在下面將把這個概念分成「運動」（Movement）、「左翼」（Left-Wing）

〔註6〕這 16 期分別為：曾健民主編的《1998 年冬 台灣鄉土文學・皇民文學的清理與批判》、《1999 年秋 瘖啞的論爭》、《2000 年秋 復現的星圖》、《2001 年春夏 那些年，我們在台灣》、《2001 年秋冬 因為是祖國的緣故》；陳映真主編的《2003 年冬 告別革命文學?》、《2004 年秋 爪痕與文學》、《2005 年春 迎回尾崎秀樹》、《2005 年秋 八一五：記憶和歷史》；人間出版社編委會主編的《2006 年春 2・28：文學和歷史》；掛名「陳映真總編輯」的《2006 年夏 日讀書界看藍博洲》、《2006 年秋 貪腐破解了台獨政權的神話》、《2006 年冬 復甦文藝變革的力量》、《2007 年春 2・28 六十周年特輯》、《2007 年夏 學習楊逵精神》、《2008 年.01 鄉土文學論戰三十年 左翼傳統的復歸》。

〔註7〕陳映真、曾健民主編，《1947～1949 台灣文學問題論議集》，（台北：人間出版社，1999 年 10 月）。

〔註8〕歐坦生，《鵝仔——歐坦生作品集》，（台北：人間出版社，2000 年 9 月）。

〔註9〕范泉，《遙念台灣——范泉散文集》，（台北：人間出版社，2000 年 2 月）。

和「在台灣的中國統一運動」（Chinese Irredentist Movement in Taiwan）這三個面向進行探討。另外，這個運動所重視的「反對帝國主義」（Anti-Imperialism）這個立場，乃至於與反對帝國主義這個立場相關的「帝國主義」（Imperialism）、「殖民主義」（Colonialism）、「新殖民主義」（Neo-Colonialism）、「去殖民」（Decolonization）這些概念，也將進一步界定。

（一）運動

運動，在這裡借用一般學界對於社會運動（Social Movement）的定義，即「一群人組織起來，促進或抗拒社會變遷」的現象〔註 10〕。雖然這原本是專門針對社會運動的界定，但實際上也能說明本論文所指涉的「運動」這個概念。而學界一般習於將社會運動與政治運動（Political Movement）作區分，認為前者爭取政治影響力和權力，只是改變社會的手段，後者則以取得政治權力爲主要的目的〔註 11〕。但是，如果我們不將政治運動限於這種較爲狹義的界定，而是把促進關於政治、社會制度或結構的某種變化的計畫性行爲，都視爲廣義上的政治運動，則社會運動其實也是一種政治運動。另外，看似與政治運動不相關的文化運動，往往也是特定政治運動的一部分。

（二）左翼

所謂的左翼，是相對於右翼（Right-Wing）而存在的。它們是政治、經濟的意識型態（Ideology）光譜的兩端，也譯作左派與右派。這兩個名詞，最初來自法國大革命，當時的國民議會裡，坐議長席右方的是溫和保守的吉倫特派（Girondist），坐議長席左側的則是主張基進變革的雅各賓派（Jacobin），因此後來就將右派與左派作爲保守現狀與變革現狀的代名詞。由於保守與變革是相對的，左翼與右翼的定位因而也是相對的，隨著時代的不同，左翼與右翼的定義也會有所不同〔註 12〕。

隨著資本主義（Capitalism）興起，傳統社會的崩解，現代社會普遍以佔有生產資料（Means of Production）、以工資役使勞動階級（Working Class）的

〔註 10〕這個定義，引自王甫昌，〈第十六章：社會運動〉，王振寰、瞿海源編，《社會學與台灣社會》，（台北：巨流圖書，2003 年），頁 422。

〔註 11〕這樣的區分，見王甫昌，〈第十六章：社會運動〉，王振寰、瞿海源編，《社會學與台灣社會》，（台北：巨流圖書，2003 年），頁 424。

〔註 12〕關於左翼與右翼的定義，請參考 Frank Bealey 著，張文揚等譯，〈左派及右派〉，《布萊克威爾-政治學智典》（The Blackwell Dictionary of Political Science），（台北：韋柏文化，2007 年 4 月），頁 248。

資產階級（Bourgeoisie）居主導的地位。因此在現代，傾向於維護資產階級的利益、維持資產階級佔主導地位的這種社會秩序的政治、經濟的立場，被視為右翼；而關心必須靠出賣勞動力營生、沒有生產資料的無產階級（Proletariat）——即勞動階級的利益，以改變資產階級主導的社會秩序為目標的政治、經濟的立場，則被視為左翼。

現代左翼的代表性思潮，是以揚棄資本主義政經體制為目標的社會主義（Socialism）。其歷史的根源至少可以追溯到 17、18 世紀出現在英國與法國的一些主張平等、公有制的政治派別。不過，現代社會主義的體系化、形成政治運動則始於卡爾・馬克思（Karl Marx，1818～1883）和弗里德里希・恩格斯（Friedrich Engels，1820～1895）所共同發展出來的、被稱為馬克思主義（Marxism）的思想體系。在馬克思和恩格斯看來，資本主義存在著生產過程社會化，但是生產資料卻被私人佔有的根本矛盾，社會主義首先是對於這種矛盾的體制的根本否定，並且是通過無產階級改造社會同時改造自身的長期革命過程。這個過程，最重要的是必須以消除各階級和各類人之間的社會經濟差距為特徵〔註 13〕。馬克思和恩格斯也將這種運動和這種運動所要實現的理想社會稱作共產主義（Communism）。一般而言，共產主義與社會主義在他們的論說中，經常是可以交互使用的同義詞，並且帶有濃厚超越國族〔註 14〕本位的國際主義（Internationalism）色彩〔註 15〕。

進入 20 世紀後，馬克思主義的政治實踐遂分裂成兩條路線，在西歐資本主義發達地區，主要是以德國社會民主黨為代表，循合法選舉途徑取得議會

〔註 13〕 關於社會主義的定義，請參考湯姆・博托莫爾（Tom Bottomore）等編，陳叔平等譯，〈社會主義（socialism）〉，《馬克思主義思想辭典》（A Dictionary of Marxist Thought），（河南：河南人民出版社，1994 年 7 月），頁 539～541。

〔註 14〕 就現代的意義而言，Nation 這個概念同時有民族和國家的意涵，因此，在本論文中，為了方便表達其本身帶有「民族／國家」這樣的意涵，提到這個概念時，決定選擇「國族」這樣的譯法。至於 Nationalism、National liberation 等與 Nation 相關的概念，則維持像「民族主義」、「民族解放」這樣的習慣譯法。

〔註 15〕 關於共產主義的定義，請參考湯姆・博托莫爾（Tom Bottomore）等編，陳叔平等譯，〈共產主義（Communism）〉，《馬克思主義思想辭典》（A Dictionary of Marxist Thought），（河南：河南人民出版社，1994 年 7 月），頁 104～108。至於馬克思與恩格斯的共產主義/社會主義理念的國際主義色彩，可參考湯姆・博托莫爾（Tom Bottomore）等編，陳叔平等譯，〈國際主義（internationalism）〉，《馬克思主義思想辭典》（A Dictionary of Marxist Thought），（河南：河南人民出版社，1994 年 7 月），頁 280～281。

席次和政權，以漸進改革的方式逼近社會主義的理想，是爲社會民主主義
（Social democracy）；至於在後進地區，則以俄國革命家列寧（Влади́мир Ильи́ч
Ле́нин，1870～1924）、托洛茨基（Лев Давидович Троцкий，1879～1940）成
功領導的 1917 年俄國十月革命爲仿效範例，堅持以基進革命的方式奪取政
權、徹底改造社會的生產關係，向社會主義過渡，是爲馬克思—列寧主義
（Marxism-Leninism）。經此分裂後，共產主義成了對於馬克思—列寧主義流
派的另一種稱呼，而與社會民主主義相區別〔註 16〕。由於社會民主主義最終
停留在資本主義內部的改良，而俄國革命後，幾乎多數經歷過社會結構改造
的國家都爲自身的變革賦予超越資本主義的社會主義意義，並被稱作共產主
義國家，因此，這些標榜社會主義、對於社會結構進行改造的國家可以被視
爲是「實存的社會主義」國家。

　　然而，關於歷史上這些「實存的社會主義」國家的社會，是否符合馬克
思主義意義上的社會主義社會，其實有著許多爭論，關鍵點在於，蘇聯
在史達林（Ио́сиф Виссарио́нович Ста́лин，1878～1953）的主政後，雖然
維護和擴大了經濟上的公有制度，但是出於對國際資本主義滲透、顛覆的
恐懼，因而把社會的一切方面完全置於由上而下的國家支配，並要求人民
對於政府絕對的服從，更把馬克思主義變成一種完全由統治者自上而下憑
權威制定規則的國家意識形態，甚至是推行荒誕的個人崇拜。由於將自身
政權的存續視爲首要目標，因此對外也逐漸淡化了過往的國際主義色彩，
甚至產生了列寧從前曾經批判過的「大國沙文主義」的現象〔註 17〕。而不
幸的是，後續出現的「實存的社會主義」政權，也都多少沾染上這種風氣。
這些被批判稱作史達林主義（Stalinism）的作爲，都讓「實存的社會主義」
蒙上了厚厚的陰影。

〔註 16〕關於共產主義後來成了與社會民主主義相區別，專指馬克思—列寧主義的詞
　　　　彙，請參考湯姆・博托莫爾（Tom Bottomore）等編，陳叔平等譯，〈共產主
　　　　義（Communism）〉，《馬克思主義思想辭典》（A Dictionary of Marxist
　　　　Thought），（河南：河南人民出版社，1994 年 7 月），頁 105。
〔註 17〕請參考湯姆・博托莫爾（Tom Bottomore）等編，陳叔平等譯，〈國際主義
　　　　（internationalism）〉，《馬克思主義思想辭典》（A Dictionary of Marxist
　　　　Thought），（河南：河南人民出版社，1994 年 7 月），頁 281，以及〈斯大林
　　　　主義（Stalinism）〉，《馬克思主義思想辭典》（A Dictionary of Marxist Thought），
　　　　（河南：河南人民出版社，1994 年 7 月），頁 560～562。

在各式各樣關於「實存的社會主義」國家的判斷中，托洛茨基對於史達林以後的蘇聯的分析，算是針對「實存的社會主義」的一種較知名的批判觀點。這個觀點認為，蘇聯類型的社會從它們的基本經濟結構來看還是社會主義的，但是由於政權誕生於較為落後的地區，為了讓原本欠發達的社會生產力透過國家機器的推動快速提昇，導致社會各方面的權利都被官僚所壟斷，並且埋下了在將來蛻變成資本主義社會的可能，而解決這項弊病的方法，只有讓勞動階級再進行一場推翻官僚專政的政治革命，取回被剝奪的權利。〔註18〕這樣的觀點多少指出了這些「實存的社會主義」社會與馬克思所說的社會主義社會存在的差距，也預言了蘇聯與東歐社會主義諸國在 1980 年代末到 1990 年代初的命運。持平而言，與其說「實存的社會主義」實現了社會的平等，不如說它為落後地區開啟了一條另類的現代化途徑（Alternative Modernization Approach）。

至於當今中國共產黨所治理下的社會，則屬於另一個全世界馬克思主義者的爭論焦點，也就是市場經濟的轉型，是否已讓它完全蛻變成了資本主義社會？或者還勉強算得上是「實存的社會主義」社會？對於這個問題，目前似乎仍尚未有定論。

由於「實存的社會主義」政權在實踐上產生了若干的問題，再加上西歐社會主義革命長期陷入瓶頸，因而也造就了一個拋棄古典馬克思主義對於政治、經濟的關心、遠離階級運動，而以哲學研究和文化批判為導向，含括了眾多觀點分歧的流派，以行文艱深、繁複著稱的文化馬克思主義系統──「西方馬克思主義」（Western Marxism）的誕生〔註19〕。他們所發展出來的文化理論，對於全世界的人文知識界都產生了重要的影響。

（三）在台灣的中國統一運動

在台灣的中國統一運動，指的是 1950 年代以後台灣社會的一支民族主義

〔註18〕請參考湯姆・博托莫爾（Tom Bottomore）等編，陳叔平等譯，〈社會主義（socialism）〉，《馬克思主義思想辭典》（A Dictionary of Marxist Thought），（河南：河南人民出版社，1994 年 7 月），頁 541，以及〈托洛茨基，列甯（Trotsky, Leon）〉，《馬克思主義思想辭典》（A Dictionary of Marxist Thought），（河南：河南人民出版社，1994 年 7 月），頁 593。

〔註19〕關於「西方馬克思主義」的形成和特色，請見佩里・安德森（Perry Anderson），《西方馬克思主義探討》（Reconsiderations on Western Marxism），（來源：中文馬克思主義文庫：http://www.marxists.org/chinese/reference-books/westernmarxism/index.htm，2012 年 11 月 28 日）。

運動（Nationalist Movement），該運動追求的是台灣海峽兩岸以中國爲名的政治實體——中華民國和中華人民共和國，統合成一個主權國家（Sovereign state）。另一支相對立的民族主義運動，則是追求台灣獨自成立一個主權國家的台灣獨立運動（Taiwan Independence Movement）。

　　之所以台灣社會的民族主義運動會有這樣的分歧，可以說與第二次世界大戰結束後，台灣的歷史進程息息相關。由於 1945 年台灣復歸中國統轄後，統治中國的蔣氏／國民黨政權〔註 20〕的接收團隊，繼承了過去日本治台時期遺留下來的殖民地舊制，因而使得台灣人民期待復歸祖國會伴隨而來的解放願望徹底落空〔註 21〕。1947 年史稱「二二八事件」的全台性抗爭的爆發和被鎮壓，促使一些人對於中國的幻滅，產生了脫離中國獨立的想法，這也是戰後台灣獨立運動的根源〔註 22〕。然而，在「二二八事件」後不久，中國隨即全面爆發革命性質的內戰，至 1950 年，蔣氏／國民黨政權幾乎被中國共產黨所推翻，直到韓戰（Korean War）爆發後，美國在資本主義對抗社會主義的全球冷戰（Cold War）的戰略考量下，保護和援助了蔣氏／國民黨政權和其所代表的中華民國體制，讓該政權得以透過對美國政治、軍事、經濟的高度依賴存續於剩餘的統治地區——台灣及其周邊群島，並建立了一個高度鎮壓異議者的威權體制〔註 23〕。這也造成了台灣以及其海峽的對岸各自分立了一個以中國爲名，相互對峙並在憲法上相互宣稱擁有對方主權的政治實體。由於兩岸政治實體帶有這樣不正常的特殊關係，因而台灣社會就免不了會出現追求兩岸結束分立、重新恢復成一個中國的政治運動。

〔註20〕雖然從 1928 年到 1988 年，中華民國政權、國民黨政權、蔣家政權幾乎指涉的就是同一個政權，但是由於台灣政治自由化後，國民黨不再由蔣家所主導，甚至是中華民國政權本身也經歷過非國民黨的執政，爲了做出區隔，在論文中我特別以「蔣氏／國民黨政權」作爲蔣介石（1887～1875）和蔣經國（1910～1988）父子時代的黨國政權。

〔註21〕關於戰後接收團隊繼承了日本殖民遺制這點，可見吳介民，〈台海上空的粉紅色幽靈〉，《台灣社會研究季刊》57 期，（2005 年 3 月），頁 222。

〔註22〕關於「二二八事件」造就了一些產生台灣獨立的想法的政治流亡者這點，可見倪炎元，〈第二章 威權政體形成的歷史背景〉，《東亞威權政體之轉型——比較台灣與南韓的民主化歷程》，（台北：月旦出版社，1995 年 11 月），頁 60～61。

〔註23〕關於韓戰爆發，導致美國保護和援助蔣氏／國民黨政權，讓該政權在政治、軍事、經濟依賴美國的情況下於台灣建立威權體制這點，可見吳介民，〈台海上空的粉紅色幽靈〉，《台灣社會研究季刊》57 期，（2005 年 3 月），頁 222～224。

　　然而，無論是台灣獨立運動或者是中國統一運動，其內部都有左翼與右翼之分。由於戰後台灣獨立運動的先驅廖文毅（1910～1986）等人，既起於對蔣氏／國民黨政權的失望，又懼怕共產主義，更有爭取美國讓其取代蔣氏／國民黨政權之意〔註24〕，因此在意識形態光譜上主要是屬於右翼的，像史明（1918～）這種雖然反對中國共產黨，但是仍認同馬克思主義理念和社會主義理想的左翼台灣獨立運動者，在台灣獨立運動中則屬於非主流。不過，將台灣獨立運動理論化，並在史觀上影響較大的卻是史明〔註25〕，而不是其他右翼台獨運動者。雖然，右獨與左獨之間對於台灣獨立的構想存在著分歧，但是對於反對蔣氏／國民黨政權和中國共產黨政權的立場上卻是一致的。至於在台灣的中國統一運動之中，原本右翼統一運動與左翼統一運動也是相互對立的，甚至右統談不上有什麼政治運動，因為右統是蔣氏／國民黨政權的政治理念的擁護者，在政治立場上以反共、捍衛中華民國的法統著稱，與其說形成什麼政治運動，不如說是以行動表態對於蔣氏／國民黨政權的支持；而左翼統一運動者，則是中國共產黨領導的革命在台灣的追隨者，以及在1970年代中華民國的國際地位備受挑戰時，對於蔣氏／國民黨政權的正當性產生質疑的中國民族主義者，他們立場是反美、反蔣、親中共的，也是真正對於兩岸重新統合這個目標積極促進的一群。不過，等到1990年代台灣獨立運動在台灣社會興起，以及蔣氏／國民黨政權的終結後，左統與右統為了對抗台灣獨立運動，卻選擇在國族議題上聯合起來了〔註26〕。

　　也就是說，其實台灣的民族主義運動，雖然存在著左統、右統、左獨、右獨這樣的複雜性，但是最後幾乎變成統、獨兩大趨向的對抗和拉扯，而這樣的拉扯現在仍然在繼續著。

〔註24〕關於廖文毅等人的台獨運動，可見陳正茂，〈戰後台獨運動先驅——廖文毅與「台灣再解放聯盟」初探〉，《臺北城市大學學報》35期，（2012年5月），頁368～378。

〔註25〕關於史明的理論和史觀的影響，可見吳叡人，〈啟示與召喚：《臺灣人四百年史》的思想史定位〉，《史明口述史3：陸上行舟》，（台北：行人出版社，2013年1月29日），頁126～145。

〔註26〕關於左統與右統在國族議題上合流的現象，最具體的例子就是共同舉辦「我是中國人大遊行」，可見已故白色恐怖政治犯陳英泰（1928～2010）部落格對此的評論。（來源：陳英泰部落格-http://tw.myblog.yahoo.com/yingtaichen/article?mid=512&prev=513&next=511&l=f&fid=1，2012年9月30日）。

（四）殖民主義、帝國主義、新殖民主義

殖民主義，在一般的意義上，即一個國家的對外征服與資源剝奪，一般來說殖民主義與帝國主義是可以交替使用的詞語，然而，如果要精準一點的區分的話，帝國主義是比殖民主義更進階的形式，殖民主義只是帝國主義的初期形式。它們最大的不同處在於，帝國主義有堅固的意識形態、經濟與官僚行政體系，它以多樣的方式維持其支配力，包括在政治和行政管理、法律、宗教、教育方面推動「文明化」或「現代化」。帝國主義還有一個最明顯的表現在於，對外擴張的推動力是由於經濟體對於原料、擴大市場和廉價勞動力的需求。然而，它也得到奠基於自身國家的文化與政治優越性這樣的意識形態的重要支持和驅動〔註27〕。不過大體上，它是資本主義發達到一定程度的表現〔註28〕。但是也有特例，日本近代的帝國主義發展明顯是在還沒有足夠的經濟實力下先受到意識形態的驅使進行擴張的，其後來進行的資源榨取主要還是由日本官方規劃、推行，而非日本資本本身的需求引起〔註29〕。

到了第二次世界大戰之後，帝國主義又有了新的外表，它不同於以往的軍事佔領，而是給予舊殖民地形式上的獨立，採取經濟、文化上的支配，被稱為新殖民主義〔註30〕。

必須說明的是，被征服和併吞的領土並不代表就是殖民地，當被征服地區以與宗主國內部其他行政區地位平等、相同的新行政區的身分併入宗主國，並且該地區的原居民能擁有宗主國公民的身分，與宗主國公民享有一樣的權利和義務時，該地區就不算是殖民地。譬如，琉球雖然被日本併吞，但因為它是被編入日本內部一般的行政區劃，因此並不被視為殖民地。不過不是殖民地並不代表就沒有殖民主義的問題，宗主國與殖民地的關係，一個國

〔註27〕請參考彼得‧布魯克（Peter Brook），王志弘、李根芳譯，〈Imperialism（帝國主義）〉，《文化理論詞彙》（A Glossary of Cultural Theory），（台北：巨流圖書，2004年4月初版二刷），頁212～214。

〔註28〕請參考列寧（Влади́мир Ильи́ч Ле́нин），〈帝國主義是資本主義的最高階段〉，中共中央馬克思恩格斯列寧斯大林著作編譯局編譯，《列寧選集第二卷》，（北京：人民出版社，1975年4月），頁730～845。

〔註29〕請參考矢內原忠雄，〈第一章　臺灣的佔據〉，矢內原忠雄著，周憲文譯，《日本帝國主義下的台灣》，（台北：海峽學術出版社，1999年），頁7～10。

〔註30〕請參考恩克魯瑪（Kwame Nkrumah），北京編譯社譯，《新殖民主義：帝國主義的最後階段》（Neo-Colonialism：the Last Stage of Imperialism），（北京：世界知識出版社，1966年）。

家對其外部領地在政治、經濟上的宰制關係是所謂的「外部殖民主義」（External Colonialism），這包括傳統意義上的殖民主義、帝國主義、新殖民主義，至於一個國家內部的發達地區剝削落後地區，優勢族群剝削弱勢族群，則可被稱爲「內部殖民主義」（Internal Colonialism）〔註31〕。

　　無論如何，殖民主義是優勢、發達的地區／族群對於弱勢、落後的地區／族群進行支配、壓榨的行爲，至於帝國主義、新殖民主義，甚至「內部殖民主義」和「外部殖民主義」只是這種本質相同的支配、剝削活動的不同形態。

（五）反帝與去殖民

　　至於反對帝國主義，也就是反帝，指的是反對、抵抗帝國主義侵略、宰制的行爲和態度，它與反殖民（Anti-Colonialism）基本上是同義詞。而去殖民，又可譯作「解殖民」、「非殖民化」，則是去除、擺脫、瓦解殖民主義的支配和影響，這個詞可以當作一個正在進行的工程，也可以當作一個要達成的目標。我們可以這麼說，去殖民是反帝的過程和目標，而反帝是去殖民的態度，去殖民的進行，一定是先從反帝的理念開始。

　　由於帝國主義與資本的擴張關係密切，因此與帝國主義對抗的反帝民族解放運動自然就被反資本主義的革命家列寧所重視和支持。列寧一方面宣揚民族自決（National Self-Determination），反對「違反居民意志來確定國界」、反對「把任何民族強制地留在某個國家疆界以內」〔註32〕，大力鼓吹民族解放，但另一方面也承繼著馬克思和恩格斯在《共產黨宣言》（Manifest der Kommunistischen Partei）所倡議的超越畛域、以勞動階級爲認同依歸的國際主義精神，限定民族自決在方向上從屬於國際社會主義運動〔註33〕，並不忘提醒勞動階級，階級才是認同的主體，跨國族的階級聯合、階級權益的爭取

〔註31〕關於「內部殖民主義」請參考赫克特（Michael Hechter），〈內部殖民主義〉，馬戎編，《西方民族社會學的理論與方法》，（天津：天津人民出版社，1997年），頁79～90。

〔註32〕見列寧（Влади́мир Ильи́ч Ле́нин），〈關於自決問題的爭論總結〉，中共中央馬克思恩格斯列寧斯大林著作編譯局編譯，《列寧全集 第二十二卷》，（北京：人民出版社，1990年2月），頁322～323。

〔註33〕請參考列寧（Влади́мир Ильи́ч Ле́нин），〈關於自決問題的爭論總結〉，中共中央馬克思恩格斯列寧斯大林著作編譯局編譯，《列寧全集 第二十二卷》，（北京：人民出版社，1990年2月），頁335～336。

重於一切〔註 34〕。於是，反帝民族解放運動被納入對抗國際資本主義體系的社會主義運動的一環，也開啓了社會主義運動支援、主導殖民地、半殖民地、弱小民族的反帝解放事業的傳統。不過，值得注意是，這些殖民地、半殖民地、弱小民族的社會主義者，由於是民族解放、救亡運動起家，因此不可避免的多少都會帶有民族主義傾向，只不過蘇聯所控制的「共產國際」，在解散前對於國際上的社會主義運動一直存在著強大的指導威信，因而讓這些社會主義者不得不壓抑這方面的傾向，而奉蘇聯爲共同的階級祖國〔註 35〕。隨著蘇聯於 1943 年爲安撫第二次世界大戰期間的資本主義盟國，而將「共產國際」解散〔註 36〕，民族主義得以逐步在殖民地、半殖民地區的社會主義運動復甦，並伴隨著戰後亞洲、非洲、拉丁美洲的民族解放浪潮而達到了高峰，這些都導致過去社會主義運動所標榜的以階級爲團結主體的國際主義型態的弱化，進而讓以擺脫帝國主義支配、追求國族自主發展爲認同依歸的「第三世界主義」（Third-Worldism）〔註 37〕立場，成爲後進地區的左翼新的國際聯合基礎。

〔註34〕列寧曾提醒，「工人如果把同『本』民族資產階級的政治統一，看得高於同各民族無產者的完全統一，那就違犯了自己的利益。違犯了社會主義的利益和民主主義的利益。」見列寧（Влади́мир Ильи́ч Ле́нин），〈民族問題提綱〉，中共中央馬克思恩格斯列寧斯大林著作編譯局編譯，《列寧全集 第二十三卷》，（北京：人民出版社，1990 年 4 月），頁 331。

〔註35〕這方面我們可以當時作爲殖民地的台灣爲例，被左翼控制後的台灣文化協會即稱蘇聯爲「世界無產階級唯一的祖國」，並在口號上以階級立場出發，以跨國界的階級爲團結對象：「日韓台被壓迫階級團結起來！」。見王曉波編，〈台灣文化協會第四次全島代表大會宣言〉，《臺胞抗日文獻選新編》，（台北：海峽學術初版社，1998 年 11 月），頁 103～106。而作爲台共外圍組織的台灣農民組合也在口號上稱蘇聯爲「工農祖國蘇維埃」，並以工農階級立場出發，團結區域間同樣受壓迫的工農階級：「台日鮮中工農階級團結起來」。見王曉波編，〈台灣農民組合第二次全島大會宣言〉，《臺胞抗日文獻選新編》，（台北：海峽學術初版社，1998 年 11 月），頁 349～350。

〔註36〕關於「共產國際」的歷史，以及蘇聯二戰期間解散「共產國際」是爲安撫資本主義盟國的說法，可參考湯姆・博托莫爾（Tom Bottomore）等編，陳叔平等譯，〈國際（Internationals）〉，《馬克思主義思想辭典》（A Dictionary of Marxist Thought），（河南：河南人民出版社，1994 年 7 月），頁 285～287。

〔註37〕「第三世界主義」指的是二次世界大戰以後，站在「第三世界」立場的政治意識形態。至於「第三世界」這個概念，最初的劃分，是認爲美國爲首的資本主義陣營是「第一世界」，以蘇聯爲首的社會主義陣營是「第二世界」，新興獨立的民族國家是「第三世界」。1964 年 1 月，中共領導人毛澤東（1893～1976）也開始使用「第三世界」這個提法，但是，他對於「第三世界」的劃分並不同於原先的提法，主要是指受帝國主義支配的地區。

　　然而，比起反帝態度的確立，去殖民更是一個艱難的目標。畢竟，擁有反帝的立場和行為卻未必能真正達到去殖民的成果。早期的人們致力於排除殖民者的軍事佔領和統治，追求獲得獨立國家的地位，後來人們認識到那只是去殖民的形式而不是實質，殖民的影響和支配幾乎仍是無所不在的存在著，尤其是在經濟和文化上。為了瓦解資本強權在經濟上的宰制關係，許多國族在獨立後都朝建設能夠自主發展的經濟體系努力，而為了處理更無所不在的文化上的殖民影響，最終出現了革命思想家弗朗茲・法農（Frantz Fanon，1925～1961）以降的後殖民主義（Post-Colonialism）論述。

第三節　研究方法

　　本研究運用文獻分析法、訪談法，以及兩位革命思想家的理論──義大利社會主義思想家安東尼奧・葛蘭西（Antonio Gramsci，1891～1937）的文化領導權理論、弗朗茲・法農對於被殖民者的分析和去殖民的論述作為主要的研究方法，以求適切的理解《人間思想與創作叢刊》。在國族議題上，本研究則採取建構主義（constructionism）的觀點立論。以下是對於這幾個研究方法，以及其在本研究的運用上的簡單說明。

一、文獻分析法

　　文獻分析法是指藉由文獻資料進行研究的方法，「它是一種間接的研究法，在一定的限度之內，透過對蒐集而來的文獻資料的整理、分類、綜合、比較、歸納與分析」〔註38〕的方法。這些文獻包含了第一手資料（Primary Sources），如作品、筆記、信件、訪問稿，以及其他相關的研究和評論，即二

　　到了 1974 年，「社會主義中國」終於對「第三世界」這個概念作出明確的解釋：「『第三世界』是第二次世界大戰後逐步發展形成的新興力量。「第三世界」的國家，長期受帝國主義、殖民主義的壓迫，目前還面臨著超級大國和新、老殖民主義的侵略、欺負和威脅，經濟上都屬發展中的國家。亞洲、非洲和　拉丁美洲的絕大多數國家都屬於第三世界。」從此，「第三世界」明確被用以指涉受帝國主義支配、與帝國主義對抗的地區和陣營。請參考王永魁，〈「第三世界」與「三個世界」的提法及涵義考證〉，《北京黨史》，（2011 年 3 月），頁 63～64。是故，「第三世界主義」即是一種以反帝為優先目標的政治立場。

〔註38〕引自孟樊，〈第五章 研究的方法〉，《論文寫作方法與格式》，（台北：威仕曼文化，2012 年 1 月二版一刷），頁 106。

手資料（Secondary Sources）。透過這個方法，「可以幫助我們瞭解過去，重建過去，解釋現在，極推測將來」〔註39〕。

本研究一方面參考目前學界對於左統陣營、陳映眞及《人間》雜誌的相關研究，以及相關的訪談資料和一些書報資料，從中梳理出左統陣營以及陳映眞從過去到《人間思想與創作叢刊》時期的發展變化，以論析出《人間思想與創作叢刊》的創刊經過和發展，另一方面則整理《人間思想與創作叢刊》的內容，分析內涵的思考，以及針對特定議題的主要觀點，並適度選擇學界對於同一議題持不同觀點的意見與其進行比較、對話。

二、訪談法

訪談法是「研究者透過和訪談對象對話語溝通過程中（可能一人、數人或團體）」，按照預定計畫、程序、設計具有明確目標價值導向的議題，以紙筆、錄音、錄影或照相等工具器材，充分蒐集受訪者意見、態度的資料，並透過研究者詮釋分析後，讓研究問題獲得解答的研究方法」〔註40〕。

本研究之所以使用訪談法，主要是爲了解決關於《人間思想與創作叢刊》運作方面的疑問，因此，筆者先條列出相關的問題，例如該刊的實際運作情形、陳映眞不在台灣的後期實際情況、停刊的眞正因素，形成一個訪談的大綱，以訪問該刊的主導人員。由於陳映眞不在台灣，曾擔任編輯委員會召集人的曾健民就成了重點訪談對象。透過對於曾健民的訪談，也讓該刊的運作模式得以明瞭。

三、文化領導權理論

文化領導權理論，是義大利共產黨領導人葛蘭西在遭受義大利政府囚禁的 1930 年代，思索社會主義革命出路所發展出來的理論。

葛蘭西首先將知識份子區分爲「傳統知識份子」（Traditional Intellectual）和「有機知識份子」（Organic Intellectual）。「傳統知識份子」是長期壟斷哲學、科學、道德、司法、慈善等公共事業、「具有自身特權」，卻「自認爲能夠自治

〔註39〕 出自葉至誠、葉立誠，《研究方法與論文寫作》，（台北：商鼎，1999），頁138，轉引自孟樊，〈第五章 研究的方法〉，《論文寫作方法與格式》，（台北：威仕曼文化，2012 年 1 月二版一刷），頁 106。

〔註40〕 出自那昇華、洪毓琄，〈1-2 研究方法〉，《研究論文的實踐：國小老師經驗》，（台北：心理出版社，2009），頁 42。

並獨立於居統治地位的社會集團」的一般知識份子〔註41〕；「有機知識份子」則是與特定階級一起形成，並在該階級發展過程中加以完善的知識份子〔註42〕，這種知識份子要有特定的歷史觀，並且是「積極地參與實際生活，不僅僅是做一個雄辯者，而是要作為建設者、組織者和『堅持不懈的勸說者』」〔註43〕。也就是說，「有機知識份子」與「傳統知識份子」的差別在於，「有機知識份子」不認為自己獨立於社會集團之外，而是抱持著特定的歷史觀，積極融入他所認同的階級的生活，並且努力不懈的為這個階級進行建設、組織和宣傳的工作。

葛蘭西認為，如果一個階級要爭取成為居統治地位的社會集團，最重要的方式，就是在意識形態上，努力同化、征服「傳統知識份子」，同時培養自己的「有機知識份子」〔註44〕。他認為一個階級要變成統治階級，需要「逐步而持續地吸收結盟集團所產生的積極分子——甚至是吸收那些來自敵對集團和貌似勢不兩立的積極分子」，「而大量吸收敵人的精英分子意味著砍了它們自己的頭以及往往持續很長時間的毀滅」，葛蘭西將這樣的過程稱為「消極的革命」（Passive Revolution）〔註45〕。

他更指出：

> 一個社會集團能夠也必須在贏得政權之前開始行使「領導權」（這就是贏得政權的首要條件之一）；當它行使政權的時候就最終成了統治者，但它即使是牢牢地掌握了政權，也必須繼續以往的「領導」。〔註46〕

〔註41〕 見安東尼奧・葛蘭西（Antonio Gramsci），曹雷雨、姜麗、張跣譯，〈第一章 歷史文化問題〉，《獄中札記》（The Prison Notebooks），（北京：中國社會科學出版社，2000年10月），頁2～3。

〔註42〕 見安東尼奧・葛蘭西（Antonio Gramsci），曹雷雨、姜麗、張跣譯，〈第一章 歷史文化問題〉，《獄中札記》（The Prison Notebooks），（北京：中國社會科學出版社，2000年10月），頁2。

〔註43〕 見安東尼奧・葛蘭西（Antonio Gramsci），曹雷雨、姜麗、張跣譯，〈第一章 歷史文化問題〉，《獄中札記》（The Prison Notebooks），（北京：中國社會科學出版社，2000年10月），頁5。

〔註44〕 見安東尼奧・葛蘭西（Antonio Gramsci），曹雷雨、姜麗、張跣譯，〈第一章 歷史文化問題〉，《獄中札記》（The Prison Notebooks），（北京：中國社會科學出版社，2000年10月），頁5～6。

〔註45〕 引自安東尼奧・葛蘭西（Antonio Gramsci），曹雷雨、姜麗、張跣譯，〈第一章 歷史文化問題〉，《獄中札記》（The Prison Notebooks），（北京：中國社會科學出版社，2000年10月），頁39。

〔註46〕 引自安東尼奧・葛蘭西（Antonio Gramsci），曹雷雨、姜麗、張跣譯，〈第一章 歷史文化問題〉，《獄中札記》（The Prison Notebooks），（北京：中國社會科學出版社，2000年10月），頁38。

在他看來，奪取政權和維繫政權的關鍵在於領導權的爭奪。而且，像是在西歐資本主義發達地區，領導權的爭奪更是重要，因爲這些地區存在著複雜、穩定的「市民社會」（Civil Society）結構〔註47〕，「國家一旦動搖，穩定的市民社會結構立即就會顯露。國家不過是外在的壕溝，其背後是強大的堡壘和工事」〔註48〕。

在葛蘭西的定義裡，非經濟領域的上層建築有「市民社會」和「國家」兩個領域，「市民社會」是「私人的」組織的總和，統治集團透過其行使領導權的職能，讓人民大眾對統治集團產生自發性認同〔註49〕，該領域「無須『法律約束』或強迫的『義務』就能運轉，但是照常可以帶來集體壓力，並且通過風俗的演化、思想和行爲方式以及道德風尙等產生客觀效果」〔註50〕，而「國家」則是司法等強制的機構，統治集團透過其行使管轄職能。〔註51〕如果在「市民社會」強大的地區沒能先贏得領導權，那麼即使以革命行動奪取了「國家」，面臨的也將是廣大民眾的強烈的敵視和對抗。因此，葛蘭西主張向當時的統治階級──資產階級──的手段學習，即施行「推動其他階級向本階級過度」、不斷「吸收整個社會，把它納入自己的文化和經濟範圍之內」〔註52〕的「消極的革命」，具體上的作法就是以經營「市民社會」的各種陣地的「陣地戰」，逐步贏得文化領導權，作爲在資本主義發

〔註47〕見安東尼奧・葛蘭西（Antonio Gramsci），曹雷雨、姜麗、張跣譯，〈第二章 政治隨筆〉，《獄中札記》（The Prison Notebooks），（北京：中國社會科學出版社，2000 年 10 月），頁 191。

〔註48〕引自安東尼奧・葛蘭西（Antonio Gramsci），曹雷雨、姜麗、張跣譯，〈第二章 政治隨筆〉，《獄中札記》（The Prison Notebooks），（北京：中國社會科學出版社，2000 年 10 月），頁 194。

〔註49〕見安東尼奧・葛蘭西（Antonio Gramsci），曹雷雨、姜麗、張跣譯，〈第一章 歷史文化問題〉，《獄中札記》（The Prison Notebooks），（北京：中國社會科學出版社，2000 年 10 月），頁 7。

〔註50〕引自安東尼奧・葛蘭西（Antonio Gramsci），曹雷雨、姜麗、張跣譯，〈第二章 政治隨筆〉，《獄中札記》（The Prison Notebooks），（北京：中國社會科學出版社，2000 年 10 月），頁 198。

〔註51〕見安東尼奧・葛蘭西（Antonio Gramsci），曹雷雨、姜麗、張跣譯，〈第一章 歷史文化問題〉，《獄中札記》（The Prison Notebooks），（北京：中國社會科學出版社，2000 年 10 月），頁 7～8。

〔註52〕見安東尼奧・葛蘭西（Antonio Gramsci），曹雷雨、姜麗、張跣譯，〈第二章 政治隨筆〉，《獄中札記》（The Prison Notebooks），（北京：中國社會科學出版社，2000 年 10 月），頁 216。

達地區的長期革命戰略〔註53〕。

在本研究，筆者即運用葛蘭西的論點，觀察台灣左統運動的發展，並且藉由這個論點指出該運動在發展上的缺陷。另一方面也藉此理論詮釋《人間思想與創作叢刊》的創刊動機以及其運作意義，並且也透過這個理論的角度，觀察《人間思想與創作叢刊》影響有限的原因。

四、法農的後殖民論述

後殖民論述指的是專門針對殖民主義，「尤其是其遺緒的意識形態和文化衝擊的研究」〔註54〕，但是關於「後殖民」的定義卻是複雜的，早期主要指殖民統治結束之後，後來漸指為殖民主義的過程與影響〔註55〕。該領域的先驅是弗朗茲・法農。

法農的論述，較被當代後殖民學者推崇的是《黑皮膚，白面具》（*Peau noire, masques blancs*），其深刻地以精神醫學分析了黑人的處境和心理創傷，為人們提供了一個理解被殖民者心靈的視角〔註56〕。他另一本重要著作《大地上的受苦者》（*Les Damnés de la Terre*），則是倡議實際的去殖民作為，法農在書中主張對壓迫者反抗的必要性，並主張以實際的社會變革行動終結殖民主義。他認為廣大的社會底層民眾才是革命的主力，因此菁英與民眾應相互學習，而在國族獨立後，國族建設應讓全體人民參與，避免讓民族資產階級把持政權，使國族陷入絕境。在國族文化的重建上，他既反對模仿殖民者，也反對回歸傳統的復古作法，提倡在反殖民、去殖民的過程中開展出對世界有貢獻的新文化〔註57〕。

〔註53〕 見安東尼奧・葛蘭西（Antonio Gramsci），曹雷雨、姜麗、張跣譯，〈第二章 政治隨筆〉，《獄中札記》（The Prison Notebooks），（北京：中國社會科學出版社，2000年10月），頁194～195、頁198～199。

〔註54〕 彼得・布魯克（Peter Brook），王志弘、李根芳譯，〈Postcolonialism （後殖民主義）〉，《文化理論詞彙》（A Glossary of Cultural Theory），（台北：巨流圖書，2004年4月初版二刷），頁300。

〔註55〕 參考生安鋒，〈後殖民理論崛起之背景〉，《霍米巴巴》，（台北：生智文化，2005年），頁4～14。

〔註56〕 參考陳芳明，〈膚色可以漂白嗎?〉，弗朗茲・法農（Frantz Fanon）著，陳瑞樺譯，《黑皮膚，白面具》（Peau noire, masques blancs），（台北：心靈工坊，2009年11月二版二刷），頁12～18。

〔註57〕 參考孫大川，〈昨日之怒——閱讀法農《大地上的受苦者》〉，弗朗茲・法農（Frantz Fanon）著，楊碧川譯，《大地上的受苦者》（Les Damnés de la Terre），（台北：心靈工坊，2009年6月初版一刷），頁5～18。

　　由於《人間思想與創作叢刊》十分重視去殖民，更曾針對殖民主義價值觀影響進行批判，但其批判並不僅是追求對殖民主義敘事的顛覆與重寫，而是寄望能為實際的社會變革運動做出思想上的準備，再加上該刊主導者陳映真在針對皇民文學的批判時，也曾提及法農，因此筆者決定在這部分捨棄其他更為流行、但較著重於純粹話語力量的後殖民論述，而是運用同樣重視實際社會變革的法農論述進行檢視，並與之進行對話。

五、建構主義國族論

　　有別於傳統將國族視為基於宗教、血緣、文化傳統等原生本質因素產生，建構主義的國族論興起於 1980 年代，它認為國族是近代建構出來的產物，最具代表性、影響力的理論家莫過於是著有《想像的共同體：民族主義的啓源和散佈》（*Imagined Community : Reflections on the Origin and Spread of Nationalism*）一書的班納迪克・安德森（Benedict　Anderson，1936～2015）。

　　班納迪克・安德森認為國族是一種近代才出現的想像形式，它雖然是「想像」的，但並不是捏造的，而是一種真實存在於社會集體的想像。他透過複雜而可信的論證指出，近代的民族主義分為數波，主要是受到殖民制度歧視下被限定在殖民地疆界內的社會與政治流動經驗、法國大革命下人民主權（Popular Sovereignty）〔註58〕理念的傳播、出版商借助進步印刷科技追求出版品的極大化流通，導致方言性「印刷語言」取代拉丁文而興起等因素交織下誕生的，這其中也包括了歐洲各王室為了避免被民族主義力量顛覆，主動收編民族主義原則的推波助瀾，以及非歐洲地區的知識菁英對於歐洲官方民族主義（Official Nationalism）衍生出的帝國主義擴張的影響、反彈和模仿〔註59〕。

〔註58〕人民主權，指的是法國思想家盧梭（Jean-Jacques Rousseau，1712～1778）所提出的概念，他認為國家主權是屬於全體公民的，政府只是被授予權力的代理人，其權力依據人民的意志撤銷或更動。請參考賽班（George H. Sabine）著，Thomas Landon Thorson 修訂，李少軍、尚新建譯，〈第二十九章　重新發現社會：盧梭〉，《西方政治思想史》（A History of　Political Theory），（台北：桂冠圖書，1997 年 10 月），頁 597～598。

〔註59〕對於班納迪克・安德森的民族主義論的論證介紹，可見吳叡人，〈認同的重量：《想像的共同體》導讀〉，班納迪克・安德森（Benedict　Anderson）著，吳叡人譯，《想像的共同體：民族主義的啓源和散佈》（Imagined Community : Reflections on the Origin and Spread of Nationalism），（台北：時報文化，2010 年 5 月 3 日），頁 12～17。

　　本研究在討論台灣國族認同議題時，將採用這類建構主義的觀點，著重於對歧視和壓迫的反彈、知識分子的作用、政治實體的邊界等因素來說明台灣國族認同的形成與變遷。

第二章　台灣左統運動的邊緣化

人們自己創造自己的歷史，但是他們並不是隨心所欲地創造，並不
是在他們自己選定的條件下創造，而是在直接碰到的、既定的、從
過去承繼下來的條件下創造。〔註1〕

——卡爾·馬克思

思想根本不能實現什麼東西。為了實現思想，就要有使用實踐力量
的人。〔註2〕

——卡爾·馬克思

要藉由《人間思想與創作叢刊》探討 20、21 世紀之交台灣左統運動的實
踐和關懷，首先應理解台灣左統運動，在進入 1990 年代以後，之所以邊緣化
的原因。本章將在第一節先分析 1990 年代世界和台灣的重大變化，第二節則
爬梳台灣左統運動的發展史，第三節則進一步探討台灣左統運動之所以沒
落、邊緣化的原因。

第一節　1990 年代世界與台灣的轉變

1980 年代末至 1990 年代初，世界爆發了政治自由化的浪潮，先是中華
人民共和國因經濟自由化的改革開放政策，擴大了社會的矛盾，引起要求政

〔註1〕 引自卡爾·馬克思（Karl Marx），《路易·波拿巴的霧月十八》（Der achtzehnte
Brumaire des Louis Bonaparte），中共中央馬克思恩格斯列寧斯大林著作編譯
局編譯，《馬克思恩格斯全集第八卷》，（北京：人民出版社，1985 年），頁 121。
〔註2〕 引自卡爾·馬克思（Karl Marx），《神聖家族》（Die heilige Familie），中共中央
馬克思恩格斯列寧斯大林著作編譯局編譯，《馬克思恩格斯全集第二卷》，（北
京：人民出版社，1985 年），頁 152。

治自由化的學潮，終而爆發震驚國際、屠殺學生與市民的「六四天安門事件」，雖然這場政治自由化運動被無情鎮壓，但卻使這個標榜社會主義的國家在經濟上加速朝資本主義復辟的方向邁進；接著東歐、蘇聯這些奉行史達林主義的「實存的社會主義」政權，則因黨國官僚集團專政所積累的各種社會矛盾的總爆發，而相繼垮台，紛紛轉型成資本主義國家；而台灣、南韓這兩個東亞的反共獨裁政權，則是在已發展成熟的資產階級的挑戰下開始政治自由化。

　　除了政治自由化，各國的經濟政策也發生重大的變動。由於第二次世界大戰後，先進資本主義國家所實行的福利國家（Welfare State）政策，在1970年代陷入了高度控管的勞動市場和消費市場飽和的情況下的資本積累限制，所產生的經濟成長停滯、衰退的困境。在高社會福利模式的資本主義出現瓶頸後，英相柴契爾夫人（Margaret Hilda Thatcher, Baroness Thatcher，1925～2013）和美國總統雷根（Ronald Wilson Reagan，1911～2004）在1980年代相繼改採撤消社會福利等公共支出、私有化公共資產、壓制工會力量、爲壟斷性資本流動排除障礙、促進金融機構的擴展並保護其利益、爲企業減稅並賦予特權，積極爲資本積累塑造最佳條件的新自由主義（Neoliberalism）政策。而英、美兩國的轉變，在國際貨幣基金組織（International Monetary Fund，IMF）和世界銀行（World Bank Group，WBG）的背書和推動下，也成爲世界經濟發展的新方向，其他國家紛紛朝此方向靠攏，包括前蘇聯、東歐各國、台灣、韓國等等剛剛政治自由化的國家，甚至是日益資本主義化的中華人民共和國〔註3〕。可以說，自由開放的市場

〔註3〕關於新自由主義式經濟方針的崛起經過，請參考大衛・哈維（David Harvey），王志弘譯，〈新自由主義與階級力量的復辟〉，《新自由主義化的空間：邁向不均地理發展理論》，（Spaces of Neoliberalization: Towards a Theory of Uneven Geographical Development），（台北：群學出版，2008年12月），頁10～36。有一些觀點也把這種經濟措施稱爲新保守主義（Neoconservatism），不過依大衛・哈維在這篇分析的看法，兩者是有差別的，新保守主義主要還是一種保守的價值觀和政治立場，譬如重視傳統秩序、強調家庭價值、敵視女性主義者和非異性戀者、敵視社會運動、反對多元文化等等。只是這種政治立場，在1980年代後開始與新自由主義這種放任資本自由的經濟政策相結合，成爲柴契爾和雷根，甚至其他採行新自由主義的政府的一種立場。另外要注意的是，與Neoliberalism截然不同的一種思潮、立場──New Liberalism，也被譯作新自由主義，指的是自由主義左派，不過在本論文所指涉的新自由主義，並不是指這個，而是專指Neoliberalism。

經濟成為全球潮流，被定於一尊，「歷史終結」（The End of History）〔註4〕之說更是盛行一時。

在政治、經濟自由化的情況之外，台灣還有國族認同的轉變。

由於戰後統治台灣的蔣氏／國民黨政權，雖然因為內戰的敗北，喪失了對中國大陸的統轄，但是在美國的支持下卻長時間得以對外代表中國，對內壓制各種異議。然而，從 1970 年代開始，蔣氏／國民黨政權在國際上失去了中國的代表權，政權的正當性、國家的主權開始受到質疑。1970 年代末期，隨著經濟的發展，台灣本土資產階級崛起成為不能忽視的力量，其中不滿社會諸多限制阻礙發展的新興都市中產階級，造就了活躍的台灣本土政治反對運動，在台灣本土政治反對勢力以政治改革訴求和動員過去被壓抑的台灣本土族群意識的挑戰下，國民黨愈趨依賴侍從的台灣本土地方勢力；而大資產階級基於資本擴張的邏輯，為了往上游發展，也開始向政權施壓。這些現象都使得蔣氏／國民黨政權愈來愈無法對台灣社會有效的、依自身的意志進行控制。於是 1980 年代中後期，總統蔣經國（1910～1988）開始改造國家機器，企圖吸納、整合社會上的各方勢力，以解決統治危機，但他在計畫尚未完成時猝逝，使得缺乏強人領導的國民黨，內部既陷入權力的爭奪，外部又面臨台灣本土勢力的嚴厲挑戰。最終，台灣本土族群出身的繼任者李登輝以擴大政治參與空間安撫反對勢力，又聯合資本家、地方勢力，驅逐已無力處理變局的舊威權勢力，掌握了政權。為了穩固政權，李登輝一方面配合資本家的需求，並讓自身依靠的地方資本勢力進入中央決策，另一方面也不忘迎合台灣本土反對勢力的台灣本土族群意識，以及區隔舊政權和對岸的中華人民共和國所代表的舊國族——中國，進行以台灣本土為認同對象的新國族的建構〔註5〕。

因此，伴隨台灣政經自由化進程的是台灣的本土認同在社會上不斷強化，並逐漸取代原本的中國認同。再加上中國共產黨在 1989 年「六四天安門

〔註4〕 「歷史終結」是由美籍日裔學者法蘭西斯・福山（Francis Fukuyama，1952～）所提出來的概念，盛行於 1990 年代。他認為歷史前進的發展走到了終點，西方的代議民主和資本主義將是人類社會的最終形態。請參考法蘭西斯・福山，李永熾譯，《歷史之終結與最後一人》（*The End of History and the Last Man*），（台北：時報出版社，1993 年 4 月）。

〔註5〕 相關分析請參考王振寰，〈第二章 寧靜革命：舊政權與新國家〉，《誰統治台灣？轉型中的國家機器與權力結構》，（台北：巨流圖書公司，1996 年 9 月），頁 58～91。

事件」鎮壓人民的形象，以及 1994 年台灣旅行團在千島湖遭殘忍劫殺的「千島湖事件」〔註6〕，甚至是中國共產黨當局意在警告、恫嚇台灣政府，卻引發台灣民眾同仇敵愾的「不放棄武力解決台灣問題」的主張，都讓許多台灣人對於中國共產黨政權長年來的負面印象更為加深，甚至對其所代表的中國產生徹底的反感和恐懼。而 1996 年，因為由台灣的公民直接選舉產生、體現人民主權概念的中央政府的出現，也導致了基於認同該政府所代表的政治共同體的公民民族主義（Civic Nationalism）〔註7〕的誕生。最終，不但傾向維持與對岸分離成了 1990 年代以後台灣的主流民意〔註8〕，對於國族的認同也逐漸朝「脫中國化」的方向發展〔註9〕。

面對「實存的社會主義」國家的瓦解和轉向、全球新自由主義的風潮，以及「六四天安門事件」、「千島湖事件」等因素造成台灣民眾對於兩岸統

〔註6〕「千島湖事件」是 1994 年 3 月 31 日臺灣赴中國浙江遊覽的旅行團於千島湖遭到劫殺，全體團員 24 人無一倖免的慘案。而中國的辦案態度也造成台灣方面的強烈不滿和質疑，進而影響兩岸關係。（來源：http://nrch.cca.gov.tw/ccahome/website/site20/contents/003/cca220003-li-wpkbhisdict000113-0077-u.xml，2012 年 9 月 30 日）。

〔註7〕公民民族主義，指的是對於一個不分種族、膚色、信念、性別、語言、族裔關係，擁有平等公民權利的公民所組成的共同體，產生認同和愛國主義的依附心理。可參考 羅志平，〈第四章 二元論的類型〉，《民族主義：理論、類型語學者》，（台北：望文社出版，2005 年 2 月），頁 271。

〔註8〕以政治大學選舉研究中心所做的調查，從 1990 年代初到 2012 年，台灣民眾支持盡速統一或者盡速獨立者一直都是較少數，但是支持盡速獨立的比例逐年大於盡速統一，而傾向統一的比例更是逐漸減少。倒是維持現狀一直是台灣民眾的多數傾向。可以說，維持與對岸的分離是較多數人的共識。見「台灣民眾統獨立場趨勢分佈（1994～2012.12）」（來源：國立政治大學選舉研究中心——http://esc.nccu.edu.tw/modules/tinyd2/content/tonduID.htm，2012 年 12 月 30 日）。

〔註9〕據國族認同的相關調查，在 1990 年台灣人認同還在 19%，但是到了 1991 年已經上升到 30%，1997 年更是到達 55%，至於中國人認同則在同一段時間從 59% 掉到 28%。見劉勝驥，〈台灣民眾統獨態度之變化〉，《中國大陸研究》41 卷 3 期，（1998 年 3 月），頁 29。另外，由政治大學選舉研究中心從 1992 年到 2012 年所做的調查來看，雖然得到數據不太相同，卻能看到相同的趨勢，該調查指出，從 1992 年到 2012 年，台灣民眾明確認為自己是中國人的比例，從 25.5% 跌落到 3.6%，不但沒有成長反而不斷下降。即使是認為自己也是中國人也是台灣人的認同比例也呈現下降的趨勢，從 46.4% 跌落到 38.5%。倒是認為自己只是台灣人的認同傾向則不斷成長，從 17.6% 成長到 54.3%。顯見脫中國化是台灣民眾的國族認同趨向。見「台灣民眾台灣人／中國人認同趨勢分佈（1992～2012.12）」（來源：國立政治大學選舉研究中心——http://esc.nccu.edu.tw/modules/tinyd2/content/pic/trend/People201212.jpg，2012 年 12 月 30 日）。

一的強大恐懼和國族認同的「脫中國化」等等新的時代局勢，打擊最大、挫敗感最重的就是堅持社會主義理念和中國認同的台灣的左統派。對於他們而言，1990 年代以後的台灣走向，正是與他們所信仰的理念、期待的願景、想望的家國形態徹底相反。這不但是他們理想的挫折和失落，更是他們的危機，因為這樣的時勢使得堅守理念的他們不斷被邊緣化。

第二節　台灣左統運動的興起與沒落

　　所謂的台灣左統派，具體來說就是「夏潮聯合會」——1990 年以前稱「夏潮聯誼會」——這個陣營，它是以一些堅定認同中華人民共和國的 1950 年代白色恐怖受難者和 1970 年代的《夏潮》雜誌集團的知識份子共同組成的一個政治勢力〔註10〕。

一、1950 年代白色恐怖下的左翼政治犯

　　那些認同中華人民共和國的 1950 年代白色恐怖受難人，除了少數曾參與過日本殖民時代的左翼運動，多數是在戰後初期受中國的左翼思潮影響，或者是「二二八事件」的刺激萌生反抗蔣氏／國民黨政權意念的青年〔註11〕。

　　他們由於對戰後初期的時局感到憂慮，渴望能實現社會正義，在中國共產黨發動的革命襲捲全中國時，他們將「二二八事件」後對蔣氏／國民黨政權的激憤，轉化為對中國共產黨的支持。他們的思想成分是複雜的，不僅有馬克思主義者，也有人道主義者、自由主義者、民族主義者，在中國共產黨提出的「民主自治」等美好的訴求、主張吸引下，紛紛投入作為

〔註10〕請參考〈夏潮的歷史與歷史的夏潮——夏潮聯合會簡介〉，（來源：夏潮聯合會正式網站-http://www.xiachao.org.tw/?act=content&cls_mother=13，2012 年 9 月 30 日）。

〔註11〕請參考藍博洲，〈通過鏡頭顯現的歷史光影——台灣左翼運動與五〇年代白色恐怖〉，（來源：https://docs.google.com/viewer?a=v&q=cache:vxbD-eM5t28J:203.64.6.236/tawian1101/w/6_2.doc+%E7%99%BD%E8%89%B2%E6%81%90%E6%80%96%E5%8F%97%E9%9B%A3%E8%80%85+%E7%AC%AC%E4%B8%80%E6%9C%9F%E5%B7%A6%E7%BF%BC%E9%81%8B%E5%8B%95&hl=zh-TW&gl=tw&pid=bl&srcid=ADGEESio18wzBXGButNPOcOR_4yE_V7F7KYZk3YoJps-zCHnRLXbgbPSzdZ41jChuzRBxCBZzN2Q_TjKMMqeK2rze9un5XMWyUJv1ch7mBIwV2AOp1Oxo65t6oM2tSP039_p_QCNKiUB&sig=AHIEtbR0_dB8mr_Dcy4vibdrL6gefdNR3w，2012 年 9 月 30 日）。

反蔣抗暴聯合戰線的中共在台地下組織〔註12〕，因而當 1950 年代蔣氏／國民黨政權在美國的援助下於台灣確立了白色恐怖的高壓統治〔註13〕，他們就難逃投獄、刑殺的命運。雖然說，他們的理念並不一致，但是他們政治思想的形成期恰好是在兩岸尚未分治的時代，並且共同對於當時的中國共產黨都是抱持著好感，因此，他們即使在兩岸分治後，仍會視中國共產黨所建立的政權為台灣解放的希望，所以他們對於台灣歷史的走向，不免是親中共和兩岸統一，而不同於後來生活在與中國本土分治下的台灣社會、於反共教育下成長的一般台灣人。這種政治立場，在那個年代的知識青年身上並不是特例，曾為那個時代青年的已故作家葉石濤（1925～2008），在講述白色恐怖時代的經歷時，回憶一個「傾向統一」、「認為台灣民眾唯有跟唐山的中共聯合在一起，合作奮鬥才能獲致台灣民眾真正的解放」的知識份子朋友，就指出「當時幾乎我周遭的所有朋友都傾向這種政治主張」〔註14〕。據歷史學者何義麟（1962～）的研究顯示，甚至當年在日本的台灣留學生和僑界也都呈現親中國共產黨、認同中華人民共和國的風潮，這

〔註12〕關於當時抱持著不同理想的青年受「二二八事件」刺激，投身中共地下組織，可參考楊威理著，陳映真譯，〈第三章 生活在台灣〉，《雙鄉記——葉盛吉傳：一台灣知識分子之青春‧徬徨‧探索‧實踐與悲劇》，（台北：人間出版社，1995 年 3 月），頁 216～218。

作家葉石濤也曾指出那個時代的氛圍：「二二八時受到挫折的許多台灣失意的知識份子，無可選擇，皆投入了這些地下組織。他們之間個別差異很大：從自由主義分子、左翼分子到極右的自決主義分子都包含在內。」見葉石濤，〈青年時代〉，《一個台灣老朽作家的五〇年代》，（台北：前衛出版社，1991 年 9 月），頁 56～57。又說：「在那個時代，在台灣存在的唯一反體制結社，是號稱人民聯合陣線的中共外圍組織而已，他們這一輩年輕人別無選擇地左傾了。」見葉石濤，〈約談〉，《一個台灣老朽作家的五〇年代》，（台北：前衛出版社，1991 年 9 月），頁 160～161。

白色恐怖政治犯陳英泰也指出當時的中共地下組織堪稱是台灣反蔣地下活動的大聯合，許多人是在「二二八事件」的刺激下，被中共提出的「民主自治」的訴求所吸引而投身抗暴。（來源：陳英泰部落格-http://tw.myblog.yahoo.com/yingtaichen/article?mid=-2&prev=711&l=a&fid=1，以及 http://tw.myblog.yahoo.com/yingtaichen/article?mid=707&prev=709&next=706&l=f&fid=1，2012 年 9 月 30 日）。

〔註13〕可見吳介民，〈台海上空的粉紅色幽靈〉，《台灣社會研究季刊》57 期，（2005 年 3 月），頁 222。

〔註14〕見葉石濤，〈白色恐怖時代的來臨〉，《一個台灣老朽作家的五〇年代》，（台北：前衛出版社，1991 年 9 月），頁 61～62。

除了是蔣氏／國民黨政權的暴虐造成的，很大的原因在於當時中國共產黨
掌握了輿論〔註15〕。

　　從這些面向來看，多少反映了中國共產黨在戰後初期是擁有一定的號召
力和影響力的。不過，隨著時代的變化，以及中共政權在建國後產生的諸多
問題，當年抱持這樣立場的人，包括老政治犯，有一些人改變了想法，但也
有不少人仍然堅守著這樣的認同〔註16〕。而堅守這樣認同的受難人，要到1980
年代末期政治環境較為開放，才與理念相近、於1970年代出現的知識份子團
體《夏潮》集團公開結合。

二、《夏潮》集團的形成與發展

　　至於《夏潮》集團，其誕生則與1970年代的時空背景息息相關。當時蔣
氏／國民黨政權面臨一連串的外在挑戰和挫敗，使得台灣的國際地位受到強
烈的動搖，但也因此刺激知識份子和青年開始省視自己的鄉土和重新思考自
己國族的命運。

　　1970年9月，美國打算把中華民國政府主張擁有主權的釣魚台列嶼，與
美軍託管的琉球一併交予日本，這讓中華民國政府的主張變得十分難堪，加
上台灣漁民在釣魚台附近海域遭日方驅趕，蔣氏／國民黨政權並未對此做出
積極的態度，引發了國內外華人的失望和批評，海外學生更發起「保衛釣魚
台運動」，台灣島內雖然處於威權體制，也有大學生做出抗議〔註17〕。由文
化知識份子在1968年創辦的溫和改革刊物《大學雜誌》，也在事件的刺激下，

〔註15〕請參考何義麟，〈戰後初期臺灣留日學生的左傾言論及其動向〉，《臺灣史研究》
　　　　19卷2期，（2012年6月），頁151～192。

〔註16〕白色恐怖政治犯陳英泰就指出：「但隨著中共革命成功，中國大陸毛病百出，
　　　　才引起很大部分的台灣人排出和中共在領土上結合在一起的想法，包括以前
　　　　不排除和中共聯合在一起的反蔣人士。在此情形下，怪罪五十年代白色恐怖
　　　　坐牢者之以前採連共之路是太勉強的。身為五十年代白色恐怖受難者，我以
　　　　台灣居民的利益為宗旨印謂如此我才被地下工作捲入，現在仍以大多數台灣
　　　　人的選擇為選擇。」（來源：陳英泰部落格-http://tw.myblog.yahoo.com/
　　　　yingtaichen/article?mid=707&prev=709&next=706&l=f&fid=1，2012年9月30
　　　　日）。而主導「台灣地區政治受難人互助會」的老政治犯則是依舊堅持1950
　　　　年代的主張。（來源：陳英泰部落格-http://tw.myblog.yahoo.com/yingtaichen/
　　　　article?mid=499&prev=501&next=498&l=f&fid=1，2012年9月30日）。

〔註17〕關於釣魚台事件引發抗議，可見蕭阿勤，〈第二章　七○年代回歸現實世代的浮
　　　　現與形成〉，《回歸現實：臺灣1970年代的戰後世代與文化政治變遷》，（台北：
　　　　中央研究院社會學研究所，2008年），頁104～105。

開始加重對於現實的關切，在 1971 年 6 月，美國確定將釣魚台列嶼的管轄權交予日本後，《大學雜誌》更以編委會的名義發表了〈嚴厲警告美日政府侵略釣魚台聲明〉〔註18〕，該文反映了當時的知識份子認為國族受到了嚴重的外侮。1971 年 10 月，聯合國 2758 號決議文表決通過，蔣氏／國民黨政權在美國支持下所擁有的中國代表權，被中華人民共和國所取代，台灣既不能再代表中國，並且也失去了在聯合國的席位。隔年，美國總統尼克森（Richard Milhous Nixon，1913 年～1994 年）訪問中華人民共和國，開始促進美國與中華人民共和國的關係正常化，兩者建交幾乎成了早晚的事，接著日本也與蔣氏／國民黨政權斷交，與中華人民共和國建交。在這樣帶有動搖政權正當性、影響台灣地位的外交挫敗的不斷刺激下，知識青年普遍對於國族前途強烈憂心，並造成了他們思索台灣前途，湧現改造社會的使命感。

　　身為當時知識份子的王拓（1944～2016）的這段自述，應能反映當時知識份子的心路歷程：

> 我想對我影響最大的是，從保釣運動一直到退出聯合國這一系列事件。我在幾篇文章裡頭也曾經談到，我是在這一連串的過程中被教育出來的，過去，我們躲在教室裡頭，只考慮一些知識份子的問題，但是保釣運動使得我接觸到知識分子之外更為廣大的眾生世界；譬如我接觸到八斗子的漁民，他們會對於保釣事件產生那樣強烈的反應，是我從來沒有想到過的。退出聯合國，在社會上造成極大的震盪，但是從這裡我們就可以看出年青人對國家、對社會那種極其強烈的關愛；我本身是這個運動裡的人，所以我很能感受到那樣強烈的震撼力量。那股力量是台灣三十年來的第一次，因為這一次的事件，使得我們懂得在行動上應當如何去爭取，而另一方面也使我們懂得如何在理論加以思索，我們思索為什麼整個國家民族會變成今天這個樣子，我們嘗試著從這當中去追尋原因，有了知識上的追求，我們便發現問題的癥結究竟在哪裡，就像我在「是現實主義文學，不是鄉土文學」一文裡所分析的，那個時候，那麼多的年青人從各種不同的角度要求這個社會作種種變革；在政治上，他們發現中央民意代表徹底全面改選是解決台灣政治問題的基本關鍵，有一次以

〔註18〕見大學雜誌編委會，〈嚴厲警告美日政府侵略釣魚台聲明〉，《大學雜誌》43 期（1971 年 7 月），頁 2～3。

大學雜誌為主展開的辯論，便是著重在這一個方向，而也有更多的年
青人願意出來參與政治，許信良、張俊宏、康寧祥都是那個時候冒出
來的。另外，有許多人則走著傾向社會主義的路線，他們作比較紮實
的群眾工作，他們上山下海，到工廠到農村到漁村去做調查工作，他
們從基層做起，許多年輕人因此得到最好最真實的教育。〔註19〕

從王拓的自述來看，知識份子由憂國，而強烈關切現實，進而試圖改造現實，
並且在實踐上出現了政治改革、社會關懷兩個路線。實際上，作為1970年代
初期的代表性改革刊物的《大學雜誌》，後來是分化為學院路線、強調政治制
度改革的路線，以及提倡反對帝國主義、知識青年下鄉關懷社會的路線。其
中政治改革路線又可分為被國民黨吸納的保守份子和最終反叛國民黨的激進
革新人士〔註20〕。這四批人中，激進的政治革新份子與實踐反帝、社會關懷
路線的人士逐漸構成威脅蔣氏／國民黨政權的力量，但是他們威脅的面向並
不相同。激進的政治革新份子雖有促進政治體制改革、開放的理想，但是並
沒有一套完整、強烈的意識形態作指導，其代表人物張俊宏（1938～）、許信
良（1941～）主要是務實地透過投入選舉取得實踐政治抱負的機會，並與非
國民黨的傳統政治人物如黃信介（1928～1999）結合，以壯大挑戰黨國權力
的勢力。實踐反帝、社會關懷路線的王曉波（1943～）、陳鼓應（1935～）、
南方朔（1944～）、王拓、蘇慶黎（1946～2004）則是不參與實際的選舉政治，
而是進行意識形態的宣傳，他們主要是向知識青年鼓吹反帝的中國民族主義
和介入社會的行動，這樣的意識形態，對於1970年代初期，對美、日態度軟
弱，且失去中國代表權的蔣氏／國民黨政權，以及因為經濟變遷造成農村凋
敝、勞工問題湧現的台灣社會來說，很有針對性。可以這麼說，激進的政治
革新份子促進了1970年代「黨外」政治反對運動的茁壯，反帝、社會關懷路
線的實踐則逐漸形成1970年代泛左翼文化、思想集團。

在文壇方面，王拓參與了由尉天驄（1935～）主導的文學雜誌《文季》，
當時《文季》在文壇高舉帶有反帝的中國民族主義立場的現實主義文學大旗，

〔註19〕 見王拓，〈文學與社會正義〉，丘為君、陳連順編，《中國現代文學回顧》，（台
　　　　北：龍田，1978年），頁257～258。

〔註20〕 這裡是大致依據陳鼓應對於《大學雜誌》後來發展的分析，陳鼓應曾將《大
　　　　學雜誌》分為後來被當局吸收的「新保守主義派」、與在野政治人物結合挑戰
　　　　國民黨的「地方政治派」、「學院式自由派」，以及關懷社會的「社會民主派」。
　　　　見陳鼓應，〈七十年代以來，台灣新生一代的改革運動（上）〉，《中報月刊》
　　　　28期（1982年5月），頁32。

既對 1960 年代以來主宰文壇的現代主義展開批判，又刊載日本殖民時代的台灣文學作品，可以說起到變化文壇風氣的作用〔註21〕。

不過提到變化文壇風氣，也不能不提的是來自海外「保釣運動」的唐文標（1936～1985），他在 1970 年代初期引爆的「現代詩論戰」〔註22〕，對於台灣文壇轉向反映時代、社會的現實主義有著關鍵性的影響。

1975 年，總統蔣介石（1887～1975）去世，全台實施減刑，在這波被釋放的政治犯中，除了有後來投入「黨外」政治反對勢力的施明德（1841～），還有繼承 1950 年代左統政治犯對於「社會主義中國」的嚮往，並曾受到海峽對岸的「文化大革命」激情感染而進行政治實踐，並因此投獄的知名作家陳映真〔註23〕。陳映真出獄後立刻投入文壇的現實主義文學陣營。

1976 年，蘇慶黎接手了前夫所創辦的《夏潮》雜誌，在她主編下，《夏潮》雜誌從普通的綜合性刊物，轉變成文化、思想型雜誌。蘇慶黎集合了原《大學雜誌》裡實踐反帝、社會關懷路線的王曉波、陳鼓應、南方朔、王拓等人馬，以及陳映真、尉天驄為首的《文季》系統現實主義作家群，甚至是唐文標、王津平（1946～）、蔣勳（1947～）、林俊義（1938～）這一批在海外受到 1960 年代的左翼浪潮影響的歸國知識份子〔註24〕，至此，一個傳播反帝的中國民族主義、批判資本主義、批判現代主義、關注社會問題的文化集團形成〔註25〕。

〔註21〕 見蕭阿勤，〈第三章回歸現實世代、日據時期台灣新文學與抗日集體記憶〉，《回歸現實：臺灣 1970 年代的戰後世代與文化政治變遷》，（台北：中央研究院社會學研究所，2008 年），頁 168～181。

〔註22〕 「現代詩論戰」指的是 1972 年至 1974 年間，針對現代詩創作風格的論戰，論戰起源於新加坡大學教授關傑明與台大數學系教授唐文標撰文批判當時台灣詩壇過度模仿西方現代詩、逃避現實。因為其批評措詞嚴厲，引發許多詩人的反彈，尤其是唐文標的言詞猛烈、連續出擊，強調文學必須為社會服務、為社會而寫，成了現代詩詩人群起圍攻的對象，甚至被扣上搞文革的紅帽子。然而論戰結束後，文壇風氣已然朝現實主義發展。請參考陳瀅洲，《七○年代以降現代詩論戰之話語運用》，（國立成功大學台灣文學系／碩士論文，94 學年），頁 13～86。

〔註23〕 關於文革對於陳映真的影響，見陳映真，〈我在台灣所體驗的文革〉，《亞洲週刊》10 卷 20 期（1996 年 5 月 26 日），頁 50～51。

〔註24〕 《夏潮》所集結的成員陣容，請參考郭紀舟，〈第三章 成員集結、文章基調、結盟網絡〉，《一九七○年代臺灣左翼啟蒙運動──《夏潮》雜誌研究》，（東海大學歷史學系／碩士論文，83 學年），頁 55～66。

〔註25〕 《夏潮》雜誌的定位，請參考郭紀舟，〈第七章 結論〉，《一九七○年代臺灣左翼啟蒙運動──《夏潮》雜誌研究》，（東海大學歷史學系／碩士論文，83 學年），頁 249。

1977 年，《夏潮》集團的成員遭親官方的文人點名批判，集團成員王拓、陳映眞、尉天驄等積極回應，爆發了「鄉土文學論戰」，論戰不只是在文學觀上的論辯，更擴展到對於社會、經濟等議題的爭論，堪稱是一場意識型態的激烈鬥爭。由於《夏潮》集團在論戰期間尋求胡秋原（1910～2004）爲首的國民黨左派援助、緩頰，論戰因而能和平落幕。論戰結束後，反省西化、回歸鄉土、關懷社會現實、擁抱土地和人民的思想，進一步獲得鞏固，《夏潮》集團的影響力盛極一時。

當「鄉土文學論戰」的雙方正在文化界戰得如火如荼之際，桃園縣長選舉爆發了「中壢事件」。這場抗議選舉舞弊的群眾暴動，除了讓「黨外」勢力感到群眾路線的可行性，《夏潮》集團也受到群眾自發性反抗力量的鼓舞，開始萌生投入實際的政治運動，以推動社會變革的念頭。據詩人施善繼（1945～）回憶，當年親身在中壢市見證暴動經過的陳映眞，於事件隔天談起「中壢事件」時，「敘事的神情溢滿對於變革社會的憧憬，兩隻眼瞳的四周仍炙燃中壢分局火燒警車的餘焰，並且夾雜著當地圍觀民眾積鬱的憤懑。」〔註 26〕可見陳映眞對於群眾蜂起的現象是振奮的，甚至是對於這股力量朝向社會革命發展有所期待。王拓也有同樣的感受，他在後來接受訪談時就指出：「我那時候覺得台灣的社會不革命沒有希望。我認爲台灣要革命才有希望，所以看到『中壢事件』就覺得革命的條件越來越成熟，會心動」〔註 27〕。然而，對於投入政治運動的方式，《夏潮》集團內部的看法卻不盡相同。蘇慶黎認爲應加入「黨外」的陣線，因爲當時的社會條件根本不可能組織工會，唯一能和人民群眾聯繫的方法，只有透過選舉〔註 28〕，陳鼓應支持這樣的主張，王曉波則是反對，認爲知識份子不應介入選舉〔註 29〕。而陳映眞則認爲，左派應

〔註 26〕請參考施善繼，〈30 年前遇見陳映眞先生〉，（來源：大眾時代 http://mass-age.com/wpmu/blog/2007/01/18/30%E5%B9%B4%E5%89%8D%E9%81%87%E8%A6%8B%E9%99%B3%E6%98%A0%E7%9C%9F%E5%85%88%E7%94%9F/，2012 年 9 月 30 日）。

〔註 27〕見林肇豐，〈附錄 2 訪談王拓〉，《王拓的文學與思想研究 1970～1988》，國立台灣師範大學台灣文化及語言文學研究所／碩士論文，95 學年），附錄頁「1～20」。

〔註 28〕蘇慶黎當時對於運動的看法，請見郭紀舟，《夏潮》重要人物訪問錄・訪蘇慶黎），《一九七〇年代臺灣左翼啓蒙運動——《夏潮》雜誌研究》，（東海大學歷史學系／碩士論文，83 學年），訪問錄頁 95。

〔註 29〕陳鼓應和王曉波的立場，請見張建隆、楊雅玲採訪／張建隆整理，〈第三章 從大學雜誌走向美麗島 3・陳鼓應〉，新台灣研究文教基金會，《走向美麗島——戰後反對意識的萌芽》，（台北：時報文化，1999 年 11 月 29 日），頁 98。

該從階級運動開展，發展擁有強固、廣泛群眾支持的戰鬥力組織〔註 30〕。不過，陳映真雖然主張發展具有階級意識的群眾組織，當蘇慶黎提議以讀書會的方式吸收年輕人，陳映真又認為太過危險〔註 31〕，也就是說，陳映真雖有恪遵左翼理念的看法卻又缺乏實踐於當時現實環境的具體主張〔註 32〕。而原本主張革命的王拓也慢慢認為台灣欠缺革命的條件，而務實地接受蘇慶黎的意見〔註 33〕。於是 1978 年，鄉土文學論戰結束後，《夏潮》集團由王拓、陳鼓應投入選舉，蘇慶黎則加入「台灣黨外人士助選團」，《夏潮》集團正式與本土政治反對勢力形成「統一戰線」。值得注意的是，《夏潮》集團在加入「黨外」後，特別推重黃順興（1923～2002）和余登發（1904～1989），這兩位具有中國民族主義傾向的傳統「黨外」政治人物〔註 34〕，甚至將黃順興推為精神領袖〔註 35〕。

1978 年 12 月，因美國與蔣氏／國民黨政權斷交，政府停止選舉活動，「黨外」因而只能訴諸群眾運動。隨著「黨外」與官方的對立升高，1979 年《夏潮》雜誌遭到大批持槍軍警查封〔註 36〕，與「黨外」對抗的極右派雜誌《疾

〔註 30〕 陳映真當時對於運動的看法，請見郭紀舟，〈《夏潮》重要人物訪問錄‧訪陳映真〉，《一九七〇年代臺灣左翼啟蒙運動——《夏潮》雜誌研究》，（東海大學歷史學系／碩士論文，83 學年），訪問錄頁 26。

〔註 31〕 請見郭紀舟，〈《夏潮》重要人物訪問錄‧訪蘇慶黎〉，《一九七〇年代臺灣左翼啟蒙運動——《夏潮》雜誌研究》，（東海大學歷史學系／碩士論文，83 學年），頁 96。

〔註 32〕 這或許是因為陳映真才剛從政治牢出來沒多久而較為謹慎的關係。

〔註 33〕 王拓後來認為台灣欠缺革命條件的說法，可見林肇豐，〈附錄 2 訪談王拓〉，《王拓的文學與思想研究 1970～1988》，（國立台灣師範大學台灣文化及語言文學研究所／碩士論文，95 學年），附錄頁「1～26」。蘇慶黎建議王拓投入選舉，可見林肇豐，〈附錄 2 訪談王拓〉，《王拓的文學與思想研究 1970～1988》，（國立台灣師範大學台灣文化及語言文學研究所／碩士論文，95 學年），附錄頁「1～20」。

〔註 34〕 關於《夏潮》推重黃順興和余登發，以及原因，可見郭紀舟，〈第六章 政治實踐路線〉，《一九七〇年代臺灣左翼啟蒙運動——《夏潮》雜誌研究》，（東海大學歷史學系／碩士論文，83 學年），頁 219～220。

〔註 35〕 請見〈第三節 黨外陣營的分進合擊‧前言〉，陳世宏、張建隆等編，《戰後台灣民主運動史料彙編（三）從黨外助選團到黨外總部》，（台北：國史館，2001年 12 月 10 日），頁 590。

〔註 36〕 《夏潮》雜誌遭軍警持槍查封一事，可見王津平在「唐文標先生座談會」的回憶（來源：憂國憂民一俠者：唐文標先生座談會（一）詩人的唐文標 http://www.lib.nthu.edu.tw/guide/exhibits_and_events/tangwenbiao/forumrecord1.pdf，2012 年 9 月 30 日）。

風》更發表〈誰是真正的敵人〉一文，點名《夏潮》集團是社會真正的敵人
〔註37〕。之後該集團推出的《鼓聲》雜誌，也一樣遭到查禁。《鼓聲》被查
禁後，王拓又為《夏潮》集團創辦了深度報導社會上工農、環境問題的《春
風》雜誌，並招募了《工商時報》記者汪立峽（1948～）等生力軍投入工作
〔註38〕。當時《春風》雜誌的王拓、陳鼓應、蘇慶黎與《美麗島》雜誌的黃
信介、許信良等人相互掛名社務委員，並且《春風》雜誌也透過各地的「美
麗島服務處」進行經銷。由此可知在1970年代的尾聲，雙方關係已十分密切。
就當時來說，《美麗島》雜誌屬於所有「黨外」民主運動陣營共同的機關刊物，
而鮮明站在工人、農人、漁民這些勞動階級立場的《春風》雜誌代表的則是
民主運動陣營中的左翼勢力，當《美麗島》雜誌社舉辦勞工座談會活動時，
都是交給《春風》雜誌的人馬主導〔註39〕。

　　1979年10月3日，陳映真再度被以「涉嫌叛亂」拘捕，在島內外多方的
奔走營救下，於第二天「交保候傳」〔註40〕。再度歷劫歸來後，陳映真變得
更為謹慎，因此12月10日，《美麗島》雜誌社在高雄舉辦「慶祝世界人權日
四十一週年」的遊行集會時，陳映真並沒有像大部分的「黨外」人士南下參
與。陳映真多年後回憶道：「那王拓也參加美麗島的群眾大會，當時一直叫我
下去，我當時是比較敏感的，我覺得去一定會遭殃。」〔註41〕後來的發展果
然如陳映真的預料，爆發了嚴重的警民衝突，以及全台的大逮捕行動，是為
「美麗島事件」。王拓、蘇慶黎因而雙雙被捕，當時赴美募款的陳鼓應則因此
無法返台。

〔註37〕《夏潮》遭點名一事，可見郭紀舟，〈第六章 政治實踐路線〉，《一九七〇年代
　　　　臺灣左翼啟蒙運動——《夏潮》雜誌研究》，（東海大學歷史學系／碩士論文，
　　　　83學年），頁235。

〔註38〕《鼓聲》與《春風》的創辦與發展，請見新台灣研究文教基金會整理，〈第十七
　　　　章 統獨分爭3・美麗島的統獨紛爭〉，新台灣研究文教基金會，《沒有黨名的黨
　　　　——美麗島政團的發展》，（台北：時報文化，1999年11月29日），頁307～309。

〔註39〕關於《春風》雜誌主導《美麗島》雜誌社的勞工座談會，可見郭紀舟，〈第六
　　　　章 政治實踐路線〉，《一九七〇年代臺灣左翼啟蒙運動——《夏潮》雜誌研究》，
　　　　（東海大學歷史學系／碩士論文，83學年），頁240。

〔註40〕見陳映真，〈關於「十・三事件」〉，《陳映真散文集1：父親》，（台北：洪範書
　　　　店，2004年10月），頁23～34。

〔註41〕陳映真的回憶，請見郭紀舟，〈《夏潮》重要人物訪問錄・訪陳映真〉，《一九
　　　　七〇年代臺灣左翼啟蒙運動——《夏潮》雜誌研究》，（東海大學歷史學系／碩
　　　　士論文，83學年），訪問錄頁25。

　　就整個 1970 年代而言，《夏潮》集團與「黨外」其他陣營，最大差異在於反帝、工農階級立場的強調與否，以及國族概念的細部差異。對於介入社會現實和擁抱土地、人民的這些態度是一致的。反帝、工農階級立場的強調與否，顯現的是左翼與非左翼的差別，而在國族立場方面，雖然當時雙方大多都不脫「中國」這個概念，但是對於「中國」這個內涵的理解並不相同。《夏潮》集團的「中國」是包含中華人民共和國的兩岸中國，而且這個囊括兩岸的中國是不能分開看待的，兩者的紛爭也只能靠彼此解決，不能讓外國干預〔註42〕；大部分「黨外」人士的「中國」，則指的是在台灣的中華民國，他們並不排除未來兩岸統一的可能，但是在當時他們並不會考慮到對岸的中華人民共和國，而只是思考如何爭取中華民國當下的政治革新，確保中華民國在國際社會的存在，他們最激進的看法至多是「兩個中國」模式、「宣佈中華民國獨立」，既不擺脫「中國」這個概念，也不排除在遙遠的未來兩岸統一為一個中國的可能〔註43〕。這樣的差別，與其說是統、獨之別，毋寧說是國族上「堅持兩岸主權一體」與「確保現狀」的差異。由於 1970 年代的這兩種想像在公開場合都共用「中國」這個國族稱呼，因此差異也不至於檯面化，只有在關於是否重返聯合國這類議題上，才稍微顯現了彼此的國族歧異〔註44〕。

〔註42〕 這點表現在 1979 年「黨外」共同發表「黨外國是聲明」主張中華民國重返聯合國，《夏潮》集團的陳鼓應不願簽名，他認為該聲明有感謝美國訂定「臺灣關係法」的字句很不妥，他覺得應該要糾正依賴美國的心理，並且認為美國一方面承認中華人民共和國是中國唯一合法政府，一方面又制定「臺灣關係法」，是玩兩面手法，企圖分裂別人國家。《夏潮》的另外兩位代表王拓和蘇慶黎則考慮、討論了一陣才願意簽名。請見許鴻源，〈黨外四一二國是聲明的內容及意義〉，陳世宏、張建隆等編，《戰後台灣民主運動史料彙編（三）從黨外助選團到黨外總部》，（台北：國史館，2001 年 12 月 10 日），頁 606～612。

〔註43〕 當時主流「黨外」人士的國族看法，見蕭阿勤，〈第五章 日據時期台灣人政治社會運動史與黨外新生代的歷史建構〉，《回歸現實：臺灣 1970 年代的戰後世代與文化政治變遷》，（台北：中央研究院社會學研究所，2008 年），頁 330～338。不過，這裡的看法指的是就普遍性、一般性而言，當然不能排除個別人士或群體主張台灣獨立建國。譬如，台灣基督教長老教會在 1977 年發表的〈人權宣言〉，算是明確有台灣獨立建國意義的訴求，但是這樣的主張畢竟沒有成為「黨外」運動的主張，在當時未成為社會的共識。

〔註44〕 「黨外」贊成加入聯合國的人士，如姚嘉文和林正杰都指出是不願讓中共作為中國人的唯一代表。《夏潮》集團則是憂慮被美國利用和國土分裂問題，因而並不怎麼支持。請見許鴻源，〈黨外四一二國是聲明的內容及意義〉，陳世宏、張建隆等編，《戰後台灣民主運動史料彙編（三）從黨外助選團到黨外總部》，（台北：國史館，2001 年 12 月 10 日），頁 606～612。

也因為共用「中國」這個國族概念，《夏潮》集團的具體國族想像儘管多數人未必能認同，但是其主張的反帝中國民族主義、回歸中國鄉土，卻能影響當時的文化界、知識界。

到了 1980 年代初期，《夏潮》集團在鎮壓的陰影下，成員四散，《夏潮》集團的選舉路線大將王拓繫獄四年、陳鼓應流亡、蘇慶黎雖獲釋放，但因健康因素而沉潛，因而無人代表該集團投入選舉。《夏潮》集團經此挫敗，遂又從政治運動領域退回思想領域，部分成員分別聚集於《生活與環境》和《大地生活》這兩個環保議題的刊物〔註45〕。而陳映真在文化界，仍有著龐大的影響力，例如，1980 年，作家吳念真（1952～）還曾就是否進入國民黨經營的「中央電影公司」上班一事，詢問陳映真的意見，在陳映真以「只有佔住位子才會有希望改變。知識份子要行動要跳火坑，不能只是清談。」的鼓勵下，吳念真、小野（1951～）於是投入「中央電影公司」推動了「台灣新電影運動」〔註46〕，將許多台灣的鄉土文學改編成一部部電影，算是把「回歸鄉土」思潮擴展至電影界。

此外，陳映真在這段期間，也開始倡議以兩岸人民為認同的主體，除了發表對於台灣社會的批評意見，也開始對於中國共產黨被暴露出來的官僚專政問題提出批評〔註47〕，不過更為鮮明的是對於「第三世界主義」的高舉〔註48〕。

〔註45〕請參考郭紀舟，〈第七章 結論〉，《一九七〇年代臺灣左翼啟蒙運動——《夏潮》雜誌研究》，（東海大學歷史學系／碩士論文，83 學年），頁 246。

〔註46〕吳念真請教陳映真一事，可見小野在〈人間昏迷〉一文的回憶（來源：小野家族 http://mypaper.pchome.com.tw/adam888/post/1322358249，2012 年 9 月 30 日）。

〔註47〕關於陳映真批判中國共產黨的文章，多收錄於陳映真，《陳映真作品集 8：鳶山》，（台北：人間出版社，1988 年 4 月），例如〈潘曉的信所引起的一些隨想〉、〈中國的希望繫於國民的道德勇氣〉、〈關於中國文藝自由問題的幾些隨想〉、〈關於中共文藝自由化的隨想〉等等。

〔註48〕陳映真的「第三世界主義」立場在鄉土文學論戰時即已提出：「包括中國在內的亞洲民族主義，便是這樣地在它的發生上，帶著鮮明反帝國主義性質，而有別於西方的民族主義。」請參考陳映真，〈在民族文學的旗幟下團結起來〉，《孤兒的歷史·歷史的孤兒》，（台北：遠景出版社，1984 年），頁 42。在 1980 年代更是特別強調這樣的視野，進而形成「第三世界文學論」：「在臺灣的現代中國文學，和其他第三世界現代文學一樣，是做為反抗帝國主義、殖民主義的文化啟蒙運動之一環節而產生。」請參考陳映真，〈中國文學和第三世界文學之比較〉，《陳映真作品集 8：鳶山》，（台北：人間出版社，1988 年 4 月），頁 82。

1983 年，蘇慶黎爲了重整《夏潮》集團，創辦了《夏潮論壇》，並擔任總編輯，但是內部對於實踐路線卻出現爭論。最後，雜誌基調由陳映眞主導的思想批判路線取代了蘇慶黎的政論路線〔註49〕。

然而，由於台灣社會經歷了蔣氏／國民黨政權鎮壓本土民主運動的「美麗島事件」和「林宅血案」〔註 50〕的刺激，許多知識份子強烈感受到蔣氏／國民黨政權對於台灣本土民眾支持起來的政治力量的壓迫，甚至聯想到戰後初期的「二二八事件」，而社會上，不滿政治大權長期壟斷於外地族群爲主的蔣氏／國民黨統治集團，所產生的族群心結，也因爲這些事件而浮上檯面。出於對蔣氏／國民黨政權戰後屢屢壓制本土族群的反彈，本土政治反對運動開始動員本土族群意識去對抗以外地族群爲主的統治集團。這個被動員的本土族群意識，在海外台獨運動者介入島內政治反對運動的論爭後，被賦予民族主義的性質，終而形成了對於中國民族主義的公開挑戰。

1983 年 6 月，台灣歌手侯德建（1956～）奔赴中華人民共和國，引發社會的議論。陳映眞在「黨外」雜誌《前進週刊》上也藉著此一事件，抒發其中國民族主義情懷以及對於強調台灣特殊性的論說進行批評〔註 51〕。陳映眞此一反對強調台灣特殊性的立場，早在 1977 年對於葉石濤在〈台灣鄉土文學史導論〉〔註52〕一文的商榷就已流露〔註53〕，並在 1980 年代初爲台灣文學定位的各種討論中，就不斷重申著。這其實反映了陳映眞對於台灣特殊性可能轉化爲台灣民族主義的高度敏感和擔憂，而這份敏感和擔憂，或許又與其早年曾經細讀過左獨理論家史明的《台灣人四百年史》，因而十分熟悉這樣的史

〔註49〕 《夏潮論壇》的創刊與路線問題，見郭紀舟，〈第七章 結論〉，《一九七○年代臺灣左翼啓蒙運動——《夏潮》雜誌研究》，（東海大學歷史學系／碩士論文，83 學年），頁 247。在這裡我們可以看到，「中壢事件」以後蘇慶黎與陳映眞在《夏潮》實踐方向上的看法分歧——一個視介入實際政治優先，一個重視意識形態的恪守和經營——依舊存在著。

〔註50〕 1980 年 2 月 28 日民主運動參與者、因「美麗島事件」遭逮捕收押的林義雄（1941～），其母親及雙胞胎女兒在自家住宅遭人殺害的事件。雖然尚未有直接的證據，但被懷疑是政府情治人員所爲。

〔註51〕 請見陳映眞，〈向著更寬廣的視野〉，施敏輝編，《台灣意識論戰選集》，（台北：前衛出版社，1995 年 7 月 1 日），頁 31～37。

〔註52〕 見葉石濤，〈台灣鄉土文學史導論〉，《夏潮》2 卷 5 期（1977 年 5 月），頁 68～75。

〔註53〕 見陳映眞，〈「鄉土文學」的盲點〉，《臺灣文藝（革新號）》2 期（1977 年 6 月），頁 107～112。

觀，甚至於瞭解這套觀點對於台灣本土族群的吸引力很有關係〔註54〕。這次，由於他是在「黨外」雜誌上發表，遂引起「黨外」其他不同意見人士的爲文批評，不過這樣的批評，一開始尙不是對於「中國」的概念進行挑戰，而是強調必須先認同台灣這個「中國」〔註55〕，或者是認爲「台灣意識」有其正當性，而且並不與文化、歷史的中國對立〔註56〕，基本上不超過當年葉石濤在〈台灣鄉土文學史導論〉一文的論點，也就是強調台灣的本土意識，但這個本土意識仍含納在「中國」之中。

　　1983 年 7 月，屬於海外左翼台獨運動支持者的劉進興（1949～）以陳樹鴻爲署名在島內的《生根》雜誌上發表〈台灣意識——黨外民主運動的基石〉〔註57〕一文，加入了這場討論，劉進興指出台灣在日本殖民以來的資本主義化洗禮下已形成具有「台灣意識」的客觀存在實體，而兩岸分治的政治現實只是更加鞏固這個實體而已，並指出台灣社會與中華人民共和國的社會是建立在不同的客觀實體、不同的意識認同之上，在台灣的中國民族意識是落後於台灣現實的主觀認同，因此台灣民主運動必須根基於「台灣意識」這個現實基礎，消除落後於現實的主觀認同與客觀存在所產生的矛盾。該文算是正

〔註54〕 從陳映眞發表〈「鄉土文學」的盲點〉對葉石濤的〈台灣鄉土文學史導論〉進行商榷開始，陳映眞不斷針對台灣特殊性進行批評，明顯有著爲分離主義打預防針的意圖，然而，葉石濤當時所說的「台灣意識」，實際上是含納在中國之內的，但是顯然陳映眞對於它朝分離主義發展的可能仍然十分敏感。之所以如此敏感，陳映眞自己承認，因爲很早就細讀過台獨理論家史明的《台灣人四百年史》，因此一下子就感覺到葉石濤的〈台灣鄉土文學史導論〉與史明的論點的相似性。可見廖玉蕙，〈讓所有受侮辱的人重新得到尊嚴——訪陳映眞先生談小說創作〉，《文訊》287 期（1977 年 6 月），頁 102。但是陳映眞如此防範類似台獨史觀的論說，也顯現了他對於台獨史觀的吸引力的憂慮，或許可以推測，在陳映眞左統認同確立、固定前，很可能曾經受過《台灣人四百年史》的觀點吸引過，因而特別瞭解其對於台灣本土族群的吸引力。

〔註55〕 請見梁景峰，〈我的中國是台灣〉，施敏輝編，《台灣意識論戰選集》，（台北：前衛出版社，1995 年 7 月 1 日），頁 59～60。

〔註56〕 請見蔡義敏，〈試論陳映眞的「中國結」：「父祖之國」如何奔流於新生的血液之中？〉，施敏輝編，《台灣意識論戰選集》，（台北：前衛出版社，1995 年 7 月 1 日），頁 39～52。

〔註57〕 請見陳樹鴻，〈台灣意識——黨外民主運動的基石〉，施敏輝編，《台灣意識論戰選集》，（台北：前衛出版社，1995 年 7 月 1 日），頁 191～205。陳樹鴻的身份，可見劉進興自述的〈三十物語〉一文（來源：財團法人陳文成博士紀念基金會 http://www.cwcmf.org.tw/joomla/index.php?option=com_content&task=view&id=188&Itemid=402，2012 年 9 月 30 日）。

式指明中國民族主義爲台灣社會的矛盾根源，將討論的方向導向了對於中國民族主義的挑戰，並且將「台灣意識」賦予台灣民族主義的性質。而受「美麗島事件」刺激，對於過去民主運動路線多所檢討、批判，以《生根》雜誌編輯群爲核心的「黨外」新生代，也開始批判中國民族主義，並將之與蔣氏／國民黨政權扣連。例如，邱義仁（1950～）以葉阿明爲署名，在1983年8月發表了〈意識與存在——再論台灣意識〉〔註58〕，認爲中國民族主義是蔣氏／國民黨政權有意識不斷灌輸的，因而扭曲、壓制了台灣共同經濟基礎所應發展出來的「台灣意識」，要改變台灣人民的認同唯有改變統治集團的本質。在邱義仁的論述操作下，台灣人民反抗蔣氏／國民黨政權的意義，與追求具有台灣民族主義性質的「台灣意識」、反對中國民族主義，連繫在一起。1984年，海外台獨論述健將陳芳明，以筆名宋冬陽，介入這場島內論爭，他發表了〈現階段台灣文學本土化的問題〉〔註59〕一文，藉著台灣文學的討論，肯定了台灣文學屬於「第三世界文學」的一部分，但是他質疑陳映眞將台灣文學歸於中國文學一部份的主張，並進一步質疑陳映眞認爲「台灣意識」屬於「中國意識」的看法。對於中國民族主義遭到劉進興開始這一波波台灣民族主義論述的挑戰，《夏潮論壇》也有所回應，甚至推出批判「台灣意識」的專輯反擊〔註60〕，然而，在這場實際上有統、獨公開論辯意義的「台灣意識論戰」中，《夏潮》集團始終無法以說服人的論理賦予台灣社會必須堅持中國民族主義的理由，更無法反駁「台灣意識」之於台灣社會在認同上的正當性，因而也造成了具有台灣民族主義性質的「台灣意識」的興起，與中國民族主義公開競逐台灣的國族認同。而這群以邱義仁爲代表的「黨外」新生代，1984年6月自行創辦了《新潮流叢刊》，形成了具有紀律的反對運動團體〔註61〕，在他們將台灣民族主義性質的「台灣意識」與爭取民主的反對運動連結在一起推動下，反對運動逐漸從民主運動向建立新國族的台灣獨立運動轉化。

〔註58〕 請見葉阿明，〈意識與存在——再論台灣意識〉，《生根》15期（1983年8月），頁27～28。葉阿明的身份，可見林竣達，〈第四章 台灣民族主義〉，《戰後台灣政治論述及民主概念》，（台灣大學政治學系／碩士論文，98學年），頁93。
〔註59〕 請見宋冬陽，〈現階段台灣文學本土化的問題〉，《台灣文藝》86期（1984年1月），頁10～40。
〔註60〕 請見《夏潮論壇》12期（1984年3月）。
〔註61〕 關於《新潮流叢刊》創辦時間，以及有紀律約束的特色，可見鄭明德，〈第三章 民進黨派系的發展股軌跡〉，《民進黨派系政治之研究》，（國立中山大學中山學術研究所／博士論文，92學年），頁51～52。

　　雖然統、獨矛盾已浮上檯面，《夏潮》集團仍與《新潮流》集團合作成立了台灣第一個工運組織「台灣勞工法律支援會」，直到《夏潮》集團後來自行組織工黨，才結束雙方的合作〔註62〕。

　　1984年11月《夏潮論壇》又遭查禁。隔年，陳映真自行創辦了《人間》雜誌，以攝影和報導文學去關注、批判社會和歷史議題，對文化界和知識界影響很大〔註63〕。可以發現，《人間》雜誌是以商業的手法〔註64〕去傳播左翼的視角和「第三世界主義」的立場，因而能成功打入1980年代的消費社會，在雜誌的閱讀市場中脫穎而出，成為繼《夏潮》雜誌後台灣左統陣營影響力最深遠的刊物。由於《人間》雜誌在內容上，對於社會弱勢的處境乃至於底層抗爭運動的強烈關切，因而也為理念受挑戰而影響力開始減退的左統陣營，贏得了一定的理想主義光環。不過，由於陳映真在經營管理上的散漫隨性，也造成了《人間》雜誌長期的財務吃緊，為將來的停刊埋下了伏筆〔註65〕。也是在這段期間，似乎是受到「台灣意識論戰」以來，在理論上遭到台獨運動不斷挑戰的刺激，陳映真開始潛心發展解釋海峽兩岸社會的理論，成為左統陣營的代表性理論家。而與台灣在國際處境相似的南韓的左翼知識圈所生產的理論，則成了陳映真重要的參考對象。透過借鏡南韓左翼民族主義理論家白樂晴（백낙청，1938～）以冷戰和韓戰所造就的「分斷體制」（Division System）來解釋南北韓問題，陳映真開始以「雙戰結構」──東亞地區的冷戰結構和中國內戰結構──作為解釋和定位兩岸的理論框架。〔註66〕

〔註62〕關於《夏潮》集團與《新潮流》集團合作組織「台灣勞工法律支援會」一事，可見汪立峽的〈懷念慶黎〉一文（來源：夏潮聯合會網站 http://www.xiachao.org.tw/?act=page&repno=655，2012年9月30日）。

〔註63〕見郭紀舟，〈第七章 結論〉，《一九七○年代臺灣左翼啟蒙運動──《夏潮》雜誌研究》，（東海大學歷史學系／碩士論文，83學年），頁247。

〔註64〕商業手法包括了雜誌採用精美的裝幀和質感、接受廣告商贊助、請名人推薦等等。

〔註65〕關於陳映真經營上的散漫，導致《人間》雜誌長期財務的吃緊，可見曾經協助過陳映真經營雜誌社的王拓的回憶，最大問題在於缺乏成本控管。見林肇豐，〈附錄2 訪談王拓〉，《王拓的文學與思想研究1970～1988》，（國立台灣師範大學台灣文化及語言文學研究所／碩士論文，95學年），附錄頁「1～48」～「1～50」。

〔註66〕陳映真對於南韓的借鏡，反映在1980年代時常提及南韓的左翼運動和統一運動，《人間》雜誌更曾推出南韓反對運動的專題，可見《人間》44期，（1989年6月）。另外，從一段「綠色小組」所拍攝的影片中，陳映真在報告他訪韓的心得時，大力讚賞南韓學界將南北韓的「分斷」作為分析社會、歷史的框架，

1986 年，《夏潮論壇》復刊，內部又產生紛爭，主要是與陳映真同案的前政治犯詩人林華洲（1945～）主張的階級路線，以及王曉波主張的民族主義路線間的左、右爭論，最終造成了該集團的分裂。原《夏潮》集團的成員，南方朔參與了《南方》雜誌，林華洲等人則創辦了《前方》雜誌。《南方》雜誌主要致力於構思統合民間反宰制力量的「民間社會論」，《前方》雜誌則恪守馬克思主義的政治經濟分析，並且對於揚棄階級鬥爭優位性的《南方》雜誌的「民間社會論」進行嚴屬的批判〔註67〕。《夏潮論壇》的分裂，顯示了左統陣營內部，對於「左」與「統」這兩大理念孰先孰後的看法，其實並不相同；而南方朔的「民間社會論」受到了《前方》雜誌人馬的批判，則顯示了左派中古典馬克思主義與「西方馬克思主義」的理念分歧。

此時，以「黨外」公職人員為主的「黨外公政會」已突破戒嚴令，成立了民進黨，原《夏潮》集團的成員曾有人主張整個《夏潮》的人馬加入民進黨，成為裡面的一個派系，但是這個主張並沒有成為集體的共識〔註68〕。與《夏潮》集團相對比的是，推動反對運動向新國族運動發展的《新潮流》集團，原本打算自行組黨，後來乾脆全體加入，並且奪取了黨權〔註69〕。《新潮

甚至對於在理論上特別注意「分斷」問題的南韓學者白樂晴推崇備至，應能看出南韓，甚至是白樂晴的理論對於陳映真有一定的影響或啟發。見「綠色小組」，〈1987/08/08 夏潮聯誼會餐會 2-2〉，（來源：綠色小組社會運動紀錄片資料庫 http://203.71.53.86/PlayFilm.aspx?FilmID=3200，2013 年 6 月 1 日）。至於白樂晴的「分斷體制」理論，可參考白永瑞、陳光興編，李旭淵翻譯校訂，《白樂晴——分斷體制‧民族文學》，（台北：聯經出版，2010 年 11 月初版）一書。

〔註67〕《夏潮論壇》的內鬨以及《前方》與《南方》的對立，可見郭紀舟，〈第七章結論〉，《一九七〇年代臺灣左翼啟蒙運動——《夏潮》雜誌研究》，（東海大學歷史學系／碩士論文，83 學年），頁 247～248。

〔註68〕這是蘇慶黎接受訪問時的說法，請見郭紀舟，〈《夏潮》重要人物訪問錄‧訪蘇慶黎〉，《一九七〇年代臺灣左翼啟蒙運動——《夏潮》雜誌研究》，（東海大學歷史學系／碩士論文，83 學年），頁 98。有人提議加入民進黨，其實代表了左統派內部對於創黨初期尚未通過「台獨黨綱」的民進黨並沒有惡感，事實上，也有 1950 年代的左統政治犯曾一度加入民進黨，直到通過「台獨黨綱」才退出。曾加入民進黨又退出的左統老政治犯著名的有周合源（1903～1993）、許月里（1912～2008）這些日治時代即參與社會運動的老前輩。（來源：夏潮聯合會網站 http://www.xiachao.org.tw/?act=page&repno=964，2012 年 9 月 30 日）。不過當初《夏潮》人馬沒有集體加入民進黨，也反映了他們雖然對於民進黨沒有惡感，但可能還是帶有一點疑慮。

〔註69〕據邱義仁自述，本來他們自己想組一個黨，後來乾脆集體加入。又因為擔憂被康寧祥系統推舉出來選第一任黨主席的費希平（1916～2003）偏「統派」

流》集團掌控了民進黨，也決定了這個戰後第一個本土政黨在未來的台灣民
族主義色彩。

三、兩代左統運動者的整合

1987 年 3 月，曾任台灣民眾黨秘書長的 50 年代白色恐怖政治犯陳其昌
（1904～1999）在王曉波、王津平等原《夏潮》集團成員支持下創辦了《遠
望》雜誌，象徵了 1950 年代的老政治犯與《夏潮》集團的正式結合。爲了團
結整合台灣的左統派陣營，1987 年 5 月，原《夏潮》集團成員聯合白色恐怖
老政治犯共同組成了「夏潮聯誼會」，由王拓擔任會長，並創辦機關刊物《海
峽》，同樣由王拓擔任社長〔註70〕。王拓儼然成爲台灣左統派陣營的領導者。
「夏潮聯誼會」也在 1988 年聯合各派中國民族主義者成立了「中國統一聯
盟」，除了促進兩岸統一，更有聯合全台中國民族主義者對抗不斷成長的台灣
獨立運動的意味〔註71〕。

1987 年底，「夏潮聯誼會」的人馬結合原民進黨籍立法委員王義雄成立工
黨。由於當時台灣工運風起雲湧，工黨的創建還獲得不少工人群眾的支持。
然而，因爲工黨內部關於群眾運動與選舉掛帥的路線之爭，甚至是勞資爭議
上是要採取抗爭還是協調的問題，最終導致才成立半年的工黨陷入分裂，「夏

的立場，而臨時推舉江鵬堅（1940～2000）與費希平抗衡，並串聯黨內對費
希平的政治立場有疑慮的人士奪取黨權。請見〈邱義仁先生訪談錄〉，張炎憲
主編，《民主崛起──1980 年代台灣民主化運動訪談錄（二）》，（台北：國史
館，2008 年 4 月 1 日），頁 209～215。其實，費希平與其說是「統派」不如
說是對於統、獨沒有強烈立場，費希平自己就曾說：「我不是統派，也不是獨
派。我要從臺灣老百姓的利益來評估。」（來源：中國民主教育基金會
http://www.cdef.org/Default.aspx?tabid=102，2012 年 9 月 30 日）。《新潮流》集
團對於民進黨黨權的奪取，可說是再次展現了這個反對運動團體的主導能力。

〔註70〕　《夏潮》集團與白色恐怖政治犯結合，成立「夏潮聯誼會」等概略事蹟，可
見郭紀舟，〈第七章　結論〉，《一九七○年代臺灣左翼啓蒙運動──《夏潮》雜
誌研究》，（東海大學歷史學系／碩士論文，83 學年），頁 248。

〔註71〕　關於中國統一聯盟，依其官網簡介，主要任務爲（一）在一個中國的原則下，
尊重兩岸政經制度，促進國家統一；（二）團結海內外力量，反對甘爲強權驅
策，企圖使中國的分裂長期化和固定化的任何形式的民族分裂主義，如台灣
獨立，「兩個中國」，「一中一台」，台灣住民自決等；（三）鞏固和發展海峽兩
岸的和平構造，促進海峽雙方結束敵對狀態，發展兩岸人民的同胞情誼，增
進民族的團結與統一；（四）研究和發展民族整合，實現國家統一的知識和理
論。（來源：中國統一聯盟簡介 -http://www.onechina.org.tw/index.php?f=
ViewArt&c=440140000125，2012 年 9 月 30 日）。

潮聯誼會」的人馬集體出走，於 1989 年 3 月另立勞動黨〔註72〕。至此，台灣
的左統派總算發展出自己的政黨。

四、左統派影響力的邊緣化

只是，左統派雖然擁有了自己的政黨，卻也面臨了新的困境。首先，工
黨的快速分裂，讓原本熱情支持的工人群眾，對於工人政黨存在的可能感到
悲觀和灰心，大大打擊原本可能茁壯的左翼群眾力量〔註73〕。而原本負責領
導左統派的王拓，也由於政治上的企圖心較強，不滿左統陣營經常陷入理論
上的爭辯，而缺乏對實際政治的介入能力，於是選擇離開該陣營〔註74〕，他
於 1989 年接受剛從《新潮流》集團手中奪下黨機器，當選民進黨黨主席的
黃信介的邀請，加入民進黨〔註75〕，同年加入民進黨的原《夏潮》集團成員
還有林俊義。而同樣對於實際政治的介入較為積極的蘇慶黎，也於 1990 年

〔註72〕關於工黨成立所獲得的支持，以及內閣的原因，以及「夏潮聯誼會」另立勞
動黨一事。可見楊偉中，〈選後台灣左翼的要務：建立工人階級的政治反對派〉
一文。（來源：http://www.coolloud.org.tw/node/61617，2012 年 9 月 30 日）。

〔註73〕關於工黨分裂對工人支持者的打擊。可見楊偉中，〈選後台灣左翼的要務：建
立工人階級的政治反對派〉一文。（來源：http://www.coolloud.org.tw/
node/61617，2012 年 9 月 30 日）。

〔註74〕王拓後來接受訪談時指出，他之所以不參與勞動黨，是因為很厭煩左統派的
朋友「為了一個小問題，你談這個理論他談這個理論」，王拓認為他們是「嘴
巴上的巨人，行動上的侏儒」，不能成事。請見林肇豐，〈附錄 2 訪談王拓〉，
《王拓的文學與思想研究 1970～1988》，（國立台灣師範大學台灣文化及語言
文學研究所／碩士論文，95 學年），附錄頁「1～51」。蘇慶黎也指出缺乏對於
實際政治的介入，是王拓、林俊義離開的原因。見郭紀舟，〈《夏潮》重要人
物訪問錄・訪蘇慶黎〉，《一九七○年代臺灣左翼啟蒙運動──《夏潮》雜誌研
究》，（東海大學歷史學系／碩士論文，83 學年），訪問錄頁 97。

〔註75〕據王拓指出是黃信介公開邀請他入黨，見林肇豐，〈附錄 2 訪談王拓〉，《王拓
的文學與思想研究 1970～1988》，（國立台灣師範大學台灣文化及語言文學研
究所／碩士論文，95 學年），附錄頁「1～27」。事實上，據王曉波回憶，黃信
介當初還企圖吸納《夏潮》的人馬入黨，更打算組織一個勞工部交給《夏潮》
的人馬。請見郭紀舟，〈《夏潮》重要人物訪問錄・訪王曉波〉，《一九七○年代
臺灣左翼啟蒙運動──《夏潮》雜誌研究》，（東海大學歷史學系／碩士論文，
83 學年），訪問錄頁 14。這多少是黃信介企圖重現 1979 年《美麗島》的陣容，
以對抗「新潮流系」，當時剛從「新潮流系」手上奪下黨權的「泛美麗島系」
與「新潮流系」在黨內鬥爭激烈，黃信介甚至揚言「清黨」，要把「新潮流系」
開除黨籍。見鄭明德，〈第三章 民進黨派系的發展股軌跡〉，《民進黨派系政
治之研究》，（國立中山大學中山學術研究所／博士論文，92 學年），頁 52～
55。

代初辭去勞動黨黨職，赴海外考察、進修，告別左統派的運作〔註76〕。工人群眾的失望和重要成員的離去，多少影響到左統的發展，然而影響更大的毋寧是大環境。在為資本製造良好環境、壓制工運的新自由主義式治理下，勞動黨在工運的首戰——遠東化纖罷工，遭到官方的全力鎮壓，台灣工運開始走入低潮。接著，前述的「六四天安門事件」和「實存社會主義」垮台的世界性變局，又讓認同「社會主義中國」的勞動黨在發展上顯得困難重重〔註77〕。再加上，深具影響力、賦予左統派理想主義光環的《人間》雜誌，在 1989 年 9 月，因陳映真憂慮財務虧損而停刊〔註78〕，左統派的陣地可以說不但沒有拓展，反而萎縮。

　　也就是說，台灣的左統派雖然在 1990 年代前夕統整集結，準備在自由化的台灣發揮政治影響力，但由於經歷了組織的分裂、重要成員的離去，再加上新時代的趨勢不利於其理念的發展，因此他們不但沒能在政治束縛解除後大展身手，反而是被時代的洪流沖到了更加邊緣的角落。

　　面對這樣情形，左統派仍舊堅持促進其理念，甚至「六四天安門事件」的隔年，「中國統一聯盟」由陳映真率團訪問中華人民共和國，並且與中共總書記江澤民（1926～）會面〔註79〕。雖然，1980 年代末期，剛出獄的黃信介、張俊宏也曾打算率《美麗島》系統的政治人物訪問中華人民共和國的高層，是後來在蔣經國的傳話施壓才作罷〔註80〕，但是當時畢竟尚未發生「六四天安門事件」。「中國統一聯盟」的這番爭議作為，也令左統派備受非議。

　　雖然，進入 1990 年代，台灣左統派如此積極促進兩岸的交往、統合，但是在島內他們仍以勞動黨持續深耕桃、竹、苗一帶的基層工運，在九○年代初

〔註76〕見蘇慶黎年表。（來源：http://www.fokas.com.tw/news/newslist.php?id=878 ，2012 年 9 月 30 日）。

〔註77〕關於勞動黨成立所面臨的困境，大致是工運陷入低潮、島內台獨運動的興起，而該黨又鮮明認同中共式的統一。見楊偉中，〈選後台灣左翼的要務：建立工人階級的政治反對派〉一文有提到。（來源：http://www.coolloud.org.tw/node/61617，2012 年 9 月 30 日）。

〔註78〕關於《人間》雜誌停刊的原因，可見劉依潔，〈附錄：陳映真訪問稿〉，《《人間》雜誌研究》，（台中：印書小舖，2010 年 1 月），頁 167。

〔註79〕見〈統盟大事紀〉，（來源：-http://www.onechina.org.tw/index.php?f=ViewArt&c=440190000046 ，2012 年 9 月 30 日）。

〔註80〕見南方朔，〈鄧小平曾想見黃信介〉，（來源：蕃薯藤新聞網：http://magazine.n.yam.com/view/mkmnews.php/269651，2012 年 9 月 30 日）。

期，更參與「反軍人干政」等反對舊威權勢力的運動〔註81〕，甚至還聲援因
閱讀史明的《台灣人四百年史》，而遭判亂罪起訴的人士〔註82〕。這顯示了，
左統派並未放棄或忘卻民族主義以外的關懷。不過，當時尚存的左統派刊物
如《遠望》、王曉波於 1991 年所創辦的《海峽評論》皆屬於以中國民族主義
爲重心的政論雜誌，像《夏潮》、《人間》這樣兼有左翼理念的雜誌則是缺乏
的。因而造成他們「統」的聲音逐漸蓋過了他們在「左」的經營。由於剩下
的雜誌都不是文化、思想型的刊物，這也使得他們在文化思想領域的影響力
無法避免的淪爲更爲邊緣的處境。

第三節　台灣左統運動的侷限性

如果放在世界政經局勢來看，台灣左統派的困境，某種程度上是生不逢
時的左派之困境。他們的興衰，可說是深受世界政經局勢的影響。

1950 年代的台灣左統青年，由於遇上了世界性冷戰局勢的成形，台灣被
美國納入反共的陣營，左統運動者在厲行清共白色恐怖的社會裡，無可避免
的只能遭受鎮壓的命運。到了 1970 年代，蔣氏／國民黨政權的合法性開始動
搖的年代，那些從 1960 年代中後期開始，因爲對於「社會主義中國」的「文
化大革命」有著浪漫的想像，並多少深受其影響的包括海外「保釣運動」在
內的全球反帝、反體制的左翼運動，或直接或間接的影響了一批海外和島內
的台灣知識份子〔註83〕，並形成新一代的左統理念的推動者。雖然這批左統

〔註81〕見「綠色小組」，〈1990/05/05 五月學運 （反軍人干政）61-7（A13-7）5/5
PM10:45~5/6 反郝遊行 PM1:30〉，（來源：綠色小組社會運動紀錄片資料庫
http://203.71.53.86/PlayFilm.aspx?FilmID=4530，2013 年 6 月 1 日）。在這段「綠
色小組」所攝的影帶，可以看見陳映眞在「反軍人干政」學生運動上的對於
任命軍人出身的郝柏村（1919～）擔任閣揆的批判，並且運用了「雙戰結構」
的框架，對於該事件進行分析。

〔註82〕見「綠色小組」，〈1991/05/20 聲援獨台會案 16-12 "反白色恐怖及政治迫害"
遊行 7-3〉，（來源：綠色小組社會運動紀錄片資料庫 http://203.71.53.86/
PlayFilm.aspx?FilmID=4697，2013 年 6 月 1 日）。在這段「綠色小組」所攝的
聲援「獨台會案」的影帶，可以看見「夏潮聯合會」及左統政治犯的參與。

〔註83〕關於 1960 年代的西方左翼青年、學生反叛運動，對文革有浪漫想像而給與推
崇、寄與希望，可參考林柏文，〈文革對西方世界的衝擊〉（來源：
http://forums.chinatimes.com/report/cultural_revolution/review/95051501.htm ，
2012 年 9 月 30 日）和理查德・沃林（Richard Wolin），〈當時西方知識界都在
關注中國〉（來源：http://culture.yunnan.cn/html/2010-11/09/content_

知識份子後來藉由《夏潮》雜誌這個陣地成功崛起，可是那個時候，資本主
義世界中以社會福利促使勞資共榮的左翼改良路線開始陷入困境，而左翼改
良主義之外，追求以社會主義徹底替代資本主義的革命風潮也面臨衰退，在
1970 年代末，「文化大革命」的問題全面被暴露出來，這個曾被世界左翼運動
者視爲精神象徵的運動，到頭來卻被宣告是失控、走調的亂鬥暴行，無疑是
大大打擊、動搖了國際上革命左派的信念和士氣，導致反體制的左翼政治運
動徹底退潮。在向左改良陷入瓶頸、左翼革命已然退潮的情勢裡，新自由主
義開始成爲世界的新選擇。1980 年代後，在英、美兩國的轉型示範與國際經
濟組織的背書、推廣下，新自由主義更被奠定爲世界的新趨勢。在這樣不利
的局勢變化裡誕生的左翼勢力，無法進一步開創，反而面臨更大的瓶頸是可
以預料的。而 1990 年代初期迎來的蘇聯和東歐的劇變，更是讓社會主義陷入
前所未有的低潮。即使在南韓，他們主張社會主義和反帝民族主義的勢力比
台灣左統強大，在 1980 年代更是盛極一時，但是進入 1990 年代以後，也因
爲蘇聯和東歐劇變的打擊而盛況不再，甚至必須改變運動的路線〔註 84〕。因

1403994.htm，2012 年 9 月 30 日）除了西方，亞洲也受到影響，譬如 1966 年
澳門左派口誦《毛語錄》反對葡萄牙殖民當局的鬥爭，以及受澳門鬥爭勝利
的鼓舞，1967 年由香港左派發動的「反英抗暴」武鬥。可見鄭漢良，〈反英武
鬥　香港最動盪時節〉，（來源：http://forums.chinatimes.com/report/cultural_
revolution/review/95051607.htm， 2012 年 9 月 30 日），另外，像日本 1960 年
代的學運中也曾高舉「毛澤東思想萬歲」的旗幟（來源：
http://blog.boxun.com/hero/200909/xiangqianjin/4_1.shtml ，2012 年 9 月 30 日）
甚至新加坡在 1960 年代後期的左翼運動也受文革影響。請見程映虹，〈文革
和新加坡左翼運動〉（來源：http://www.sginsight.com/xjp/index.php?id=5753，
2012 年 9 月 30 日）至於台灣，由於軍事戒嚴和反共宣傳，除了像陳映眞這樣
的少數人透過特殊管道獲得相關資訊，社會多數未能受到文革的影響。然而，
在 1970 年代初期海外華人的保釣運動卻受到了文革的影響，並因此向統一運
動轉化，而參與者之一的唐文標則帶著這樣的左翼思潮來台介入「現代詩論
戰」，變化了台灣的文化思潮。見陳映眞，〈我在台灣所體驗的文革〉，《亞洲
週刊》10 卷 20 期（1996 年 5 月 26 日），頁 50～51。

〔註 84〕關於南韓左翼勢力進入 1990 年代後的衰退轉型，請見 Han Ji-Won，〈工運動
能與韓國勞工政黨之演進〉一文有提到，主要是受到蘇聯解體的打擊和政府
的強力鎮壓，導致運動從革命、反體制的政治路線轉變爲一般的經濟抗爭、
談判和改良主義。（來源：http://www.coolloud.org.tw/node/49927，2012 年 9
月 30 日）。另外，南韓左翼勢力在 1990 年代初期嘗試組黨參與選舉，也遭致
慘敗。見具海根，〈第八章處於十字路口的工人階級〉，《韓國工人──階級形
成與文化政治》（來源：http://www.marxists.org/chinese/reference-books/
korean-workers/marxist.org-chinese-Korean-Workers-8.htm，2012 年 9 月 30 日）。

此，成長在這樣的時代條件裡的左統運動最終走向衰退，其實並不會讓人感到意外的。當他們處於一個與其企望發展的方向相違逆的時代趨向，他們在歷史的創造上就注定陷入困境。

不過，時代條件固然是他們無法進一步發展的一個因素，台灣左統陣營本身在組織、實踐上的侷限，尤其是在政權統治鬆動時登場的《夏潮》集團的實踐侷限，也是阻礙其運動開展的原因。照理說，《夏潮》集團是較早出現具有鮮明的意識形態和清楚理念體系的團體，應能主導的缺乏意識形態的「黨外」民主運動的走向，就像後來崛起的，同樣具有鮮明的意識形態和清楚理念體系的《新潮流》集團一樣。然而，仔細對照《夏潮》集團和《新潮流》集團這兩個統、獨立場不同，但同樣有意識型態作指導的知識份子團體，我們就能發現，《夏潮》集團既缺乏《新潮流》集團具有嚴明的團體紀律，而是一直處於鬆散、隨性的文人聚合，要到 1980 年代末期才正式組織化，而成員在實踐上，也一直存在著介入實際政治優先與意識型態信條的恪守與經營為重的分歧，由於「美麗島事件」造成《夏潮》集團介入實際政治的中挫，再加上後來，以陳映真為代表的經營意識形態信條路線成了《夏潮》集團的主要發展方向，因此這樣的團體自然很難在實際的政治上壯大，而只能停留在文化、思想領域上發揮影響。然而，由於左統派還具有強烈的國族主張，而且其國族主張正是其理念的一部分，因此左統派國族主張的沒落，也會連帶動搖其理念的影響力。不過，在 1980 年代中後，左統陣營以《人間》雜誌為代表，對於解嚴前後備受注目的底層社會抗爭潮的積極關懷和參與，使得他們多少在公眾面前還具有一定的左翼理想主義的光環，而能持續維持著一定程度的影響力。等到《人間》雜誌的停刊，對於越來越失去民眾認同的國族主張仍極為堅持和強調的左統派，他們原本所維持的影響力，就不得不宣告式微了。

至於，左統派的國族主張的沒落，主要是因為台灣民族主義在 1980 年代中期出現於島內時，《夏潮》集團既無法提出一個理論，論證中國民族主義是在台灣唯一具有正當性的國族認同，也不能提出一個論述，駁斥台灣民族主義在台灣國族認同上的正當性，因而讓台灣民族主義擁有與左統派所堅持的中國民族主義在政治上競逐的機會，只是就如前面所述，左統陣營對於實際政治的介入是較為薄弱的，而台灣民族主義訴求的與台灣社會等身大的共同體意識，對於台灣民眾的生活經驗本就已十分契合，再加上擁有實際政治運

動的推波助瀾，所以台灣民族主義的影響力自然就不斷擴大和深化，而缺乏政治影響力，又無法在思想領域鞏固自身地位的左統派國族主張，就難有進一步發展的可能，反而只能不斷衰退。

也就是說，雖然《夏潮》集團在持有特定階級認同，以及懷抱特定歷史觀，並且爲這些理念努力不懈的宣傳上，具有思想家葛蘭西所指出的，幫助特定社會集團贏取領導權的關鍵角色——「有機知識份子」的特質，然而《夏潮》集團在「有機知識份子」的一大要件——融入群眾、組織化的面向上，卻是較晚才進行，且是較爲薄弱的，因此導致其即使短暫建立領導權也無法深化。所以，當另一個極有組織化且介入群眾較深的「有機知識份子」集團出現與之競逐時，就無法避免被其取代了。等到競爭勢力的領導權益形鞏固，左統陣營要強行與其爭奪領導權，自然就更爲困難了。

第四節　小　結

總而言之，台灣的左統派所面臨的歷史條件既然先是一個全面反共撲殺的環境，雖然因全球左傾風潮而有短暫的鬆動，但是緊接著迎來的卻是一個全面爲資本積累排除障礙的世界趨勢，再加上戰後初期一輩的組織和運動傳統幾乎被肅清殆盡，1970 年代興起的新一代則在實踐的路線長期以思想領域的經營爲主，對於實際政治的介入較爲欠缺、組織化也較爲薄弱，甚至在面對 1980 年代台灣民族主義興起，與他們所堅持擁護的中國民族主義競爭時，又缺乏徹底說服人的論理去捍衛中國民族主義的地位，因此他們所創造出來的成果就注定是極爲有限的，他們的運動就注定是面臨困境，其陣營就難免要面臨邊緣化的危機。

第三章 《人間思想與創作叢刊》的創刊與運作

哲學家們只是用不同的方式解釋世界，問題在於改變世界。〔註1〕

——卡爾・馬克思

資產階級民族主義者和跟著他們跑的尤爾凱維奇和頓佐夫先生之流可憐的馬克思主義者說，首先是民族的事業，然後才是無產階級的事業。而我們說，首先是無產階級的事業，因為它不僅能保證勞動的長遠的根本利益和人類的利益，而且能保證民主派的利益，而沒有民主，無論是自治的烏克蘭，還是獨立的烏克蘭，都是不可思議的。〔註2〕

——列寧

　　在前一章，我們探究了台灣左統運動的興衰原因，本章則要說明《人間思想與創作叢刊》誕生的時代背景和與之相應的創刊動機、追求目標，然後也將指出該刊的問題。本章將在第一節先討論台灣左統陣營在 1990 年代初期文化、思想領域的情況，第二節則爬梳 1990 年代中後期的時代氛圍，並探討叢刊創刊的經過以及問題，第三節則探究該刊的運作模式、編輯委員陣容和主要作者。第四節，則進一步指出《人間思想與創作叢刊》的發刊與運作的意義。

〔註 1〕 引自卡爾・馬克思（Karl Marx），〈關於費爾巴哈的提綱〉（Theses on Feuerbach），中共中央馬克思恩格斯列寧斯大林著作編譯局編譯，《馬克思恩格斯全集第三卷》，（北京：人民出版社，1985 年），頁 8。
〔註 2〕 引自列寧（Влади́мир Ильи́ч Ле́нин），〈關於民族問題的批評意見〉，中共中央馬克思恩格斯列寧斯大林著作編譯局編譯，《列寧全集 第二十四卷》，（北京：人民出版社，1990 年 10 月），頁 134。

第一節 「台灣社會科學研究會」的成立

1990 年代的文化、思想領域，大抵以「台灣意識」和後現代主義（Postmodernism）〔註3〕思潮較具影響力，其中後現代主義思潮中又存在著以文化批判刊物《島嶼邊緣》為代表的基進批判知識份子社群的論述，以及純粹主張「遊戲式」創作、不質疑資本主義權力關係的流派〔註4〕。至於已然式微的左統派在當時的文化陣地，僅剩下王曉波的「海峽學術出版社」和繼承《人間》雜誌名稱，由陳映真所主持的「人間出版社」。

面對新時代的變局，由於陳映真是個必須要有思想指導才能創作的作家，因此當他對於當時世界性的巨變感到迷惘、對於自身長久以來所相信的歷史走向產生疑惑，他就必須為自己陷入困境的思想找到出路，所以他幾乎放棄了文藝上的創作，開始更深入的研習作為他思想基礎的「社會科學」──馬克思主義的政治經濟學批判（Zur Kritik der politischen Ökonomie／Critique of Political Economy）相關知識〔註5〕。另一方面，陳映真也深感台灣在 1950 年代以後左派理論素養的貧乏，尤其左統派更是缺乏一套解釋、分析台灣社會的理論。他認為，理論的貧乏是導致台灣左統派沒落的重要原因，於是收集、出版了一系列以政治經濟學批判分析台灣社會的政治、經濟的學術著作，合為「人間台灣政治經濟叢刊」〔註6〕，期待這一系列著作能

〔註3〕後現代主義的內容多元，大致的特徵是對於傳統的價值區分和確定狀態的懷疑，反對普遍性和整體性。請參考彼得・布魯克（Peter Brook），王志弘、李根芳譯，〈Postmodernism（後現代主義）〉，《文化理論詞彙》（A Glossary of Cultural Theory），（台北：巨流圖書，2004 年 4 月初版二刷），頁 308～311。

〔註4〕關於以《島嶼邊緣》為代表的後現代批判知識份子社群，可參考相關研究論文：陳筱茵，《《島嶼邊緣》：一九八、九〇年代之交台灣左翼的新實踐論述》，（交通大學社會與文化研究所／碩士論文，83 學年）。至於純粹主張「遊戲式」創作、不質疑權力關係的後現代主義流派，可參考林淇瀁，〈「台北的」與「台灣的」──初論台灣現代文學的「城鄉差距」〉，鄭明娳編：《當.代台灣都市文學論》（台北：時報文化，1995 年 11 月），頁 39～57。

〔註5〕陳映真對於那段期間停止創作的相關解釋，可見楊渡採訪、王妙如整理，〈專訪陳映真〉，《文藝理論與批評》2 期（2000 年），頁 95～96。另外，陳映真也曾於文章自剖鑽研理論的根本原因，見陳映真，〈後街──陳映真的創作歷程〉，《陳映真散文集 1：父親》，（台北：洪範書店，2004 年 10 月，2 版），頁 68。

〔註6〕「人間台灣政治經濟叢刊」由以下 7 本著作所組成：涂兆彥，《日本帝國主義下台灣》，（台北：人間出版社，1992 年）、劉進慶，《台灣戰後經濟分析》，（台北：人間出版社，1992 年）、段承璞，《台灣戰後經濟》，（台北：人間出版社，1992 年）、谷蒲孝雄，《國際加工基地的形成》，（台北：人間出版社，1992 年）、

影響台灣的知識界，讓知識界開展以左翼的學術觀點研究、討論台灣政治經濟的風氣，並爲台灣的左派，尤其是左統派找到重新開始的方向〔註7〕。

　　出版這樣的著作，也使得「人間出版社」與「海峽學術出版社」這兩個左統出版社在出版物上產生了差別。相較於「海峽學術出版社」主要以海峽對岸的政治論述、台灣統派的政治評論、台灣抗日運動的史料、台灣抗日運動家、日治新文學作家的傳記爲出版品〔註8〕，幾乎是中國民族主義立場；「人間出版社」的出版品除了海峽對岸與台灣的文藝創作與研究，還出版了許多以馬克思主義的政治經濟學批判爲方法的台灣、中國政治經濟研究，以及台灣左統史料〔註9〕，這使得其在中國民族主義立場之外，兼有濃厚的古典馬克

陳玉璽，《台灣依附型發展》，（台北：人間出版社，1992年）、劉進慶等，《台灣之經濟》，（台北：人間出版社，1993年）、E.A Wimckler S. Greenhalgh編《台灣政治經濟學諸論辨析》，（台北：人間出版社，1994年）。

〔註7〕陳映眞在1990年代初接受郭紀舟訪問時指出：「（《夏潮》集團）對認識台灣理論工作上完全付之闕如，這就是爲什麼到八〇年代另外一種論述就取而代之，因爲對於1950年以後，一直到今天，台灣的左翼還沒有能力清算50年以後所積留下來的問題，重新思考看待。比如說蔣介石的國家是什麼性質的，他是不是那麼簡單說外來政權欺負台灣人，一直到今天李登輝本土官商資產階級國家成立以後，我們的理論界也完全沒有力量來解釋，民進黨有點糊塗，可是也不曉得是怎麼一回事，像這個問題，如果社會裡頭有左翼，我想重要的標誌之一，不是說成立什麼組織，而是有沒有眞正的左翼思考，對台灣社會局勢的認識，對兩岸關係之間的認識（……）一直到今天都沒有人做，這是爲什麼我這個搞文學的人，最近辛苦的找了幾本書，有關政治經濟的書來翻譯，這本不關我的事，可是我覺得沒弄就走不出去，就是些幼稚的話搬來搬去，老實說，嚴格的意義上，台灣沒有左派，一直到有一個台灣資本主義論、台灣社會性質論，（……）所以我希望我們出這一系列的書，能夠開始比較科學的反省。」請參考郭紀舟，《夏潮》重要人物訪問錄·訪陳映眞〉，《一九七〇年代臺灣左翼啓蒙運動——《夏潮》雜誌研究》，（東海大學歷史學系／碩士論文，83學年），訪問錄頁21～22。另外，陳映眞在「人間台灣政治經濟叢刊」的出版贊言，也希望藉這些研究的出版，讓台灣進入「對台灣社會與歷史展開科學的自我認識的時代」、「對台灣戰後資本主義的深刻、百家爭鳴的探索與爭論的過程」。

〔註8〕「海峽學術出版社」的商品則可見於問津堂書局在PChome商店街的店面，出版品分爲兩岸關係、政治外交、歷史史料、著作傳記，「兩岸關係」主要是中國的政治論述，「政治外交」類則是台灣統派的政治論述著作，「歷史史料」是台灣抗日運動的史料，「著作傳記」則以抗日運動家、日治新文學作家爲主。（來源：http://www.pcstore.com.tw/askforbooks/S059879.htm，2012年9月30日）。

〔註9〕「人間出版社」其標榜1. 理性認識台灣社會性質的社會科學叢書；2. 整理被湮滅的台灣史料，還原台灣史眞實面貌；3. 正直進步的台灣先賢傳略集；4. 揭破國家機器僞善面具的報告文學與創作。與馬克思主義相關的系列出版品有：台灣政治經濟叢刊、帝國主義批判系列、左派統一理論等。左統史料系

思主義面向。這樣的區別多少反映了兩個出版社的各自主導者王曉波、陳映眞的左統理念在內涵上的差異。

其實，就王曉波來說，他的「左」僅是相對於不反帝的中國民族主義者而言，他在 1990 年代以後的立場上，認爲他們這些（中國的）愛國主義者的任務不是馬克思主義的階級鬥爭，而是反帝、反台獨以待中國復興崛起〔註 10〕，嚴格來說，他只是反對西方強權干涉中國的中國民族主義者而不是馬克思主義意義上的左派，立場與主張超越傳統路線與西化路線來建立中國主體性的胡秋原較接近〔註 11〕。而陳映眞則不同，雖然他同樣具有胡秋原和王曉波的民族主義立場，以及超越西化和傳統的態度〔註 12〕，但是據他在 1990 年代接受訪問時所表示的立場顯示，他對於馬克思主義的理念仍然堅持。雖然他認同實行社會主義應先有資本主義的積累，但是他對於中國共產黨改革開放後的官僚主義和腐敗卻深惡痛絕，甚至主張中國人民面對這樣的共產黨「有必要時推翻它，重新來次革命」，不過他認爲在此之前，要先對於中國共產黨統治下的社會進行調查分析，「特別是開放改革以後，應該做科學的研究」，而「台灣的左派，應該要負起這個責任」〔註 13〕。另外，陳映眞由

列則有：台灣戰後史資料叢書、台灣史叢刊、台灣現當代進步人物研究、保釣運動文獻、五〇年代白色恐怖系列。見「人間出版社」於 PChome 商店街的出版品（來源：http://www.pcstore.com.tw/renjian/，2012 年 9 月 30 日）。

〔註10〕 王曉波的理念，可參考王曉波，〈大丈夫無私交，亦無私怨──《從遺少到總統──論馬英九的崛起之路》自序〉，《從遺少到總統──論馬英九的崛起之路》，（台北：海峽學術，2009 年 8 月），頁 III～VI。

〔註11〕 王曉波曾說：「我追隨最久的，影響我最深的，栽培我最多的，我不能不感謝胡秋原先生。沒有胡先生，沒有《中華雜誌》，就不可能有今天的王曉波。」可見其受胡秋原影響極深。他並且自述：「在胡先生的指導下，我的思想學術漸漸超脫了西化派和傳統派的限制，學會了以世界史的角度視野來建立中國的主體性」從這裡也可以看出胡秋原的思想方向。見王曉波，〈在那追隨胡秋原先生的日子裡──講於「七七抗戰 67 週年暨胡秋原先生紀念會」〉，（來源：王曉波部落格──http://wangxiaopo.blogspot.tw/2005/08/67.html，2012 年 9 月 30 日）。

〔註12〕 事實上，不同於後進地區的右翼在國家發展上對於西方強權的技術、價值的依附和效法，在社會秩序上又維護舊社會關係，在後進地區的左翼既要反對侵入的資本剝削，又要打破停滯、僵化的舊社會關係束縛，必然會具有這種企圖超越西化和舊傳統的態度。這種立場具體表現在以反帝反封建爲目標的政治運動上，這樣的政治運動追求的其實是西方資本主義發展模式以外的現代化道路，也就是另類的現代化途徑。

〔註13〕 陳映眞在 1990 年代對於中國共產黨的不滿言論，可見郭紀舟，〈《夏潮》重要人物訪問錄‧訪陳映眞〉，《一九七〇年代臺灣左翼啓蒙運動──《夏潮》雜誌

於看到了 1990 年代台灣資本必須依靠海峽對岸的市場發展的現實，因而推想，隨著兩岸經濟持續交流到一定的程度，台灣的中小企業最終會跟中華人民共和國的中小企業和政權發生聯盟，因此更加堅定了他主張兩岸統一的信念，但是在另一方面，作爲左派，他卻又擔憂這種資本的結合，因爲對他來說，「無產階級、勞動者階級在什麼地方，包括大陸農民階級的再分化，也應該成爲左派的顧念。」〔註 14〕總之，陳映眞雖然是個中國民族主義者，其所關懷的卻不只是台灣與對岸的統一，而仍重視社會主義的理想。雖然在中共當局走資本主義化的道路後，台灣資本往海峽對岸輸出的趨向使得陳映眞對於兩岸在未來統一的可能性產生信心，但是資本主義的惡性面，又令他對於這個「社會主義祖國」的前景充滿憂慮，因此面對中華人民共和國的新局，這兩個理念常常會有所衝突，也使得他時常陷入對這兩者取捨、實踐先後的掙扎。不管如何，左統陣營在當時，雖有「海峽學術出版社」和「人間出版社」兩個文化陣地，但是同時堅持、注重政治經濟分析和兩岸統一願景這兩種意識形態的文化陣地，可以說就只有「人間出版社」了。

　　雖然就長遠發展來說，陳映眞看好兩岸統合的可能，但是眼前國族認同「脫中國化」的趨向，卻仍是他憂心的變數，甚至「社會主義中國」的資本主義化也是他必須去面對，思考解決之道的課題。

　　對於所處的社會的政治經濟性質的分析與探討，並藉著探討指出社會必須解決的主要問題，向來是有志於改造現有社會的政治、經濟矛盾的馬克思主義者所必須從事的課題。最著名的例子莫過於是發生在 1920 到 1930 年代的「中國社會性質論戰」和「日本資本主義論爭」。前者是由 1927 年中國國

研究》，（東海大學歷史學系／碩士論文，83 學年），訪問錄頁 32～34。另外類似意見的表達，可見陳映眞口述，〈陳映眞自剖「統一情結」——陳映眞：我又要提筆上陣了！〉，《財訊》132 期（1993 年 3 月），頁 164。

〔註 14〕陳映眞在 1990 年代對於兩岸在經濟交流下朝統一發展的推斷，以及對於兩岸資本結合後的問題的憂心，可見郭紀舟，〈《夏潮》重要人物訪問錄‧訪陳映眞〉，《一九七〇年代臺灣左翼啓蒙運動——《夏潮》雜誌研究》，（東海大學歷史學系／碩士論文，83 學年），訪問錄頁 33～34。另外陳映眞在接受《財訊》訪問的〈現在是重大反省時刻！——陳映眞總評國共兩黨、民進黨及臺獨〉、〈陳映眞自剖「統一情結」——陳映眞：我又要提筆上陣了！〉二文，也有相似的看法。見陳映眞口述，〈現在是重大反省時刻！——陳映眞總評國共兩黨、民進黨及臺獨〉，《財訊》132 期（1993 年 3 月），頁 161～162。以及陳映眞口述，〈陳映眞自剖「統一情結」——陳映眞：我又要提筆上陣了！〉，《財訊》132 期（1993 年 3 月），頁 164。

民黨、中國共產黨分裂後，中國共產黨起事遭遇鎮壓，思想界對於中國的革命方向和社會的政治經濟性質認識發生了分歧，所引發的三次論戰。這系列論戰，最後以「半殖民地・半封建」這樣的政治經濟性質作為這場論戰的結論，也奠定了中國共產黨以反帝、反封建為革命的方向〔註15〕。後者則是戰前日本馬克思主義者之中，主張日本社會存在著很多封建殘餘，必須先進行民主革命，推翻天皇制再進行社會主義革命的日本共產黨，和主張日本社會已進入獨佔金融資本的階段，必須直接進行社會主義革命的勞農派之間的爭論，這場論爭最終因日本的侵略戰爭爆發而被壓制〔註16〕。而1926年到1927年間，台灣的社會主義者許乃昌（1906～1975）、蔡孝乾（1908～1982）與右派的陳逢源（1893～1983）之間也爆發了討論中國社會的政治經濟性質和革命路線的「中國改造論爭」，論者多以為這場論爭的弦外之音即是針對當時殖民地台灣的社會變革。在論戰的尾聲，台灣的左派也正式崛起，掌控了「台灣文化協會」〔註17〕。另外，南韓在1980年代的學運圈、知識圈也有一場「韓國社會構成性質論爭」，為了檢討過去民主運動的挫敗原因，他們對於南韓的社會政治經濟性質、鬥爭目標、鬥爭方式、主導勢力、階級劃分等等問題進行了激烈的爭論。當時的陳映真還曾親自到南韓採訪，並在《人間》雜誌上向讀者介紹這場他個人推崇備至的論爭〔註18〕。

因此，向來堅持馬克思主義理念的陳映真，即使在1980年代即已發展出解釋兩岸社會狀態的重要框架——「雙戰結構／構造／體制」，他仍急於發展出一套能更具體解釋兩岸社會的政治經濟變化和矛盾，以及連帶關係，甚至是指出中國的社會主義實踐方向的分析，以作為支撐這個框架的具體內容。另一方面，在「台灣意識論戰」後，左獨理論家史明在《台灣人四百年史》

〔註15〕 請參考陳樹德，〈中國社會性質論戰〉，（來源：中國大百科全書——http://163.17.37.33/cpedia/Content.asp?ID=18186&Query=1，2012年11月28日）。

〔註16〕 請參考湯姆・博托莫爾（Tom Bottomore）等編，陳叔平等譯，〈日本馬克思主義經濟學（Marxist economics in Japan）〉，《馬克思主義思想辭典》（A Dictionary of Marxist Thought），（河南：河南人民出版社，1994年7月），頁391～393。

〔註17〕 請參考吳叡人，〈「台灣非是台灣人的台灣不可」：反殖民鬥爭與台灣人民族國家的論述，1919～1931〉，林佳龍、鄭永年主編，《民族主義與兩岸關係》，（台北：新自然主義，2009年04月），頁76～82。

〔註18〕 見陳映真，〈因為在民眾中有真理——韓國社會構成體性質的論戰和韓國社科界的英姿〉，《人間》44期，（1989年6月），頁123～127。

中對於台灣社會的政經分析，和以此分析爲基礎的史觀被引入島內，並透過
運動的推展逐漸取得影響力，這多少促進了台灣民族主義在台灣社會的興
起，並逐漸取代了中國民族主義。是故，發展一套能夠駁斥並且取代史明史
觀的社會政經性質分析──陳映眞將其稱爲「社會性質論」──就成了陳映
眞 1980 年代中後開始的思想重心。只是，當時在左統陣營眞正有心要下功夫
去從事這樣工作的人很少，因此，陳映眞在思想上愈來愈感到孤獨，並渴望
擁有同他一起投入這方面工作的同志。於是，他寫信催促當時在日本執醫業
的曾健民趕快返台〔註 19〕。曾健民是詩人吳晟（1944～）的摯友，兩人皆與
陳映眞有交情，據吳晟回憶，曾健民的思想與同輩有很大的歧異，大約在二
十歲上下即手抄關於馬克思主義的精華於卡片上，隨身攜帶研讀〔註 20〕。他
赴日後，藉著接觸日本「內山書店」所販賣的中國左翼書籍，建立了與陳映
眞相近的思想體系〔註 21〕。在陳映眞的盼望下，曾健民於 1992 年結束日本的
醫業返台，並立即與陳映眞一起致力於政治經濟學批判理論的研究和發展。

　　1993 年 4 月，陳映眞「一方面覺得一個人讀，不如多幾個人讀，就搞了
一個讀書會，這個讀書會的名稱就叫『台灣社會科學研究會』」〔註 22〕，除了
曾健民，這個研究隊伍還召集了其他關心台灣社會、歷史問題的朋友，甚至
是社會運動的參與者，期望繼承台灣 1950 年代以後中斷的馬克思主義傳統，
建構一個能闡釋台灣社會的政經性質，並可以指出台灣社會的改造方向的理
論。雖然初期固定一週聚會研讀、討論一次，但由於型態上較爲鬆散，沒什
麼約束力，因此成員流動性很大〔註 23〕。從這裡可以看得出來，雖然從前述
1990 年代初期的相關訪談中，陳映眞對於兩岸社會的政經性質都懷有研究的
使命感，但是他最終還是選擇把重心放在台灣社會的部分。而從研究會的組

〔註 19〕關於陳映眞在 1990 年代初在思想上的孤獨，與催促曾健民回國一事，可見本
　　　　論文附錄 2〈訪談曾健民〉，頁 201～202。
〔註 20〕見吳晟，〈青春南風〉，《一首詩一個故事》，（台北：聯合文學，2002 年），頁
　　　　173。
〔註 21〕關於曾健民左翼思想的形成，可見本論文附錄 2〈訪談曾健民〉，頁 199～201。
〔註 22〕見陳映眞接受黎湘萍的訪談，陳映眞、黎湘萍，〈陳映眞先生談臺灣後現代問
　　　　題〉，《東方藝術》，1996 年第 3 期，頁 21。
〔註 23〕「台灣社會科學研究會」的目標與運作情況，可見曾健民，〈試談「九○年代
　　　　的陳映眞」〉，陳光興、蘇淑芬主編，《陳映眞：思想與文學（下）》，（台北：
　　　　台灣社會研究雜誌社，2011 年 11 月），頁 511～513。另外，曾健民也指出研
　　　　究會鬆散、沒有約束力，見本論文附錄 2〈訪談曾健民〉，頁 202～203。

織型態較爲鬆散的面向看來，左統陣營依舊延續著隨性、散漫的組織習性。但無論如何，這樣的讀書會，讓左統陣營中產生了以陳映眞爲核心，致力於求索台灣左統運動新方向的的隊伍。

　　總結來說，進入 1990 年代以後，面對包括「社會主義中國」的資本主義化，以及中國民族主義在台灣社會的沒落，陳映眞是左統陣營中最積極透過政治經濟分析的相關理論探索尋求出路的一位。爲此，陳映眞幾乎放棄了他作爲文學家的職能，勉力要擔任起指引左統道路的史家和社會學家。

第二節　《人間思想與創作叢刊》的誕生

　　進入到 1990 年代中期，台灣社會由舊威權崩解、社會力釋放的過渡階段，邁向了新的局勢。舊威權勢力此時已被掌握中華民國體制大權的李登輝拔除，原本主張建立新國家以取代中華民國的《新潮流》集團以及民進黨，則逐漸改走以選舉方式爭取體制內執政權的路線，融入了中華民國體制的運作〔註 24〕。只剩下史明等基進台獨運動者，仍然堅持建立新國家的初衷而實踐著。

　　至於左統陣營，除了繼續耕耘工運陣地外，成立「台灣社會科學研究會」以發展理論的陳映眞，則越來越覺得，僅僅從物質來看台灣，缺乏對相應的精神活動深究是不足的，因此他在埋首政治經濟學批判之餘也開始重讀賴和（1894～1943）以降的台灣文學〔註 25〕。實際上，當時陳映眞雖然把重心轉移到馬克思主義的相關理論上，但他仍然在 1993 年與 1994 年分別創作了以白色恐怖受難者爲題材的報導文學〈當紅星在七古林山區沉落〉〔註 26〕和報告劇〈春祭〉〔註 27〕。不過這多少是受到白色恐怖受難者的墓群在 1993 年被發現出土這件大事的刺激、影響。他眞正決定重新發展文化方面的工作，大概還是基於前述的體認。

〔註 24〕關於主導民進黨的《新潮流》集團的路線調整，可見何榮幸，〈認識新潮流系——歷史戰役篇〉，（來源：認識新潮流系——http://forums.chinatimes.com.tw/special/DPP_new/，2012 年 9 月 30 日）。

〔註 25〕見陳映眞、黎湘萍，〈陳映眞先生談臺灣後現代問題〉，《東方藝術》3 期，（1996 年），頁 21。

〔註 26〕見陳映眞，〈當紅星在七古林山區沉落〉，《陳映眞小說集 5：鈴璫花》，（台北：洪範書店，2009 年 9 月），頁 203～262。

〔註 27〕見陳映眞，《現代戲劇集演出劇本系列 9：春祭》，（台北：文建會，1995 年）。

　　就是在這樣的體認下，他開始考慮推出一種「檔次比較高的、有理論價值的書——理論也不純粹是理論，而是理論與創作相結合。」此外，他也期望這樣的書能「從創作和理論兩個層次去開闢出一條道路。什麼道路呢？就是總結我們從鄉土文學論戰以來沒有解決的一些問題，對台獨的一些理論提出比較客觀的討論，然後也希望在創作實踐上有所發展。」〔註28〕這反映了陳映眞決定要重新進行創作，並且似乎在理論發展上也有了一些心得。而這個推出理論與創作相結合的書籍的構想，最後演變成了再辦文化刊物的打算。

　　1996 年 3 月，中華民國這個政治實體，在李登輝政權回應外在壓力、逐步放權改革下，誕生了首次公民直選出來的中央政府，台灣民眾對於該政府所代表的台、澎、金、馬這個共同體的認同因而更爲強化。隔年，作爲台灣第一個民選政權的李登輝政權，更吸納了獨派在台灣史的觀點，推出了以台灣自身的歷史發展脈絡這個視角，進行書寫的《認識台灣》教科書。這種台灣自主認同的強化，以及體制吸收了獨派史觀的新局勢，自然引發了在台灣已然邊緣化的中國民族主義者的危機感。台灣左統陣營即針對《認識台灣》教科書撰寫了相關的批判文章和改正版本。這些文章最後收錄於由王曉波主持的「台灣史研究會」所出版的《認識台灣教科書參考文件》〔註29〕。自此以後，左統派與獨派對於歷史詮釋權的競奪開始白熱化。

　　1997 年，時逢「鄉土文學論戰」20 週年，「台灣社會科學研究會」於 10 月先舉辦了一場「回顧與再思——鄉土文學論戰 20 年」研討會，反省了鄉土文學論戰的突破與侷限〔註30〕。24 天後，王拓與文建會也舉辦了一場紀念研討會〔註31〕，當年並肩應戰的同志，如今卻分開舉辦紀念活動，也反映了雙方的分道揚鑣，而這樣的分道揚鑣，不僅僅是政治，還包含了友誼。

　　在左統陣營所舉辦的研討會上的座談，王拓其實也有到場，並且還做出了感傷的發言。他坦承自從他加入民進黨開始，就知道會面臨很多誤解，

〔註28〕見陳映眞、黎湘萍，〈陳映眞先生談臺灣後現代問題〉。《東方藝術》，1996 年第 3 期，頁 21。

〔註29〕見曾健民，〈試談「九○年代的陳映眞」〉，陳光興、蘇淑芬主編，《陳映眞：思想與文學（下）》，（台北：台灣社會研究雜誌社，2011 年 11 月），頁 514。

〔註30〕見曾健民，〈試談「九○年代的陳映眞」〉，陳光興、蘇淑芬主編，《陳映眞：思想與文學（下）》，（台北：台灣社會研究雜誌社，2011 年 11 月），頁 519～520。

〔註31〕見曾健民，〈試談「九○年代的陳映眞」〉，陳光興、蘇淑芬主編，《陳映眞：思想與文學（下）》，（台北：台灣社會研究雜誌社，2011 年 12 月 05 日），頁 520～521。

統派的朋友會質疑他變節，獨派的人也會懷疑他是統派派來潛伏的，他帶淚的感慨：「常常覺得自己很寂寞，寂寞時經常想的就是你最好的朋友，大頭〔註32〕和天聰是我最常懷念的，另一個就是曉波。但是政治上，我沒辦法了。」〔註33〕不過這樣的告白並不是所有人都能諒解的，曾與王拓同為《文季》同仁的作家黃春明（1935～）即回應：「我覺得眼淚很可以軟化人的意志。所以你剛才看到王拓的眼淚，或許有人會跟著哭出來，但是我不領情的。政客就得是一個演員，要很會表演。」〔註34〕尉天聰也說：「回顧往事，當時大家在政治高壓下，堅持了原則、團結互愛，堅持進步的生活，仍然是我們這些老戰友們生死以之的力量，生活和工作的原則。見風轉舵，搞機會主義，我們不習慣，搞不來嘛！」〔註35〕陳映真則贊同尉天聰的說法：「搞方便主義、便宜行事、機會主義，像天聰兄方才所說，行不通，也行不得。」〔註36〕從上述雙方的互動，其實可以看出來，1990年代中期以後，台灣社會的統、獨立場已然分化的壁壘分明，公開場合人們必須在對峙的雙方之間堅定的表態、做出選擇，幾無模糊的空間，而兩陣營的鮮明對峙，也傷害了當年的革命情感〔註37〕。

　　值得注意的是，對於「鄉土文學論戰」，曾健民與陳映真各自撰寫了兩篇論文，這四篇論文的前兩篇都指出了他們所認為的「鄉土文學論戰」的貢獻，後兩篇則對於不同的詮釋觀點進行了駁斥。頗能看出左統陣營對於「鄉土文學論戰」以來所欲繼承和想要反對的面向。

〔註32〕即陳映真。

〔註33〕編輯部，〈座談（1）艱難的路，咱們一路走來〉，曾健民主編，《1998年冬 台灣鄉土文學‧皇民文學的清理與批判》，（台北：人間出版社，1998年12月），頁210～211。

〔註34〕編輯部，〈座談（2）情義和文學把一代作家凝聚到一起〉，曾健民主編，《1998年冬 台灣鄉土文學‧皇民文學的清理與批判》，（台北：人間出版社，1998年12月），頁216。

〔註35〕編輯部，〈座談（2）情義和文學把一代作家凝聚到一起〉，曾健民主編，《1998年冬 台灣鄉土文學‧皇民文學的清理與批判》，（台北：人間出版社，1998年12月），頁225。

〔註36〕編輯部，〈座談（2）情義和文學把一代作家凝聚到一起〉，曾健民主編，《1998年冬 台灣鄉土文學‧皇民文學的清理與批判》，（台北：人間出版社，1998年12月），頁226。

〔註37〕雙方的裂痕要到陳映真後來於北京病倒，王拓由於關心他的狀況，才又重新與王曉波、陳鼓應、尉天聰等這些老朋友聯繫上，言歸於好，請見林肇豐，〈附錄2 訪談王拓〉，《王拓的文學與思想研究1970～1988》，（國立台灣師範大學台灣文化及語言文學研究所／碩士論文，95學年），附錄頁「1-58」～「1-59」。

　　曾健民在〈民眾與民族的——鄉土文學論戰的精神與七○年代思潮精神的再確認〉〔註38〕一文，首先認爲鄉土文學論戰的進步性意義，除了是回歸中國民族文學和現實主義文學外，還有對於台灣經濟是帝國主義下的「殖民經濟」在島內的首次提出。然後他在〈反鄉土派的嫡傳——七批陳芳明的「歷史的歧見與回歸的歧路」一文〉〔註39〕中，則認爲陳芳明汙衊陳映眞、扭曲詮釋了當年論戰的觀點，是當年官方「反鄉土派」的嫡傳，更有意圖篡奪「鄉土文學論戰」的果實。

　　至於陳映眞在〈向內戰‧冷戰意識形態挑戰——七○年代文學論爭在台灣文藝思潮史上劃時代的意義〉〔註40〕一文的看法，同樣是讚賞了1970年代的文學論戰高舉現實主義文學的表現，但是他更重視王拓在論戰中突破了中國內戰與國際冷戰下的意識形態的限制，指出了台灣社會的經濟形態是受美國、日本資本宰制的「殖民經濟」的現實。並且還期望人們能繼承、深化此一「殖民經濟論」。然後他在〈一時代思想的倒退與反動——從王拓「鄉土文學論戰與台灣本土化運動」的批判展開〉〔註41〕，則是反對王拓在1990年代將1980年代中期以後的思潮視爲1970年代思潮的延續，他全面批判了1980年代中期至1990年代台灣社會的思潮發展方向，他抨擊台灣社會的思潮從1970年代的批判現實主義走向放棄批判現實主義，從1970年代反對美、日帝國主義走向不反帝只反中國，從1970年代指涉中下階級的「人民論」走向沒有階級指涉的「人民論」的現象。陳映眞認爲這些思潮發展方向正是1970年代發展起來的左翼思潮的倒退、反動和保守化。之所以如此，陳映眞認爲是因爲戰後的左翼傳統被肅清，導致後來的民主運動缺乏左翼傳統，而由長期依賴美、日經濟圈的中、小資產階級、中間階層所主導。台灣社會親美日、

〔註38〕曾健民，〈民眾與民族的——鄉土文學論戰的精神與七○年代思潮精神的再確認〉，曾健民主編，《1998年冬　台灣鄉土文學‧皇民文學的清理與批判》，（台北：人間出版社，1998年12月），頁107～122。

〔註39〕曾健民，〈反鄉土派的嫡傳——七批陳芳明的「歷史的歧見與回歸的歧路」一文〉，曾健民主編，《1998年冬　台灣鄉土文學‧皇民文學的清理與批判》，（台北：人間出版社，1998年12月），頁234～254。

〔註40〕陳映眞，〈向內戰‧冷戰意識形態挑戰——七○年代文學論爭在台灣文藝思潮史上劃時代的意義〉，陳映眞主編，《2003年冬　告別革命文學？》，（台北：人間出版社，2003年12月），頁162～207。

〔註41〕見石家駒，〈一時代思想的倒退與反動——從王拓「鄉土文學論戰與台灣本土化運動」的批判展開〉，曾健民主編，《1998年冬　台灣鄉土文學‧皇民文學的清理與批判》，（台北：人間出版社，1998年12月），頁255～279。

反中、不反帝、不講階級問題的思潮走向正是這樣結構在意識形態上的反映。
至於 1970 年代的鄉土思潮，在陳映眞看來僅僅是一次意識形態上的短暫顚覆
和突破。

從曾健民與陳映眞的論文看來，我們可以發現，他們除了對於歷史詮釋
權的重視外，更特別重視「鄉土文學論戰」中對於台灣社會的政治經濟分析
的面向，並且主張繼承這個傳統，尤其是期望能進一步深化揭露台灣被美、
日經濟殖民，即被美、日新殖民主義支配的分析。這其實反映了發展一套針
對新殖民主義問題的台灣政治經濟分析是他們 1990 年代以後最爲重視的課
題，而陳映眞批判王拓論點的文章更是直接展現了他自己這方面的分析。

不過，陳映眞以左翼傳統被肅清和經濟上對美、日的依賴，來解釋台灣
社會思潮的轉變，固然有一定的道理，但似乎忽略了左統陣營自身實踐上的
侷限，更忽略了世界政經局勢這個更大的結構對於台灣社會的影響。就如同
本研究在前一章對於台灣左統運動興衰的分析，因爲左統陣營在實際政治運
動上的薄弱和經營較晚，才導致其理念發展上的限制，甚至是被取代，而台
灣社會思潮的變化，恐怕還有世界局勢這個重要的因素影響，否則，恐怕無
法去解釋何以反對美、日帝國主義和擁抱工農階級的思潮，在 1970 年代能有
在左翼傳統被肅清，經濟上依賴美、日的台灣社會異軍突起的機會。正是世
界政經局勢在 1960 年代末期的反帝、反資左傾風潮，以及世界範圍對於「社
會主義中國」的浪漫想像，這些世界性因素直接或間接的影響了一些台灣知
識份子，才讓台灣社會的思潮在 1970 年代出現了不同的變化。至於 1980 年
代之後這樣的思潮逐漸失去影響力，也與國際左翼政治運動的退潮、世界政
經趨勢向右轉，甚至「實存社會主義」國家的接連垮台和「社會主義中國」
的資本主義化很有關係。總之，陳映眞的分析不免忽略了這些重要的因素，
導致忽略了人的主觀能動性因素和更大的歷史條件的影響。

1997 年 12 月 22 日，「台灣社會科學研究會」討論起辦刊物的問題，陳映
眞對研究會的同志提出了新刊物的發展方向：

> 要辦成一個有權威性的左統指標性刊物；編輯部要先統一自己的思
> 想，一定要有一條主線，充分準備後再出發，先發後要連續出擊；
> 並且要善於廣泛團結其他進步的朋友和力量，議題一定要與現實結
> 合；對大陸的問題要關心，要跟大陸知識分子在知識、思想方面交
> 流，適度地對大陸思想界提出批判；有意識地發展成言之有物的思

想中心,全方面地面對兩岸、亞洲、第三世界的問題。〔註42〕
看得出來,陳映眞對於創辦新刊物的重視,同時期許該刊能夠建立起好的影響力,並承繼《人間》雜誌與對岸交流互動的精神,以及立足於「第三世界」的反帝視野。

關於這份刊物的型態,他們曾考慮直接復刊《人間》雜誌,然而現實上要維持一個雜誌並不容易〔註43〕,像《人間》雜誌這樣高質感的雜誌,成本又更昂貴了,而這樣的雜誌勢必需要廣告收入,但是又不能如普通雜誌一般廣告不作篩選,因此往往處於兩難的狀態〔註44〕。除了經費的問題,當時身邊理念相近的寫手也不夠,能不能定期出刊也是他們所擔憂的,再加上,雜誌是有時效性的,過期了就很難賣出去。因此在多方考慮下,最終陳映眞與曾健民決定以書的形式來辦刊物〔註45〕。

1998 年,由於陳映眞不滿研究台灣文學的學者張良澤(1939~)試圖為日本殖民時代的皇民文學平反,而為文批判,並藉著批判張良澤闡述了自己的觀點,台灣的報刊上於是爆發了關於評價皇民文學的論戰〔註46〕,陳映眞、

〔註42〕 此文為陳映眞在研究會上的發言,由曾健民作的紀錄。轉引自曾健民,〈試談「九〇年代的陳映眞」〉,陳光興、蘇淑芬主編,《陳映眞:思想與文學(下)》,(台北:台灣社會研究雜誌社,2011 年 11 月),頁 523~524。

〔註43〕 曾健民指出 90 年代跟 80 年代的時代風氣完全不一樣,要維持一個雜誌很困難。見本論文附錄 2〈訪談曾健民〉,頁 203。

〔註44〕 關於不復刊《人間》雜誌的經費因素,可見劉依潔,〈附錄:陳映眞訪問稿〉,《《人間》雜誌研究》,(台中:印書小舖,2010 年 1 月),頁 169~170。另外,曾健民也有類似的說法,見夏林清主持,〈討論與對話〉,陳光興、蘇淑芬主編,《陳映眞:思想與文學(下)》,(台北:台灣社會研究雜誌社,2011 年 11 月),頁 541~542。

〔註45〕 關於寫手不夠和時效性的問題,見本論文附錄 2〈訪談曾健民〉,頁 249~250。另外,陳映眞在接受訪問時也曾表示:「以書的型態來辦雜誌,最大的考量就是加長書的壽命」。見林麗如,〈以認眞、嚴肅的態度思想與創作——專訪陳映眞先生〉,《文訊》196,2002 年 2 月,頁 79~82。

〔註46〕 該論戰起因是 1998 年 2 月 10 日,張良澤在《聯合報》副刊上發表〈正視台灣文學史上的難題:關於台灣「皇民文學」作品拾遺〉,呼籲以「愛與同情」的態度重新正視皇民文學,並主張日治下的作家多少都寫過「皇民文學」。引發陳映眞在 4 月 2~4 日於《聯合報》副刊上發文批判,主張對於皇民文學應反省。之後,彭瑞金、葉石濤、陳千武等人也分別在《文學台灣》雜誌、《民眾日報》副刊上相繼發表意見;馬森、曾健民、劉孝春則發表類似陳映眞立場的看法。而新生代的研究者也紛紛發表不同於上述兩方的意見。請參考曾巧雲,《未完成進行式——戰前戰後的皇民文學論爭/述》,(國立成功大學台灣文學研究所/碩士論文,93 學年),頁 89~101。

曾健民除了參與論戰,再次感到對於過去台灣歷史問題的清理與反省,以及爭奪台灣歷史詮釋權的迫切性。

1998 年 12 月,新刊物最終以《人間思想與創作叢刊》之名推出。這是一份形式介於書和雜誌之間,不定期出版的季刊。《人間思想與創作叢刊》顧名思義即結合思想論述與文藝創作的刊物,這正是陳映真在前述所考慮開闢的道路。它每期封面最上方都有著「台灣社會‧歷史‧思想‧批判‧文學‧藝術」這樣的小標語,反映了它是一份關注重點在台灣社會、歷史、思想、文學、藝術的批判性刊物,也就是說它是一份文化、思想型的批判刊物。而前一年「回顧與再思——鄉土文學論戰 20 年」研討會的重點論文和針對王拓、陳芳明的鄉土文學論戰詮釋的批判論文,以及該年他們批判皇民文學的文章,就成了創刊號《1998 年冬 台灣鄉土文學‧皇民文學的清理與批判》的主要內容。

在《人間思想與創作叢刊》的創刊號,刊載了一份由陳映真所執筆的,名為〈出刊報告〉的發刊詞〔註47〕,該份文字可以說是鮮明的表達了《人間思想與創作叢刊》的立場和宗旨。陳映真在〈出刊報告〉中首先是這樣指出的:

> 一九五○年韓戰爆發,美第七艦隊干涉海峽。在美國默許下,國府對台灣的民族解放運動的傳統進行了毀滅性打擊,從而建設了反共國安國家。六○年代起步的「新興工業化」,對國安國家的苛酷所造成的痛苦,發揮「鎮靜」效果,並且成功地湮滅和醜化台灣的民族解放運動之歷史。
>
> 因為五○年代白色肅清而與民族解放史斷絕的戰後台灣資產階級民主化運動,到八○年代而發展為親美、反蔣、反共、反中國的民族分離運動。與此相應,在文學批評的領域中,出現了從七○年代末的鄉土文學論倒退和反動的「台灣文學」論和「本土文學」論,將「台灣意識」論和「台灣民族」論無限上綱,強調台灣文學的「脫中國」性和歷史獨特性,而和當前國府將日據台灣的歷史正當化、合理化甚至美化的「主流」台灣史論相應和。〔註48〕

〔註47〕關於〈出刊報告〉由陳映真執筆是參考曾健民,〈試談「九○年代的陳映真」〉,陳光興、蘇淑芬主編,《陳映真:思想與文學 (下)》,(台北:台灣社會研究雜誌社,2011 年 11 月),頁 524。

〔註48〕見陳映真,〈出刊報告〉,曾健民主編,《1998 年冬 台灣鄉土文學‧皇民文學的清理與批判》,(台北:人間出版社,1998 年 12 月),頁 1。

簡單來說，陳映眞將 1950 年代冷戰局勢下，受美國保護的蔣氏／國民黨政權，
肅清台灣戰後左翼運動中的反帝民族解放傳統，並成功發展資本主義、湮滅
相關歷史，視爲後來台灣民主運動向脫離中國的台灣獨立運動發展的原因。
他還指出，台灣獨立運動在文化領域的相應表現，即是強調「脫中國」的台
灣文史論述的出現，而這樣的文史論述又出現與美化日本殖民時代的論述相
合流的現象。這個看法，其實就是陳映眞在〈一時代思想的倒退與反動──
從王拓「鄉土文學論戰與台灣本土化運動」的批判展開〉所分析的觀點的簡
要版。在文章的後半段，陳映眞清楚說明該刊的宗旨和內容：

> 在二十世紀的末尾，面向另一個百年，台灣卻還不曾科學地認識、
> 反思和清理二十世紀台灣的一切歷程和體驗。有識之士，不能不深
> 以爲憂。
>
> 「人間思想與創作」叢刊，是想要對戰後民族分斷、台灣反帝民族
> 解放傳統的毀滅、軍事國安國家的形成和支配、反共獨裁下的資本
> 主義發展、在美國制霸的世界秩序下的「現代化」、美國化精英知
> 識份子的出台，和台灣本地資產階級「國家」政權的形成等，做出
> 力所能及的思考、創作和清理。
>
> 本叢刊編輯體例，分成兩個部份。一個部份是思想‧理論部分，包
> 括科學的台灣史論、台灣社會論、文藝批評和廣泛的社會科學論議。
> 第二個部份，則希望逐步充實和發展新的文藝創作和批評，以形象
> 去思維跨向新世紀的台灣諸問題。〔註 49〕

可以看得出來，陳映眞希望透過這個結合論述與創作的刊物，去呈現他對於
戰後台灣社會在兩岸分離、反帝傳統被摧毀、美國霸權秩序下的歷史經驗，
以及新形成的本土資產階級政權的清理和思考。

　　這份「發刊詞」性質的文字，不禁令人聯想到同樣由陳映眞撰寫，登於
《人間》雜誌 40 期的〈1989《人間》宣言〉，該宣言被論者視爲《人間》雜
誌開始展現強烈政治傾向的宣告〔註 50〕。它的重點如下：

〔註 49〕　見陳映眞，〈出刊報告〉，曾健民主編，《1998 年冬 台灣鄉土文學‧皇民文學
　　　　　的清理與批判》，（台北：人間出版社，1998 年 12 月），頁 1〜2。

〔註 50〕　如劉依潔、許振福、王安憶都這樣認爲，並把《人間》雜誌創刊號的〈《人間》
　　　　　創刊的話──因爲我們相信，我們希望，我們愛〉和〈1989《人間》宣言〉
　　　　　各自所表達的內容，視爲《人間》雜誌前後期的不同精神。而實際上，在該
　　　　　宣言出現後，《人間》雜誌對於政經、文化的批判觀點的確越來越明顯。見劉

40 年「冷戰／國安體制／附從美日霸權」的總結構，造成了一代知識份子墮落，不以「模稜兩可、象牙塔、弔詭、反諷式的超脫」爲恥這樣一個血淋淋的事實！解嚴一年之後，人民看不見此間知識份子做出深刻、進步、富有建設性與生產性的、文化和知性上的總體表現。「當戒嚴體制解除後，你們又能幹什麼？」成了權力和體制反拋過來的、新辣的諷刺與嘲笑！《人間》的反思，同樣集中在這個爭議的基點上──我們能做什麼、我們要做什麼，來回應解嚴以後的歷史和生活所提出來的各種艱澀的課題？世界冷戰結構一時的緩解，台灣軍事戒嚴體制的解除，首先要求文化、知性與思維的解放。對過去在 40 年「冷戰～戒嚴」體制下被湮滅、荒廢、歪曲、虛構和窒息的歷史、創意、英智、知性、思維和文化，應該逐步加以結算、分析和重構。在這歷史的轉折期中，《人間》要和人民一道解放 40 年來「戒嚴次文化」中一切被謊言和虛構所歪曲和窒息的歷史、知性與文化，以便重新塑造新時期的思維、創造和文化的人格。〔註51〕

我們可以發現，《人間思想與創作叢刊》的〈出刊報告〉與〈1989《人間》宣言〉的主旨很相近，都想對於戰後台灣社會的發展歷程做出清理和思考，這也在某種程度上反映了《人間思想與創作叢刊》在立場上與《人間》雜誌的最後 8 期近似。或者我們可以說，《人間思想與創作叢刊》是繼承了《人間》雜誌後期的精神。

而陳映眞對於戰後台灣社會發展歷程的思考，其實就是〈一時代思想的倒退與反動──從王拓「鄉土文學論戰與台灣本土化運動」的批判展開〉一文的政經分析、〈出刊報告〉開頭對於戰後台灣歷史的簡述，可以看得出來，陳映眞對於戰後台灣社會的發展，早已形成了一個固定的觀點。到了民進黨接續李登輝政權取得執政權的 2000 年，他更透過針對陳芳明在 1999 年 8 月發表在《聯合文學》上的〈台灣新文學史的建構與分期〉〔註52〕一文，所發

依潔，《《人間》雜誌研究》，（東吳大學中文系／碩士論文，88 學年），頁 36
～41；許振福，《人間報導‧文學人間──《人間》雜誌及其影響研究》，（國立台北教育大學中文系／碩士論文，97 學年），頁 139～143；王安憶，〈陳映眞在《人間》〉，陳光興、蘇淑芬主編，《陳映眞：思想與文學（下）》，（台北：台灣社會研究雜誌社，2011 年 11 月）頁 488～498。

〔註51〕陳映眞，〈1989《人間》宣言〉，《人間》雜誌 40 期（1989 年 1 月），頁 8。

〔註52〕見陳芳明，〈台灣新文學史的建構與分期〉，《聯合文學》15 卷 10 期（1999年 8 月），頁 162～173。

動的批判長文——〈以意識形態代替科學知識的災難——批評陳芳明先生的〈台灣新文學史的建構與分期〉〉〔註53〕將這個觀點更為全面的呈現給公眾。

這個由陳映真批判陳芳明的長文所表述出來的觀點，實際上就是陳映真在1990年代運用政經分析所發展出來的一套解釋台灣社會的史觀，目前學界已有邱士杰對其進行了詳盡而清晰的梳理〔註54〕。簡單來說，陳映真的這套觀點主要是承襲自經濟學者劉進慶（1931～2005）的名著——《台灣戰後經濟分析》——對於台灣社會的分析，也就是指出了日治時期到1950年代以前的台灣社會並未全盤資本主義化，本地經濟仍以地主、佃農生產關係為重心，戰後初期的經濟混亂主要是受到中國本土的通貨膨脹波及。而1950年代東亞冷戰局勢下的兩岸分立後，台灣又受到支持蔣氏／國民黨政權的美國軍事和經濟援助體制所主導，並在美援體制的塑造下，讓台灣的民間資本與官營資本依附於美國、日本的資本和技術，使得台灣受到美、日新殖民主義支配。不過，雖然陳映真繼承了劉進慶這樣的分析，但是在關於1950年代以後的蔣氏／國民黨政權的性質上，他卻不同於劉進慶突出蔣氏／國民黨政權的前近代落後性質，而是指出了依附美國的蔣氏／國民黨政權對於資本主義的發展作用。並且他也分析了劉進慶所不及分析的李登輝以降的政經形勢，他認為李登輝以降的政權，基本上是受美、日資本和蔣氏／國民黨政權共同培植壯大的資產階級所掌握的政權。

從以上的說明可知，陳映真的分析指出了台灣社會的高度資本主義化是要等到1950年代兩岸分離以後才完成的，尤其是透過對美、日資本的依賴下發展起來的。透過這個觀點，陳映真也得以解釋在此期間被培養、茁壯起來的台灣資產階級和以其為主體的政治、文化運動，最終走向要求台灣獨立，並且具有親美、日傾向的這個現象。除了經濟方面的因素，陳映真還特別重視1950年代白色恐怖對於台灣左翼運動的反帝中國民族主義傳統的肅清，並且也把它作為台灣政治、文化運動走向「脫中國化」的另一個重要解釋。

總之，上述這套陳映真版本的台灣近代社會的發展史觀，基本上就是《人間思想與創作叢刊》要透過論述與創作去傳播的。

〔註53〕見陳映真，〈以意識形態代替科學知識的災難——批評陳芳明先生的〈台灣新文學史的建構與分期〉〉，《聯合文學》16卷9期（2000年7月），頁138～160。

〔註54〕可見邱士杰，〈從中國革命風暴而來——陳映真的「社會性質論」與他的馬克思主義觀〉，文訊雜誌社主編，《陳映真創作50週年國際學術研討會論文集》，（台北：文訊雜誌社，2009年11月），頁242～299。

　　如果將陳映眞的這個台灣近代社會的發展史觀，與較流行的史明版本的台灣史觀相比較，可以發現，這兩位以古典馬克思主義立場自許的理論家同樣指出了戰後台灣受到美國、日本的新殖民主義支配，蔣氏／國民黨政權藉由對美、日資本的依賴才得以在台灣存續〔註 55〕。至於他們觀點的重大差異則在於，史明版本的史觀認爲，台灣社會在經過三百多年反抗外來統治者的傳統洗禮，到了日本殖民時代的資本主義化塑造下，就已經形成與中國不同的國族〔註 56〕，只是這樣的認同在戰後遭到蔣氏／國民黨政權的迷惑和破壞〔註 57〕；陳映眞的史觀則認爲，台灣民族主義是 1950 年代以後兩岸分隔、反帝中國民族主義傳統被蔣氏／國民黨政權肅清、依賴美國和日本下才形成的意識形態。不過，雖然有這樣的差別，但兩者都試圖指出，自身所主張的民族主義是既有的國族認同，而且是具有可歌可泣的反抗傳統，另一種的國族認同則是後來才發生的「變異」。姑且不論何者的論點較接近眞實，之所以兩者都如此強調國族認同的傳統和變化，其實並不難讓人理解，因爲他們都希望藉由論述，去召喚出克服「變異」、恢復「本質」的政治行動。

　　只是，且不論國族本來就是基於現實社會條件的想像，本就會隨著現實社會條件的變遷而變遷，比起國族認同的變遷，就古典馬克思主義意義上的左派來說，優先重視、置於第一要務的應是該社會勞動階級的權益和處境問題，就像倡議民族自決的列寧，並不將國族這個概念視爲絕對的價值，他之所以支持民族自決，只是因爲它是一種民主的權利，對於列寧來說，更重要的是勞動階級的主體性，他提醒：「無產階級只有使自己的爭取一切民主要求（包括建立共和國的要求）的鬥爭服從自己的推翻資產階級的革命鬥爭，才能保持自己的獨立。」〔註 58〕也就是說，馬克思主義者所主導的反帝民族解

〔註55〕　史明對於美、日新殖民主義的支配的討論，可見史明，〈第十一章　中國蔣家軍閥政權殖民統治下的台灣：9「美援」與新殖民主義、10 蔣家政權殖民統治的新支援──「日本貸款」「外人投資」「華僑投資」「對外借款」〉，《台灣人四百年史》，（台北：草根文化出版社，1998 年 4 月），頁 1024～1053。

〔註56〕　見史明，〈第十章　日本帝國主義統治下的台灣：6「台灣」與「中國」的距離〉，《台灣人四百年史》，（台北：草根文化出版社，1998 年 4 月），頁 717～720。

〔註57〕　見史明，〈第十一章　中國蔣家軍閥政權殖民統治下的台灣：2 蔣家國民政府佔領台灣〉，《台灣人四百年史》，（台北：草根文化出版社，1998 年 4 月），頁 725～775。

〔註58〕　引自列寧（Влади́мир Ильи́ч Ле́нин），〈社會主義革命和民族自決權〉，中共中央馬克思恩格斯列寧斯大林著作編譯局編譯，《列寧選集　第二卷》，（北京：人民出版社，1975 年 4 月），頁 722。

放運動，根本上來說是服務於讓勞動階級能夠主宰自身權益的這個根本解放目標。然而，史明與陳映真在面對新殖民主義支配下的台灣社會，雖然也關心勞動階級的權益，但是卻更在意、焦慮台灣社會的國族概念的變化，而不是以勞動大眾的解放作為一切的根本思考和安排，顯現了他們對於將台灣社會規定、維持在特定國族框架中的執著，這不免顯示了雙方對於特定的國族框架有本質主義式的偏執，而這樣的偏執不免造成他們各自堅持的特定國族框架，成了他們各自的先驗、絕對價值，導致他們作為左翼共同追求的勞動階級解放課題，被各自堅持的特定國族框架所綁架，無法避免的讓雙方所引導的力量，深陷於國族認同和不同主權國家打造的爭鬥中，而不是彼此團結成更大的力量去挑戰他們所共同看到的，支配戰後台灣社會的新殖民主義，以及在這樣的支配關係下，長期依存於資本強權並宰制著普羅大眾的台灣政商統治集團本身。甚至，這種對於國族優先的執著，也讓他們的運動存在著為了國族犧牲勞動階級權益的危險可能〔註 59〕。而這種以國族為本位的弊病，其實並不是史明與陳映真才有的問題，第二次世界大戰後，在前殖民地、半殖民地區建立的「實存社會主義」政權，也都具有強烈的國族本位色彩，甚至也無法避免民族主義式的紛爭〔註 60〕。這實際上正是以階級為認同主體的國際主義理念喪失了指導地位後，以反帝民族解放為核心任務的後進地區社會主義運動的共同困境。

由本節的爬梳來看，《人間思想與創作叢刊》的誕生，與 1990 年代統、獨雙方對於歷史詮釋權的競奪息息相關。然而，關於台灣歷史的詮釋問題，

〔註 59〕左翼運動以國族為依歸的危險性在於，該國族認同如果被政商統治集團吸納，或者某個政權無視勞動階級權益，但是卻高舉該國族認同，該運動就極有可能會在「國族大義」、「國族團結」等各種國族優先的理由下，擁護起該政商統治集團、該政權，導致勞動階級的權益被置於次要，甚至遭到犧牲。

〔註 60〕研究民族主義的學者班納迪克・安德森（Benedict Anderson）十分有洞見的指出了，第二次世界大戰後那些後進地區的革命，例如中華人民共和國、越南社會主義共和國等等，都具有濃厚的民族主義色彩，而不同於第一個社會主義政權蘇聯創建時標榜的國際主義色彩。而這些社會主義陣營也都無法擺脫民族主義所造成的爭鬥，例如中國對於蘇聯的反彈、越南與柬埔寨以及中國的衝突。安德森即是基於這些地區的馬克思主義者所建立的政權仍擺脫不了民族主義式的紛爭，而開始其民族主義的研究。同時，安德森也見班納迪克・安德森（Benedict Anderson）著，吳叡人譯，〈第一章 導論〉，《想像的共同體：民族主義的啟源和散佈》（Imagined Community：Reflections on the Origin and Spread of Nationalism），（台北：時報文化，2010 年 5 月 3 日），頁 37～40。

陳映眞其實早在 1980 年代就開始重視了,那主要也是受到獨派史觀取得影響力,甚至因此造成台灣民族主義運動的興起、中國民族主義的沒落的刺激。透過 1990 年代初期組織讀書會,埋首政治經濟分析理論的準備,到了 1990 年代中期以後,陳映眞對於台灣的歷史可說是有了一定的心得,因而開始主動出擊。發動論戰、推出刊物可以說都是陳映眞試圖主動發揮影響、引導社會走向的表現。不過,由於陳映眞的國族本位思考,他作爲左翼該有的對於勞動階級的關懷,就免不了被隱沒於他的國族訴求之中,而被置於次要的地位。這樣的弊病,事實上並不是只屬於陳映眞或者左統運動,它其實是以反帝爲首要任務的後進地區左翼,在以階級認同爲核心的國際主義衰弱後所共有的問題。

第三節 《人間思想與創作叢刊》的編輯委員會與主要作者

一、《人間思想與創作叢刊》的編輯委員會陣容

接下來我們來觀察《人間思想與創作叢刊》的編輯委員會。

《人間思想與創作叢刊》的編輯委員會初期主要由「台灣社會科學研究會」的成員組成〔註61〕,從 1998 年開始,編委的召集人都由曾健民擔任,直至 2003 年召集人才改爲陳映眞。2006 年 6 月陳映眞移居北京講學,不久即病倒〔註62〕,雖然陳映眞仍掛名總編輯,但實際上《人間思想與創作叢刊》已交給當時「人間出版社」的常務編輯,也是從前《人間》雜誌的成員范振國主編〔註63〕。

在編委的陣容上,第一期僅有學者呂正惠(1948～)、保釣老將林孝信

〔註61〕 曾健民指出編委會的成員基本上是「台灣社會科學研究會」的成員。見本論文附錄 2〈訪談曾健民〉,頁 202～203。

〔註62〕 陳映眞移居北京的時間,見〈文藝界在台北紀念陳映眞創作 50 周年〉,(來源:http://www.publishing.com.hk/pubnews/NewsDetail.asp?NewsID=20090925005,2012 年 9 月 30 日)。

〔註63〕 《人間思想與創作叢刊》各期編委的召集人可見各期的版權頁,但《2006 年春 2·28:文學和歷史》這期並未列出召集人,而多出了常務編輯,擔任此職位者是范振國。曾健民指出 2006 年陳映眞離開後的幾期主要都是前《人間》雜誌的成員范振國主編,見本論文附錄 2〈訪談曾健民〉,頁 207。然而 2006 年春季陳映眞尚在台灣,且還是發行人,因此陳映眞應仍有參與、主導編務。

（1947～2015）、曾健民、陳映真四人〔註64〕，第二期開始加入了《人間》雜誌出身的攝影家李文吉（1957～2012）和報導文學家藍博洲（1960～）〔註65〕。到了2003年，編委會少了林孝信，但加入了詩人楊渡（1958～）〔註66〕，2004年又加入詩人施善繼〔註67〕。不過在陳映真離台後，原本的編委會也跟著結束了，當年夏、秋、冬三季出刊的三期，主要都由范振國獨自負責編務〔註68〕。一直要到2007年，編委會才再次成立，除了原本的曾健民、施善繼、藍博洲，還有《人間》雜誌出身的攝影家關曉榮（1949～）和詩人鍾喬（1956～），以及「夏潮聯合會」的青年成員林哲元、文史工作者葉芸芸（1945～），甚至包括《台灣社會研究季刊》的學者陳光興（1957～）、趙剛（1957～）、鄭鴻生（1951～）〔註69〕。

不過，依照長期參與編務的曾健民的說法，這些編輯委員很多是掛名的，早期編務由陳映真和曾健民負責〔註70〕，而編委召集人不管是由誰擔任，每一期的內容，實際上還是由陳映真來主導〔註71〕，包括要組織已有的哪些文章，或者是要針對哪些議題出稿，甚至每季要不要出刊都由陳映真來決定〔註72〕。也就是說，編委會只是形式，在陳映真離台後則改成由范振國

〔註64〕 見曾健民主編，《1998年冬 台灣鄉土文學・皇民文學的清理與批判》，（台北：人間出版社，1998年12月），版權頁。

〔註65〕 見曾健民主編，《1999年秋 喑啞的論爭》，（台北：人間出版社，1999年9月），版權頁。

〔註66〕 見陳映真主編，《2003年冬 告別革命文學？》，（台北：人間出版社，2003年12月），版權頁。

〔註67〕 見陳映真主編，《2004年秋 爪痕與文學》，（台北：人間出版社，2004年10月），版權頁。

〔註68〕 見陳映真總編輯，《2006年夏 日讀書界看藍博洲》，（台北：人間出版社，2006年7月）、《2006年秋 貪腐破解了台獨政權的神話》，（台北：人間出版社，2006年10月）、《2006年冬 復甦文藝變革的力量》，（台北：人間出版社，2006年12月），這三期的版權頁。

〔註69〕 見陳映真總編輯，《2007年春 2・28 六十周年特輯》，（台北：人間出版社，2007年3月），版權頁。

〔註70〕 關於編委是掛名的說法，以及曾健民承認早期主要只有他和陳映真處理編務，見本論文附錄2〈訪談曾健民〉，頁203。

〔註71〕 曾健民指出，真正的主導的還是陳映真，就算是編委召集人改變也沒有影響，見本論文附錄2〈訪談曾健民〉，頁203、頁207～208。

〔註72〕 曾健民指出，看當時有哪些議題、文章，由陳映真來決定要不要推出、要不要出稿、要不要就是出期。見本論文附錄2〈訪談曾健民〉，頁208。

負責編務〔註73〕，一直到 2008 年，因爲經費、人力不足以及編纂不易，甚至叢刊的發展方向看法不同等因素，導致接手「人間出版社」的新經營者呂正惠決定停刊〔註74〕。因此，我們可以把《人間思想與創作叢刊》大致分爲陳映眞主導期（1998 冬～2006 春）和范振國主編期（2006 夏～2008 春）。這兩個時期並無風格上的太大差異，較大的差別應是出刊的速度。

我們可以發現，在陳映眞主導時期，該刊幾乎快變成年刊了，從 1998 年到 2001 年，只出了《1998 年冬 台灣鄉土文學‧皇民文學的清理與批判》、《1999 年秋 噤啞的論爭》、《2000 年秋 復現的星圖》、《2001 年春夏 那些年，我們在台灣》、《2001 年秋冬 因爲是祖國的緣故》5 期，除了 2001 年，幾乎是每年才出刊一期。而 2002 年更是整整一年沒出刊，之後從 2003 年到陳映眞離台前，依序出版的《2003 年冬 告別革命文學？》、《2004 年秋 爪痕與文學》、《2005 年春 迎回尾崎秀樹》、《2005 年秋 八一五：記憶和歷史》、《2006 年春 2‧28：文學和歷史》這 5 期，除了 2005 年也幾乎是一年出刊一期。然而必須說明的是，1998 年到 2000 年這段期間他們還出了與叢刊中的特輯、專題相關的 3 本增刊──《1947～1949 台灣文學問題論議集》、《鵝仔──歐坦生作品集》、《遙念台灣──范泉散文集》。由此可知，他們把重心花在文獻的整理上是讓季刊「年刊化」的一大原因。而 2002 年陳映眞因爲心臟手術出問題，差點身故，並因而體力大衰〔註75〕，這應該也是 2002 年之所以整整一年沒有出刊的重要因素。不過，陳映眞主導時期的叢刊之所以很難定期出刊，除了上述的原因，還有就是固定的寫手不夠多以及陳映眞

〔註73〕 關於陳映眞離台後由范振國接編務，見本論文附錄2〈訪談曾健民〉，頁 207。

〔註74〕 《人間思想與創作叢刊》停刊的因素，由筆者寫 E-mail 就教人間出版社工作人員，所得到的答案是：「關於《人間思想與創作叢刊》停刊緣故大致是由於人力、經費與編纂不易等問題」，然而曾健民則指出，「人間出版社」經營權換人後，有路線不同的問題，後來「人間出版社」新的經營者呂正惠就決定停刊。見本論文2 附錄〈訪談曾健民〉，頁 210。這個路線的不同，多少反映在 2012 年「人間出版社」與陳光興等人合辦《人間‧思想》雜誌，以及曾健民自行創辦的《方向》叢刊的內容上。如果細究兩者的差異，大概是陳光興等人的《人間‧思想》較傾向文化研究路線，而曾健民的《方向》叢刊的論述則是傾向政治經濟的批判分析。可比較陳光興、趙剛、鄭鴻生編，《人間‧思想》夏季號，（台北：人間出版社，2012 年 8 月）與曾健民主編，《方向叢刊 2012 年秋 創刊號 東亞後殖民與批判》，（台北：台灣社會科學出版社，2012 年 10 月）的實際內容。

〔註75〕 見陳映眞，〈生死〉，《陳映眞散文集 1：父親》，（台北：洪範書店，2004 年 10月 2 版），頁 191～200。

本身的關係〔註76〕。只是寫手的數量恐怕不是最大的原因，陳映眞本身的因素應該才是最大的原因。這包括了陳映眞對於議題的取捨以及其在編務之外的工作或活動是否繁忙。因爲每一期的內容和出刊與否畢竟都是由陳映眞來決定，因此該季存在的議題假使陳映眞並不認爲重要，也就不會組織相關文章推出特輯和專題了。而作爲一個在思想的影響力雖然邊緣化，卻仍頗負盛名的文化人，他在編務之外的活動多寡很自然也會影響叢刊的出刊。因此，寫手班底雖然依舊，但是當主導者換人，出刊的頻率也就因此改變。相較之下，范振國主編時期該刊幾乎定期出刊，除了 2007 年的秋、冬兩季沒有出刊以外，其餘每季都能定期出版〔註77〕。從這點更能看出該刊的編委會其實並不具眞正的作用。

　　然而，值得注意的是陳光興、趙剛、鄭鴻生這三位《台灣社會研究季刊》的成員名列編委的意義。他們是出身 1990 年代初帶有後現代主義色彩的基進文化刊物《島嶼邊緣》的基進知識份子，鄭鴻生青年時即深受陳映眞的小說和論述啓蒙，在大學時期也曾參與台大的「保釣運動」，在台大哲學系期間更受過陳鼓應、王曉波等師長的影響〔註78〕，因此對於左統派理念的接近，或有其根源。然而，陳光興、趙剛則是受西方後現代主義、「西方馬克思主義」理論影響的左派，雖然對於台灣民族主義多所批判，但是向來反對本質主義，與「夏潮聯合會」系統那種在國族認同上有堅決立場的「第三世界主義」左派頗不相同，甚至也不是陳映眞這種注重政治經濟學批判的古典馬克思主義者。不過，他們在 2006 年之後，越來越接近甚至承繼了陳映眞的思索方向，例如陳光興曾指出：「在台灣教具有批判性的文化研究該以中文本身現代文化批評的知識傳統爲立足點。在此前提下，我認爲魯迅、楊逵、陳映眞是跳不過去的，他們的文化論述提供了我們今天繼續推進的歷史軌跡。」〔註79〕並

〔註76〕曾健民坦承能不能出刊是在於寫手和議題，而議題又是由陳映眞決定。見本論文附錄 2〈訪談曾健民〉，頁 207～208。

〔註77〕范振國主編時期分別出了《2006 年夏　日讀書界看藍博洲》、《2006 年秋　貪腐破解了台獨政權的神話》、《2006 年冬　復甦文藝變革的力量》、《2007 年春 2‧28 六十周年特輯》、《2007 年夏　學習楊逵精神》、《2008 年.01 鄉土文學論戰三十年　左翼傳統的復歸》。

〔註78〕鄭鴻生曾撰寫《青春之歌：追憶一九七○年代台灣左翼青年的一段如火年華》一書，回憶這段時光。見鄭鴻生，《青春之歌：追憶一九七○年代台灣左翼青年的一段如火年華》，（台北：聯經出版，2001 年 12 月 2 版）。

〔註79〕見陳光興，〈在台灣教文化研究的問題與問題意識〉，《台灣社會研究季刊》62期，（2006 年 6 月），頁 264。

且在其主張擺脫西方所規定的知識格局、返回亞洲內部進行思考的思想著作
《去帝國：亞洲作為方法》的導論中，提及影響其論點的思想家包括了陳映
真〔註80〕。2009 年他們更在交大召開了「陳映真：思想與文學研討會」〔註81〕，
認為陳映真是台灣的「盜火者」〔註82〕。趙剛甚至出了陳映真的研究專著《求
索：陳映真的文學之路》、《橙紅的早星：隨著陳映真重訪台灣一九六○年代》，
大力闡揚陳映真思想的重大意義〔註83〕，並且還與鄭鴻生各自撰寫了論文〈以
「方法論中國人」超克分斷體制〉〔註84〕、〈台灣人如何再作中國人：超克分
斷體制下的身分難題〉〔註85〕，探討如何克服兩岸的分裂狀態下的制約，恢
復「中國人」的歷史、知識傳承。應該可以這樣推斷，他們在 2007 年的列名
編委，即是認同陳映真這些年來在思想工作上的表現。不過，他們主要繼承、
追隨的是陳映真的「第三世界主義」的反帝立場和視角，以及將兩岸視為一
個歷史主體的觀點，而不是陳映真的政治經濟學批判，這從他們的論文和著
作就可以明瞭，他們不斷提及「第三世界」、思考擺脫對西方知識系統的依賴，
並且探討如何恢復「中國人」這個歷史主體，但就是少有政治經濟上的分析。
他們的追隨，最終也促使「人間出版社」在 2012 年與之結盟，共同發行意圖
接續《人間思想與創作叢刊》的《人間・思想》雜誌〔註86〕。而受西方理論

〔註80〕 陳光興在《去帝國：亞洲作為方法》的導論是這樣樣說的：「本書的主要論點
深受魯迅、陳映真、法農、霍爾、帕薩・查特基、溝口雄三所代表的批判傳
統的影響。」見陳光興，〈全球化與去帝國〉，《去帝國：亞洲作為方法》，（台
北：行人出版社，2006 年 10 月），頁 21。

〔註81〕 論文及會議紀錄收於陳光興、蘇淑芬主編，《陳映真：思想與文學（上）（下）》，
（台北：台灣社會研究雜誌社，2011 年 12 月 05 日）。

〔註82〕 「盜火者」即普羅米修斯（Προμηθεύς），古希臘神話中的神明，教導人類許多知
識，並且幫人類盜取火種，而被宙斯囚禁，後來盜火者和普羅米修斯被引申為「先
知」的意思。見施淑，〈盜火者陳映真〉陳光興、蘇淑芬主編，《陳映真：思想與
文學（下）》，（台北：台灣社會研究雜誌社，2011 年 11 月），頁 643～646。

〔註83〕 見趙剛，《求索：陳映真的文學之路》，（台北：台灣社會研究雜誌社，2011
年 9 月）。以及趙剛，《橙紅的早星：隨著陳映真重訪台灣一九六○年代》，（台
北：人間出版社，2013 年 4 月）。

〔註84〕 見趙剛，〈以「方法論中國人」超克分斷體制〉，《台灣社會研究季刊》74 期，
（2009 年 6 月），頁 141～218。

〔註85〕 見鄭鴻生，〈台灣人如何再作中國人：超克分斷體制下的身分難題〉，《台灣社
會研究季刊》74 期，（2009 年 6 月），頁 95～139。

〔註86〕 陳光興、趙剛、鄭鴻生所繼承陳映真的思想面向，以及他們與「人間出版社」
合作一事，見呂正惠，〈黯然回首，但要勇敢的面對新形勢〉，劉小新，《闡釋
臺灣的焦慮》，（台北：人間出版社，2012 年 10 月），頁 iii～X。

影響甚深的後現代左派試圖擺脫西方的理論框架，並與陳映眞的視野接合，也反映了陳映眞等長年處於邊緣的左統派所堅持的道路，還是對於批判知識界的部分學者產生了些許的影響。

二、《人間思想與創作叢刊》的主要作者

接著我們來看《人間思想與創作叢刊》的主要作者群。

筆者已將《人間思想與創作叢刊》的主要作者〔註 87〕和他們的著作整理成本論文附錄 3 的列表，我們從這些列表，可以看出來，雖然叢刊的編委會僅是個形式，但是幾乎名列編委的都是該刊的寫手〔註 88〕。尤其陳映眞和曾健民更是支撐叢刊論述部分的兩支健筆〔註 89〕。至於叢刊的文藝方面，除了陳映眞本人這個文學大家，主要是依靠施善繼、鍾喬、楊渡這幾個詩人的創作，而這幾人恰好都是 1980 年代與《夏潮》集團關係密切的《春風》詩叢刊的同仁〔註 90〕，而同樣是《春風》詩叢刊的一員，但不在編委名單的詩人詹澈（1954～）也是《人間思想與創作叢刊》的創作主力。此外，藍博洲以他專長的戰後初期左翼人物生命史的撰寫，也爲叢刊貢獻不少內容〔註 91〕。甚至李文吉和關曉榮也都在叢刊發表了一些攝影和文字〔註 92〕。

〔註 87〕這裡對於主要作者的定義是：論述或創作出現在叢刊三期以上者。

〔註 88〕只有林孝信和陳光興不是。

〔註 89〕兩人的所有論述見本論文附錄 3《人間思想與創作叢刊》主要作者和其載於該刊的著作〉的頁 213～218，陳映眞和曾健民的部分。可以發現，幾乎每一期都有他們的論述。而從附錄的統計也可以知道，他們是在叢刊發表論述最多的兩人。

〔註 90〕《春風》詩叢刊創刊於 1984 年，第一期正是由楊渡和施善繼主編，走現實主義、政治詩的路線。請參考陳瀅洲，《七〇年代以降現代詩論戰之話語運作》，（成功大學台灣文學所／碩士論文，94 學年），頁 92～93。《春風》詩叢刊與《夏潮》陣營關係密切，刊名正是源自《夏潮》系統的《春風》雜誌。詹澈、鍾喬、林華洲、李勤岸都是重要的成員，以左派理想和關心兩岸著稱。見〈春風不息〉，（來源：http://www.mollie.com.tw/web/Diary_Library_Show.asp?Sel=DC&DCID=DC20080808110657&DIID=DI20091113105106&Keyword=&Page=2&Time=2011-08-06%2020:41:03，2012 年 9 月 30 日）。

〔註 91〕從本論文附錄 3《人間思想與創作叢刊》主要作者和其載於該刊的著作〉可知，施善繼、詹澈、鍾喬、藍博洲、楊渡和陳映眞，是發表散文、詩、小說、「報導文學」這類文學創作較多的作者。其中以施善繼最多，其次詹澈，再次是鍾喬，再來是藍博洲，然後是陳映眞，最後是楊渡。可見本論文的頁 216、219～222、頁 226。

〔註 92〕見本論文附錄 3《人間思想與創作叢刊》主要作者和其載於該刊的著作〉的頁 226、頁 227。

不過從這裡也能看到一個令人可惜的現象，那就是，《人間思想與創作叢刊》主要都是依靠這些左統陣營的老班底支撐，不像 1980 年代的《人間》雜誌那樣，有培育出一個新的隊伍來。就連參與叢刊運作的曾健民也承認，雖然叢刊強調思想與創作並舉，並且更有培養創作隊伍的意願，但是實際上並不成功〔註 93〕。這多少也反映了，到《人間思想與創作叢刊》停刊為止，左統理念的影響力依舊是極為有限的。

除了名列編委會的寫手，像汪立峽、學者施淑（1940～）和劉孝春、台灣被監禁最久的政治犯，同時也是左統陣營精神領袖的林書揚（1926～2012）、白色恐怖受難人陳明忠（1929～）、日本民間學者橫地剛（1943～）、海峽對岸的作家周良沛（1933～），甚至是對岸的幾個學者，如曾慶瑞（1937～）、趙遐秋、趙稀方（1964～）、李雲雷（1976～）等等〔註 94〕，也都可算是叢刊比較主要的幾個作者。

以上這些作者群，囊括了中、日、台三地人士，雖然最主要還是靠台灣的左統派文人陳映真、曾健民、施善繼、詹澈、鍾喬、藍博洲等人的維持，但是這個橫跨三地的陣容，正好象徵性的展現了一個東亞聯合的陣容，其中這個陣容中的兩岸更是一個緊密的戰線。這在 2003 年至 2005 年陳映真對日本學者藤井省三的皇民文學論發動批判，趙遐秋的加入戰局，以及 2004 年趙稀方在對岸揭露詩人余光中（1928～）過去在台灣的作為，呂正惠、陳映真也加入議論，就可以清楚看見雙方在文化論爭上的緊密合作〔註 95〕。不過，日、台方面的合作也是不能忽視的，尤其橫地剛對於叢刊的貢獻很大，他的史料挖掘，幫助了陳映真、曾健民在戰後初期兩岸文化交流史的開拓〔註 96〕。而東亞國際間的合作，還具體反映在叢刊自 2004 年開始登載的「東亞冷戰與國家恐怖主義」研討會的系列論文〔註 97〕。「東亞冷戰與國家恐怖主義」

〔註93〕 見本論文附錄 2〈訪談曾健民〉，頁 211。

〔註94〕 見本論文附錄 3《《人間思想與創作叢刊》主要作者和其載於該刊的著作〉，頁213～228。

〔註95〕 趙遐秋的加入戰局，見陳映真主編，《2005 年春 迎回尾崎秀樹》，（台北：人間出版社，2005 年 4 月），頁 136～150。關於余光中的風波，見陳映真主編，《2004 年秋 爪痕與文學》，（台北：人間出版社，2004 年 10 月），頁 35～109。

〔註96〕 關於這點可見曾健民，〈試談「九〇年代的陳映真」〉，陳光興、蘇淑芬主編，《陳映真：思想與文學（下）》，（台北：台灣社會研究雜誌社，2011 年 12 月 05日），頁 524～527。另外，見本論文附錄〈訪談曾健民〉，頁 208～209。

〔註97〕 相關論文載於陳映真主編，《2004 年秋 爪痕與文學》，（台北：人間出版社，2004 年 10 月），頁 4～34、陳映真主編，《2005 年春 迎回尾崎秀樹》，（台北：

研討會是由林書揚和南韓前政治犯徐勝（1945～）所促成，是結合日本、台灣、南韓、琉球四地的反帝人士、前政治犯所共同舉辦的國際性研討會，台灣方面事務的主要負責人正是陳映眞〔註98〕。從這點我們可以看到叢刊主導者陳映眞對於東亞左翼勢力交流、串聯的重視，更可以了解該刊所重視的問題其實不只限於台灣，而是整個東亞。這種站在國際性的反帝立場，其實正是陳映眞向來提倡的「第三世界主義」的精神。

　　值得注意的是，《人間思想與創作叢刊》在針對台灣的議題時，並非都只有刊載左統立場的論說，該刊也曾轉載過與左統立場不盡相同的論述，如陳建忠的論述〈徘徊不去的殖民主義幽靈──評垂水千惠的「皇民文學觀」〉〔註99〕，就是最好的例子。這其實正是陳映眞在創刊前所期許的「要善於廣泛團結其他進步的朋友和力量」〔註100〕，是結合所有在特定議題上有部分共識的知識份子的嘗試。

　　不過，即使《人間思想與創作叢刊》的同仁有這樣的想法，他們的嘗試在實際上卻並不成功，陳建忠的論述僅有那麼一次登載在該刊上，後來也沒有主動在該刊發表過〔註101〕，該刊的台灣作者基本上仍是以左統社群的老班底爲主。這或許是因爲，1990 年代中期以後的台灣社會氛圍，不同國族認同陣營之間畢竟是壁壘分明的，而左統陣營的國族認同立場如此的鮮明，難免會令國族認同方面與其立場不同者帶有疑慮，進而產生合作的阻礙。因此，

人間出版社，2005 年 4 月），頁 64～93、《2005 年秋 八一五：記憶和歷史》，（台北：人間出版社，2005 年 9 月），頁 123～171、《2006 年夏 日讀書界看藍博洲》，（台北：人間出版社，2006 年 7 月），頁 77～109。《2006 年冬 復甦文藝變革的力量》，（台北：人間出版社，2006 年 12 月），頁 83～123。

〔註98〕關於該研討會的相關細節，請參考曾健民，〈試談「九〇年代的陳映眞」〉，陳光興、蘇淑芬主編，《陳映眞：思想與文學（下）》，（台北：台灣社會研究雜誌社，2011 年 12 月 05 日），頁 528～532。

〔註99〕見陳建忠，〈徘徊不去的殖民主義幽靈──評垂水千惠的「皇民文學觀」〉，曾健民主編，《1999 年秋 喑啞的論爭》，（台北：人間出版社，1999 年 9 月），頁 211～221。因爲該文最早在 1998 年 7 月 8 日～9 日刊於《聯合報》第 37 版，因此登於《人間思想與創作叢刊》是轉載。

〔註100〕見陳映眞在研究會上的發言，由曾健民作的紀錄。轉引自曾健民，〈試談「九〇年代的陳映眞」〉，陳光興、蘇淑芬主編，《陳映眞：思想與文學（下）》，（台北：台灣社會研究雜誌社，2011 年 11 月），頁 523～524。

〔註101〕曾健民指出他們一直有團結的意願，但是主要還是看對方有沒有認同該刊，有沒有主動在該刊發表的意願。曾健民指出陳建忠後來並沒有這樣的意願。見本論文附錄 2〈訪談曾健民〉，頁 208。

即使對於特定議題有部分共識，終究是難以建立一個超越國族立場的「統一戰線」，更別提影響他人的國族立場了。

總之，《人間思想與創作叢刊》雖然是以台灣左統文化人為骨幹，但是對內嘗試團結不同立場但有部分共識的知識份子，對外則與東亞其他地區立場相近的知識份子聯繫、合作，形成一股相互支援、相互交流的批判力量。然而，該刊在拉攏台灣內部不同立場的知識份子的嘗試，實際上並不成功，這或許是因為，1990 年代中期以後，台灣社會不同國族認同陣營之間壁壘分明的氛圍，造就了帶有鮮明國族立場的左統陣營，與其他在國族認同上立場不同的人們之間形成了某種無法跨越的阻隔。

第四節　台灣左統運動的文化領導權競奪

從前述的考察，我們其實不難發現，《人間思想與創作叢刊》的誕生和存在，是透過對於台灣歷史詮釋權的爭奪，實踐義大利思想家葛蘭西所提倡的革命戰略，也就是進行文化領導權的競奪。

由於 1980 年代後期到 1990 年代初期，國際上「實存的社會主義」政權的接連垮台、資本主義化的衝擊，加上台灣民族主義透過一批與群眾結合的「有機知識份子」開展的政治運動的推動下，逐步在台灣社會確立了文化領導權，在組織化以及與群眾結合上都較晚的左統陣營，因而迅速被邊緣化，只能堅守著零星的陣地經營。其中，經營文化領域陣地「人間出版社」的陳映真，可以說是試圖透過台灣社會的政治經濟性質研究，強化、發展左統陣營意識形態鬥爭所需的彈藥——詮釋台灣社會變化的史觀——為此他結合了曾健民等人組織了「台灣社會科學研究會」作為研究隊伍，進行理論上的準備。

到了 1990 年代中期，隨著由公民直選的中央政府誕生，台灣這個共同體的認同獲得強化，導致了台灣民族主義的領導權進一步得到鞏固，再加上政府新推出的教科書，在台灣史的部分，吸納了獨派的觀點，以台灣自身的歷史發展脈絡這個角度進行書寫，這些都加深左統陣營的焦慮，而市面上接著又出現了平反日治時期皇民文學的論說，更是讓左統陣營感到不滿。於是左統陣營中，以陳映真為中心的隊伍開始主動進行以中國民族主義和去殖民立場出發的歷史詮釋權爭奪攻勢，1990 年代以來他們以政經分析所發展出來的史觀，就成了他們攻堅的彈藥，而《人間思想與創作叢刊》即是作為為這系列歷史詮釋爭奪戰服務的文化戰線。

　　大體來說，陳映眞對於台灣社會的政經分析所支撐起來的史觀，同時也是《人間思想與創作叢刊》在論述和創作上主要欲傳達的史觀的重點，即是：台灣社會在 1950 年代兩岸分離以後，由於反帝中國民族主義的傳統被蔣氏／國民黨政權肅清、美日新殖民主義扶植下才發展起來的資本主義的塑造下，造成了親美日、追求脫離中國獨立的「變異」。透過這樣的觀點，陳映眞得以把反對、去除新殖民主義與反對台獨、恢復中國認同這個目標，更爲緊密的扣連在一起，使得反對台獨、恢復中國認同成了反帝、去殖民運動的一部分。

　　然而，所謂的帝國主義、新殖民主義之所以必須批判、反對，就古典馬克思主義而言，根本上來說是因爲它是資本剝削、掠奪的一種形式，是一個政經、文化不平等，以及連帶造成地區間的不平等、支撐社會運作的勞動大眾被剝削的問題，因此對於古典馬克思主義來說，反帝、去殖民眞正要解決的問題，事實上就是社會平等的問題，因而必須以該社會的勞動階級的解放作爲思考的根本依歸，像陳映眞這樣將堅持某種國族立場的復歸做爲反帝、去殖民的目標，就不免導致了抽象問題遮掩了更爲根本、實質的社會問題，甚至使得作爲左翼該進行的階級領導權的爭奪，隱沒於國族認同領導權的爭奪。

　　爲了贏得領導權，《人間思想與創作叢刊》在運作上，除了以左統陣營的文化人爲主幹，對外積極與東亞各地區的反帝人士或理念相近的文化人、知識份子結盟、交流，頗有藉國際力量來加強戰線火力的意圖；對內則試圖拉攏非左統陣營的知識份子，也就是葛蘭西所主張的「消極革命」手段——同化、征服、包括敵對勢力的其他知識菁英，壯大自己的隊伍。

　　只是，《人間思想與創作叢刊》從發刊到停刊爲止，同仁始終以左統陣營的老班底爲主，不但沒有如預期培養出新的創作人才，就連論述方面主要也是陳映眞與曾健民等人在支撐，最多只是吸引了《台灣社會研究季刊》的陳光興、趙剛、鄭鴻生，這些同樣不認同台灣民族主義的左派知識份子與之結盟，至於傾向或支持台灣民族主義的知識份子，即便存在著部分共同價值，也始終未能成功吸收或聯合。從這裡我們可以發現，這段期間台灣社會不同國族認同者的壁壘分明，並且無法互相說服、合作。這恰好與 1980 年代中期到 1990 年代初期的台灣社會，國族認同能夠劇烈變動，而且人們雖有統、獨歧異猶能在共同議題上合作的現象形成強烈的對比。

　　之所以會有統、獨相互合作和陣營壁壘分明的差異，或許可歸因於，過去不同國族認同陣營的首要任務，一致都是打開台灣社會被威權體制壓抑的

政治行動自由，在這個共識下因而存在著很大的合作空間。隨著這個共同任務的達成，雙方合作的基礎也就消失，縱使雙方都共同認識到台灣仍困處於殖民結構中，但因為彼此所認知的變革展望——即應復歸的傳統和國族塑造的方向——可謂南轅北轍，因而要跨越國族立場的分歧，進行結盟也就變得十分艱難。

　　至於朝台灣民族主義轉向的台灣社會，之所以很難再被中國民族主義運動吸引、改變，與其說是因為台灣民族主義擁有具戰略優勢的國家政權的協助推動，不如說是，台灣民族主義所想望的國族疆域，能與現實裡其所訴諸的社會——台灣及其周邊群島這個政治實體等身貼合，因此一旦它被深植，無論有沒有政權的繼續支持，由於與台灣社會大眾的生活情感相契，因而能被視為理所當然的持續認同著。反觀過去處於領導地位的中國民族主義，其所強調的海峽兩岸同一家，對於與中國本土長期並持續分治、對抗的台灣社會來說，無疑是非常不合身的共同體想像，過去即長期依賴政權力量才得以維繫，因此一旦遭受質疑，就很容易被動搖，並且難以重新被大眾接受，大概只剩像左統陣營這類基於特殊的經歷、繼承特殊歷史使命和信仰的人才會特別堅定的固守著。在這樣的情形下，統、獨雙方的認同者不免就都是較為穩固、堅定的，由於立場的過於穩固和堅定，因此自然就不易變動。在這樣的情勢裡，力量薄弱的左統陣營要有所突破自然是十分困難的。

　　也因為這樣，《人間思想與創作叢刊》這個戰線的成效其實是極有限的，它最多吸引到不支持台灣民族主義的知識份子，但是對於贏得文化領導權仍有很大的距離。但不管怎麼樣，它最終還是「團結」到新的力量，並在該刊結束後，努力接續起這條戰線的追求方向。

第五節　小　結

　　進入 1990 年代以後，左統陣營迅速被邊緣化，作為在文化領域中苦撐的陣地「人間出版社」，其主持者陳映真試圖透過研究台灣社會的政治經濟性質，發展一套能夠支撐、強化左統主張的史觀，因為這樣，他結合了曾健民等人成立了「台灣社會科學研究會」作為發展理論的隊伍，到了 1990 年代後期，陳映真已確立了一個堅定的論點，即：台灣社會在 1950 年代兩岸分離後，因為反帝中國民族主義傳統被蔣氏／國民黨政權消滅、美日新殖民主義支配

下，才產生了親美日、追求脫離中國獨立的「變異」。有了這個論點，他也得以更為緊密的將反帝與反台獨、恢復中國認同這個目標相扣連。然而，這種以國族為指向，而不是社會平等為思考的去殖民觀點，不免也導致了作為古典馬克思主義的根本關懷——勞動階級權益的追求——遭到了遮蔽，甚至存在著被犧牲的風險。這種以國族為本位的左翼，事實上正是戰後以階級為共同主體的國際主義式微，以「第三世界主義」作為新的聯合共識所造就的產物。

由於 1990 年代中後期，面對獨派的觀點被政權吸納為教科書的史觀，市面又出現了平反日治時期皇民文學的論說，左統陣營深感焦慮與不滿，以及歷史詮釋權爭奪的迫切，陳映真等人於是決定再次推出文化思想的批判型刊物。因為經營上的考量，最後他們選擇以叢刊的型態發行。於是，《人間思想與創作叢刊》這個結合論述與創作傳播陳映真所發展出來的論點，旨在透過歷史詮釋權的競奪來爭取文化領導權的文化戰線因而誕生。

在運作上，雖然《人間思想與創作叢刊》擁有形式上的編輯委員會，然而在實際上一切編務，還是由陳映真來主導和決斷，直到他赴北京講學以後，才交給范振國主持，直到 2008 年，因為經費、人力不足，以及路線分歧等因素而停刊。

在筆陣方面，主要是以左統派文人為班底，論述部分是陳映真和曾健民在支撐，而創作部分則依靠過去《春風》詩叢刊的幾個要角。除了這些固定班底，作者還包含了中、日、台、韓等地的左翼人士，看得出來該刊對於國際交流和結盟的重視。值得注意的是，該刊甚至還試圖結合台灣內部不同國族立場的知識份子。

不過，《人間思想與創作叢刊》從創刊到停刊，始終是依靠老班底在支撐，既未能培養出新的寫手，也沒能壯大隊伍，在拉攏不同國族立場者也不成功。也就是說，作為戰線的成效是極為有限的。之所以如此，主要還是因為統、獨陣營即使對於台灣困於殖民結構中有著共同的認識，但在政治自由化後的變革方向的想像上卻分歧過大而缺乏共識，因而也就缺乏共同合作的基礎。再加上台灣民族主義所想像的國族疆域，能與現實台灣社會的政治疆界重合，因此一旦它被深植，就能很自然的讓一般社會大眾持續認同進而深化、固著。反觀《人間思想與創作叢刊》所倡議的含納海峽兩岸的中國民族主義想像，因為與持續分立於中國本土之外的台灣社會並不相合，因此並不是那

麼容易被接受。在彼此立場都固著、難撼且缺乏交集，而己方力量薄弱，主張又讓人有疑慮的情勢下，左統陣營自然就難以有所突破，更別說建立領導權了。

第四章　《人間思想與創作叢刊》
的文化實踐

> 我辦雜誌，不像別人是爲了市場，或者爲了廣告，或者爲了好玩，
> 我藉這個雜誌是爲了要表達我對人、生活、歷史的看法。〔註1〕
>
> ——陳映眞

　　在前一章，筆者概述了《人間思想與創作叢刊》的創刊經過和運作情形，以及其意在爭奪文化領導權的動機、發展侷限的原因。接下來，筆者將進一步探討該刊的實際內容。在本章，主要討論的是該刊的幾個文化實踐重點。

第一節　《人間》文藝實踐傳統的延續

　　作爲《人間》雜誌的繼承者，《人間思想與創作叢刊》的一大特色，就是延續了《人間》雜誌的文藝實踐傳統。該刊除了延續《人間》雜誌設有作爲一般文學創作發表園地的文藝欄的這項傳統之外，更承繼了《人間》雜誌最知名的傳統——刊載「紀實攝影」和「報導文學」這兩項具有強烈報知性的現實主義文藝。

　　所謂的「紀實攝影」（Documentary Photography）又譯作「報導攝影」，它不是一般的照片，而是數張帶有意圖，爲了傳達某個事件或觀點的照片組合〔註2〕。至於「報導文學」（Reportage），又稱作「報告文學」，它類似深度

〔註 1〕引自劉依潔，〈附錄：陳映眞訪問稿〉，《《人間》雜誌研究》，（台中：印書小舖，2010 年 1 月），頁 150。

〔註 2〕關於「報導攝影」的這個定義，見王信，〈告訴你眞相誘發人深省的照片——淺談報導攝影〉，《人間》1 期（1985 年 11 月），頁 49～53。

報導的新聞書寫，然而，它們之間的差異在於，報導文學「可以而且必須運用其他文學的類型，如小說、詩、散文的一切創作敘述技巧及手法」，不過，即使報導文學運用了文學的技法，在內容上仍必須是「在現場、資料和調查研究基礎上進行形象的思考與敘寫」〔註3〕。一般認為，「紀實攝影」和「報導文學」兩者算是《人間》雜誌影響台灣文化界最深的地方。

接下來，我們就來梳理一下該刊對於文藝欄的設置、「紀實攝影」和「報導文學」的登載，這些承繼《人間》雜誌文藝傳統的面向。

一、文藝欄的設置與業績

《人間思想與創作叢刊》雖然如同《人間》雜誌設置了文藝欄，然而，名稱並不像《人間》雜誌那樣從頭到尾以「副刊人間」作為命名那樣的固定，它先是被名為「人間文學」〔註4〕，後來改以「人間文藝」名之〔註5〕，再來變為「文藝」〔註6〕或「文學創作」〔註7〕，最後8期則定名為「文藝創作」〔註8〕。某種程度，可以反映主導者隨性、不嚴謹的個性。

我們進一步將各期的文藝欄作品整理如本論文附錄4的列表，以進行觀察，持平而言，除了叢刊主導者陳映真的三篇小說——〈歸鄉〉〔註9〕、〈夜霧〉〔註10〕、〈忠孝公園〉〔註11〕，甚至其所創作的唯一一篇現代詩〈工

〔註3〕關於「報導文學」的這個定義，見陳映真，〈蒙面叢林・序〉，吳音寧，《蒙面叢林》，（台北：印刻出版社，2003年12月），頁5～6。
〔註4〕《1998年冬 台灣鄉土文學・皇民文學的清理與批判》這期的文藝欄名稱。
〔註5〕《1999年秋 噤啞的論爭》和《2003年冬 告別革命文學?》這兩期的文藝欄名稱。
〔註6〕《2000年秋 復現的星圖》》和《2001年春夏 那些年，我們在台灣》以及《2001年秋冬 因為是祖國的緣故》這三期的文藝欄名稱。
〔註7〕《2004年秋 爪痕與文學》和《2005年春 迎回尾崎秀樹》這兩期的文藝欄名稱。
〔註8〕《2005年秋 八一五：記憶和歷史》、《2006年春 2・28：文學和歷史》、《2006年夏 日讀書界看藍博洲》、《2006年秋 貪腐破解了台獨政權的神話》、《2006年冬 復甦文藝變革的力量》、《2007年春 2・28六十周年特輯》、《2007年夏 學習楊逵精神》、《2008年.01 鄉土文學論戰三十年 左翼傳統的復歸》這八期的文藝欄名稱。
〔註9〕見陳映真，〈歸鄉〉，曾健民主編，《1999年秋 噤啞的論爭》，（台北：人間出版社，1999年9月），左翻頁1～41。同時載於《聯合報》，1999年10月8日，副刊。
〔註10〕見陳映真，〈夜霧〉，曾健民主編，《2000年秋 復現的星圖》，（台北：人間出版社，2000年12月），頁293～340同時載於《聯合報》，2000年11月25日至12月5日，副刊。
〔註11〕見陳映真，〈忠孝公園〉，曾健民主編，《2001年春夏 那些年，我們在台灣》，（台北：人間出版社，2001年8月），頁193～281。

人邱惠珍〉〔註 12〕之外，這個欄位並未誕生出什麼膾炙人口、廣受討論的名作。這恰好與《人間》雜誌的名作連篇形成了對比。這其實也反映了《人間思想與創作叢刊》的能見度無法與《人間》雜誌相比擬，以及其影響力的有限性。

值得注意的是文藝欄的作品題材，我們從〈歸鄉〉、〈夜霧〉、〈忠孝公園〉、〈工人邱惠珍〉這四篇該欄位的代表性作品來觀察，可以發現，它們極符合該刊的〈出刊報告〉在文藝創作上所主張的宗旨：「以形象去思維跨向新世紀的台灣諸問題」〔註 13〕，譬如，〈歸鄉〉探討的戰後兩岸分裂所造成的親人分離、為利益相仇，〈夜霧〉對於作為戰後行使國家暴力的特務機關的探究，〈忠孝公園〉揭露隨著政權移轉卻不曾好好處理的殖民問題，以及唯一的詩作〈工人邱惠珍〉批判資方對於工人的壓榨和分化，這些都是對於台灣歷史和政治問題進行批判性思考的創作，其中尤以歷史結構問題更是其關注的重心。總之，該刊的文藝欄頗能反映這份刊物的趨向。

二、「紀實攝影」傳統的延續

接著我們來觀察一下關於該刊的「紀實攝影」部分。

《人間思想與創作叢刊》的「紀實攝影」，主要是每期一篇，刊載於各期的目錄頁之前的幾頁紙面光滑、被稱作「圖版頁」的區塊，並附上文字的說明，以「紀實報導」名之。如果「紀實攝影」的說明文字的篇幅過大，則該篇文字會被另刊於叢刊內的其他地方。就整個 16 期的叢刊來看，除了《2007 年夏 學習楊逵精神》這期的「圖版頁」是刊載中國對日抗戰時期的木刻版畫以外，其餘 15 期皆是刊載著攝影搭配文字的「紀實攝影」。而且除了 2007 年夏季那期，叢刊的各期都以該期「紀實攝影」的攝影照作為封面，可說是完全承襲著《人間》雜誌的風格。現在我們將各期的「紀實攝影」整理如下：

〔註12〕 見陳映真，〈工人邱惠珍——悼念為追討華隆公司積欠工資被迫自殺的女工邱惠珍〉，曾健民主編，《2001 年秋冬 因為是祖國的緣故》，（台北：人間出版社，2001 年 12 月），頁 318～324。

〔註13〕 見陳映真，〈出刊報告〉，曾健民主編，《1998 年冬 台灣鄉土文學・皇民文學的清理與批判》，（台北：人間出版社，1998 年 12 月），頁 2。

表 4-1 《人間思想與創作叢刊》的「紀實攝影」

期　名	題材：題名	作　者	所在頁數
《1998 年冬 台灣鄉土文學·皇民文學的清理與批判》	弱勢、邊緣：〈十一年後的八尺門和阿春〉	攝影／文字：關曉榮	圖版頁、頁 123～128
《1999 年秋 喑啞的論爭》	庶民生活：〈北埔──「本土化」浪潮下的客家庄〉	攝影：李文吉、莊正原 文字：李文吉	圖版頁、頁 143～149
《2000 年秋 復現的星圖》	弱勢、邊緣：〈雜亂失序的九二一災後重建〉	攝影：李文吉、侯聰慧、蔡明德 文字：李文吉	圖版頁
《2001 年春夏 那些年，我們在台灣》	弱勢、邊緣：〈四川、越西 希望在大營盤〉	攝影：林國彰 文字：張平宜	圖版頁
《2001 年秋冬 因為是祖國的緣故》	抗爭：1.〈為核電被曝工人代言的攝影家〉2.〈以人手終結人手製造的核害〉	1. 攝影：樋口健二 文字：陳映眞 2. 文字：樋口健二 翻譯：陳映眞	1. 圖版頁 2. 頁 275～279
《2003 年冬 告別革命文學?》	抗爭：〈憤怒的火車──記台鐵工會反民營化抗爭始末〉	攝影：鍾俊陞 文字：汪立峽	圖版頁、頁 208～231
《2004 年秋 爪痕與文學》	庶民生活：〈青春十八、十九時〉	攝影／文字：陳星怡、吳淨愉、劉又滑、黃信鴻、張伊貝、葉怡君、鄧迪儀、陳雅雪、陳淑娟	圖版頁
《2005 年春 迎回尾崎秀樹》	庶民生活：〈久握不放的手──隨父親返鄉記〉	攝影／文字：林哲元	圖版頁、頁 358～363
《2005 年秋 八一五：記憶和歷史》	弱勢、邊緣：〈悲歡樂生──新莊樂生療養院紀實報導〉	攝影：林國彰 文字：張平宜	圖版頁
《2006 年春 2·28：文學和歷史》	抗爭：1.〈WTO·香港〉2.〈維多利亞的秘密	1. 攝影：唐曙、李哲宇、關晨引	1. 圖版頁 2. 頁 141～147

	——WTO 香港部長級會議場外側記〉	文字：唐曙 2. 文字：林深靖	
《2006 年夏 日讀書界看藍博洲》	弱勢、邊緣：〈故事媽媽〉	攝影／文字：蔡明德	圖版頁
《2006 年秋 貪腐破解了台獨政權的神話》	抗爭：〈反貪倒扁·凱達格蘭〉	攝影／文字：李文吉	圖版頁
《2006 年冬 復甦文藝變革的力量》	中國山河風情：〈作協·青藏鐵路〉	攝影／文字：李文吉	圖版頁
《2007 年春 2·28 六十周年特輯》	弱勢、邊緣＋抗爭：〈追究記憶·創造現在 蘭與反核廢二十年〉	攝影／文字：關曉榮	圖版頁
《2007 年夏 學習楊逵精神》	〈抗戰木刻選〉（非「紀實報導」）	提供：梅丁衍	圖版頁
《2008 年.01 鄉土文學論戰三十年 左翼傳統的復歸》	弱勢、邊緣：〈冰點——冷凍廠勞動工作初探紀實〉	攝影／文字：盧昱瑞	圖版頁

　　透過上面這個圖表的分類，可以發現，關於社會邊緣、弱勢的主題有 7 期，關於抗爭議題的有 5 期，關於庶民生活的則有 3 期，關於中國山河風情的僅有 1 期。很明顯的，邊緣、抗爭議題是叢刊「紀實攝影」的重心，就如同過去《人間》雜誌一樣。

　　如果是《人間》雜誌的忠實讀者，將會發現這些「紀實攝影」有些是延續當年的報導主題。例如叢刊的創刊號所刊載的〈十一年後的八尺門和阿春〉，正是《人間》雜誌的攝影家關曉榮延續他當年在《人間》雜誌前五期連載的「八尺門連作」〔註 14〕的關懷。當年「八尺門連作」紀錄了八尺門社區——這個在基隆討生活的原住民所形成的聚落——的居民生活情況，而〈十一年後的八尺門和阿春〉則紀錄了十一年後八尺門社區改建後的狀況以及族人的處境，其中《人間》雜誌第四期〈失去了中指的阿春〉中，那個因海上作業的事故而斷了指的主角更是作者的報導重點，叢刊該期的封面更是用當

〔註14〕「八尺門連作」分別是：關曉榮，〈百分之二的希望與奮鬥〉，《人間》1 期（1985 年 11 月），頁 16～25；關曉榮，〈船東·海蟑螂和八尺門打魚的漢子們〉，《人間》2 期（1985 年 12 月），頁 86～93；關曉榮，〈老邱想哭的時候〉，《人間》3 期（1986 年 1 月），頁 70～79；關曉榮，〈失去了中指的阿春〉，《人間》4 期（1986 年 2 月），頁 52～59；關曉榮，〈都是人間的面貌〉，《人間》5 期（1986 年 3 月），頁 108～115。

年雜誌那張阿春伸出斷指的照片，頗能令《人間》雜誌的老讀者喚起當年《人間》的回憶。另外，《2001 年秋冬 因爲是祖國的緣故》報導了日本反核攝影家樋口健二（1937～）獲國際肯定的消息以及刊載樋口健二的感言，也是延續著過去《人間》雜誌關於樋口健二的反核、反公害報導﹝註 15﹞。還有，刊於《2007 年春 2‧28 六十周年特輯》的〈追究記憶‧創造現在 蘭嶼反核廢二十年〉，也延續著關曉榮在《人間》雜誌時代對於蘭嶼原住民的處境和蘭嶼核廢料堆放問題的關心﹝註 16﹞。

　　除了主題的延續，報導的題材其實也是不離《人間》雜誌的先例。例如《1999 年秋 噤啞的論爭》的〈北埔──「本土化」浪潮下的客家庄〉，延續了《人間》雜誌對於台灣客家庄生活樣態的紀錄﹝註 17﹞；《2003 年冬 告別革命文學？》所刊的〈憤怒的火車──記台鐵工會反民營化抗爭始末〉，可與當年《人間》雜誌上多篇的罷工報導相呼應﹝註 18﹞；《2005 年春 迎回尾崎秀樹》

﹝註 15﹞ 《人間》雜誌關於樋口健二的報導有：李永熾，〈我控訴！樋口健二的「反公害世界」〉，《人間》6 期（1986 年 4 月），頁 84～93；樋口健二，〈被埋葬在黑暗中的核電被曝工人們〉，《人間》13 期（1988 年 1 月），頁 126～136；樋口健二，〈日本公害之鄉：四日市〉，《人間》17 期（1987 年 3 月），頁 108～115；鍾俊陞，〈樋口先生謝謝您〉，《人間》19 期（1987 年 5 月），頁 116～127；樋口健二，〈毒氣島上的棄民〉，《人間》25 期（1987 年 11 月），頁 78～92；樋口健二，〈團結起來……治癒地球的核能創傷〉，《人間》27 期（1988 年 1 月），頁 124～133。

﹝註 16﹞ 關曉榮在《人間》雜誌曾發表一系列的「蘭嶼紀事」分別是：關曉榮，〈孤獨，傲岸的礁岩〉，《人間》18 期（1987 年 4 月），頁 8～23；關曉榮，〈飛魚祭的悲壯哀歌〉，《人間》19 期（1987 年 5 月），頁 48～65；關曉榮，〈文明，在仄窄的樊籠中潰決〉，《人間》20 期（1987 年 6 月），頁 86～101；關曉榮，〈塵埃下的薪傳餘燼〉，《人間》21 期（1987 年 7 月），頁 108～123；關曉榮，〈熱烈的壓榨，悲慘的世界〉，《人間》23 期（1987 年 9 月），頁 150～164；關曉榮，〈觀光暴行下的蘭嶼〉，《人間》24 期（1987 年 10 月），頁 128～147；關曉榮，〈一個蘭嶼能掩埋多少「國家機密」〉，《人間》26 期（1987 年 11 月），頁 90～111；關曉榮，〈漢化主義下的蘭嶼教育〉，《人間》28 期（1988 年 2 月），頁 126～140；關曉榮，〈被現代醫療福祉遺棄的蘭嶼〉，《人間》30 期（1988 年 4 月），頁 18～39；關曉榮，〈流落都市的雅美勞工〉，《人間》33 期（1988 年 7 月），頁 142～155；關曉榮，〈十人舟下水儀典〉，《人間》36 期（1988 年 10 月），頁 78～91。

﹝註 17﹞ 如簡慧蓉，〈田底村的故事〉，《人間》39 期（1989 年 1 月），頁 75～88。

﹝註 18﹞ 譬如梁春幼撰文、劉傳勝攝影，〈中正機場大罷工？〉，《人間》34 期（1988 年 8 月），頁 75～82；方仰忠，〈不開車，上街頭〉，《人間》36 期（1988 年 10 月），頁 35～42；鍾喬撰文、蔡明德攝影，〈罷工線上〉，《人間》45 期（1989 年 7 月），頁 84～95；鍾喬，〈背後那雙青獠的屬掌〉，《人間》45 期（1986 年 2 月），頁 96～99。

刊的〈久握不放的手──隨父親返鄉記〉，也可和當年《人間》雜誌上的兩岸
親情故事相對照〔註19〕；《2006 年春 2‧28：文學和歷史》兩篇關於國際反
WTO 抗爭的報導，也延續著《人間》雜誌當年反對美國主導的自由貿易和農
產傾銷問題的精神〔註20〕；《2006 年冬 復甦文藝變革的力量》的〈作協‧青
藏鐵路〉這篇青藏鐵路的旅遊紀實，則令人想起《人間》雜誌多篇關於青藏
高原的旅遊紀實〔註21〕。其他像是〈雜亂失序的九二一災後重建〉對於九二
一災區的關心和對官方的批判、〈四川、越西 希望在大營盤〉和〈悲歡樂生
──新莊樂生療養院紀實報導〉對於兩岸痲瘋病患的關懷、〈故事媽媽〉關懷
偏遠山區的原住民兒童、〈冰點──冷凍廠勞動工作初探紀實〉紀錄漁獲裝卸
工人的勞動環境，也都延續著《人間》雜誌「關心人、關心人所生活和藉以
勞動創造的現場」、「關心被物質進步過程中無情地犧牲的大量處於弱勢的
人、階級、族群和集團」〔註22〕的精神。

三、「報導文學」傳統的繼承

　　至於《人間思想與創作叢刊》的「報導文學」，篇數也不多，共 14 篇，
散見於每一期的各種專題，或者是叢刊的「文藝創作欄」之中。現在我們將
各期的「報導文學」整理如下：

表 4-2 《人間思想與創作叢刊》的報導文學

期　　名	題材：題名	作　者	所在頁數
《1999年秋 噤啞的論爭》	左翼先賢：〈「兵士」駱駝英的腳蹤〉	許南村	頁 65～73

〔註19〕 譬如王墨林，〈四十年之後，已然回不去的家〉，《人間》25 期（1987 年 11 月），
　　　　頁 42～56；鍾俊陞，〈四十年之後，依然看不到親人〉，《人間》25 期（1987
　　　　年 11 月），頁 26～38。

〔註20〕 相關報導有王墨林，〈台灣果農的怒吼〉，《人間》28 期（1988 年 2 月），頁 10
　　　　～17；陳映真，〈台灣戰後最大的農民反美示威〉，《人間》30 期（1988 年 4
　　　　月），頁 10～17。

〔註21〕 例如梁家泰，〈青海東部一瞥〉，《人間》3 期（1986 年 1 月），頁 118～130；
　　　　Scott Henry，〈西藏，遙遠的呼喚〉，《人間》4 期（1986 年 2 月），頁 116～128；
　　　　柯錫杰攝影，季季等撰文，「柯錫杰看中國特輯之一」，《人間》5 期（1986 年
　　　　3 月），頁 42～81；陳若曦，〈雪境 佛國 紀旅 西藏：風土、迷惘和希望〉，《人
　　　　間》26 期（1987 年 12 月），頁 114～127。

〔註22〕 陳映真，〈典藏版人間雜誌全套合訂本出版贅言〉，收錄於《人間》合訂本第 1
　　　　卷（台北：人間，1991 年），無頁碼。

《1999 年秋 噤啞的論爭》	左翼先賢：〈放逐詩人雷石榆〉	藍博洲	頁 74～108
《1999 年秋 噤啞的論爭》	左翼先賢：〈尋找周愼源〉	藍博洲	頁 150～186
《2000 年秋 復現的星圖》	左翼先賢：〈從福馬林池撈起來的詩人（上）〉	藍博洲	頁 51～96
《2001 年春夏 那些年，我們在台灣》	左翼先賢：〈從福馬林池撈起來的詩人（下）〉	藍博洲	頁 153～191
《2003 年冬 告別革命文學？》	遊記：〈雪原上的眼睛〉	楊渡	頁 267～295（文藝欄）
《2005 年春 迎回尾崎秀樹》	左翼先賢：〈「這個人，國家不能讓他活下去！」——許強醫師（一九一三～一九五〇）（上）〉	藍博洲	頁 267～309
《2005 年秋 八一五：記憶和歷史》	左翼先賢：〈「這個人，國家不能讓他活下去！」——許強醫師（一九一三～一九五〇）（下）〉	藍博洲	頁 227～267
《2005 年秋 八一五：記憶和歷史》	台籍日本兵：〈被出賣的「皇軍」〉	陳映眞	頁 23～46
《2006 年春 2‧28：文學和歷史》	介紹伊斯蘭世界作家：〈瞭解伊斯蘭世界及其作家〉	藍博洲	頁 181～209（文藝欄）
《2006 年秋 貪腐破解了台獨政權的神話》	左翼先賢：〈還有這樣的台灣人——辜金良先生的道路（一九一五～二〇〇五）〉	藍博洲	頁 223～256
《2006 年冬 復甦文藝變革的力量》	左翼政治犯：〈那些歌，給了她力量——馮守娥的戰鬥曲〉	陳志平	頁 259～279（文藝欄）
《2007 年春 2‧28 六十周年特輯》	左翼先賢：〈張志忠傳奇而悲壯的一生（1910～1954）〉	藍博洲	頁 223～251
《2007 年春 2‧28 六十周年特輯》	左翼先賢：〈註仔——二‧二八台北武裝計畫總指揮李中志〉	藍博洲	頁 252～283

　　透過上面對於這些「報導文學」的題材做分類，可以發現，除了紀錄俄羅斯旅行見聞的〈雪原上的眼睛〉和介紹伊斯蘭世界作家的〈瞭解伊斯蘭世界及其作家〉這兩篇以外，其餘的作品，都是以歷史裡的人物爲題材，而所描寫的人物，除了〈被出賣的「皇軍」〉這篇是以大東亞戰爭時期的台籍日本兵爲主題，其他都是認同社會主義理想，在白色恐怖時代遭逢了逃亡、投獄或刑殺命運的左翼志士。可以說，叢刊的「報導文學」，在題材上主要是繼承了《人間》雜誌從〈美好的世紀——尋訪戰士郭秀琮的足跡〉

〔註 23〕、〈幌馬車之歌〉〔註 24〕、〈50 年代，台灣的風雷〉〔註 25〕等作品以來的戰後初期左翼志士受難史的書寫傳統。我們從該刊對於這個書寫題材的持續經營，也能感受到他們對於這段被肅清的戰後初期左翼運動歷史記憶的重視。之所以這樣的重視，除了是因為這段歷史就是左統派國族認同的根源，為了維繫認同，不斷再生產（Reproduction）此一歷史記憶有其必要，或許，他們更有意透過持續的宣揚這段可歌可泣的傳統被戰後政權鎮壓、剷除的過程，來感召當下的人們進行克服「變異」復歸傳統的行動。

透過前面的梳理，我們從文藝欄較被人知曉的作品僅有少量的幾篇、「紀實攝影」和「報導文學」的數量也不多的現象看來，《人間思想與創作叢刊》在文藝實踐，已不如《人間》雜誌時代，是刊物的主要內容了。該刊的重點內容，無疑已轉移到論述上。而我們從「紀實攝影」變成了一小個單元，「報導文學」主要是以歷史議題為書寫主題，這個變化看來，雖然，《人間思想與創作叢刊》延續了《人間》雜誌的「紀實攝影」和「報導文學」這兩項報知社會現實的文藝傳統，但是比起過去《人間》雜誌對於社會底層議題投以極大的關注，《人間思想與創作叢刊》主要的關懷已轉移到歷史議題的處理。這種對於歷史議題的重視，我們在文藝欄的代表性作品上，也能感受到。這其實充分反映了歷史問題是《人間思想與創作叢刊》這份刊物的關切重心。

第二節　史料的整理、挖掘與介紹

在討論了承繼《人間》雜誌傳統的部份，接下來我們來觀察《人間思想與創作叢刊》與《人間》雜誌截然不同的面向。這個截然不同的面向，其中有一個特色，就是對於史料的大量刊載。

就如同前一章所指出的，歷史詮釋權的競奪是該刊的一個重心，由於為了競奪歷史的詮釋權，《人間思想與創作叢刊》的同仁在 1990 年代可說是積極展開了整理、出土史料的工作以支持他們的史觀。這些刊載出來的史料，

〔註 23〕 藍博洲，〈美好的世紀──尋訪戰士郭琇琮的足跡〉，《人間》21 期（1987 年 7 月），頁 70～89。

〔註 24〕 藍博洲，〈幌馬車之歌（上）〉，《人間》35 期（1988 年 9 月），頁 157～168；藍博洲，〈幌馬車之歌（下）〉，《人間》36 期（1988 年 10 月），頁 141～147。

〔註 25〕 藍博洲，〈50 年代，台灣的風雷〉，《人間》37 期（1988 年 11 月），頁 25～31。

就是他們努力的最好證明。接下來，就大致介紹一下該刊在史料整理與挖掘方面的業績。

首先，陳映真與曾健民將戰後初期的 1947 年到 1949 年以《新生報》的《橋》副刊為中心的文學論戰文章，全面整理成《1947～1949 台灣文學問題論議集》出版，並在《1999 年秋 瘖瘂的論爭》這期以「特集」進行討論〔註 26〕。

此外，他們還整理了日治末期關於皇民文學陣營與現實主義文學陣營間針鋒相對的「糞現實主義論爭」的史料，收錄於同一期的叢刊〔註 27〕。

接著他們透過橫地剛的牽引認識了在戰後初期第一個研究台灣文學的對岸作家范泉，並因此出土了作家歐坦生（1923～）和一度被橫地剛誤認為歐坦生的藍明谷的文學作品〔註 28〕。為此，他們在《2000 年秋 復現的星圖》這期，特別推出了「藍明谷專題」〔註 29〕，收錄藍明谷現存的所有作品，同期也出了「發現歐坦生」特集〔註 30〕，而歐坦生、范泉的作品更被分別整理成《鵝仔——歐坦生作品集》和《遙念台灣——范泉散文集》出版。另外在《2000 年秋 復現的星圖》這期，施善繼則特別推薦、介紹了戰後初期在《橋》副刊發表過優異創作的中國詩人——迦尼的作品〔註 31〕。

除此之外，曾健民個人也透過對岸學者朱雙一的幫忙，自北京圖書館出土了在台灣只剩斷簡殘篇的《和平日報》〔註 32〕。2003 年，曾健民更出

〔註 26〕見「特集 馬克思主義文論在台灣的中挫」，曾健民主編，《1999 年秋 瘖瘂的論爭》，（台北：人間出版社，1999 年 9 月），頁 1～108。

〔註 27〕見「文獻」，曾健民主編，《1999 年秋 瘖瘂的論爭》，（台北：人間出版社，1999 年 9 月），頁 109～142。

〔註 28〕橫地剛在范泉於戰後初期主編的《文藝春秋》雜誌上發現歐坦生的作品，並由范泉提供的身份線索，推測是戰後初期死於白色恐怖的藍明谷，直到中國學者的指正下，才發現原來歐坦生是作家丁樹南的本名。見曾健民，〈撥開歷史的迷霧——記尋作家歐坦生的經過與感想〉，歐坦生，《鵝仔歐坦生作品集》，（台北：人間出版社，2000 年 9 月），頁 255～267。

〔註 29〕見「藍明谷專題」，曾健民主編，《2000 年秋 復現的星圖》，（台北：人間出版社，2000 年 12 月），頁 1～96。

〔註 30〕見「發現歐坦生」，曾健民主編，《2000 年秋 復現的星圖》，（台北：人間出版社，2000 年 12 月），頁 193～215。

〔註 31〕見施善繼，〈呼喊迦尼〉，曾健民主編，《2000 年秋 復現的星圖》，（台北：人間出版社，2000 年 12 月），頁 279～292。

〔註 32〕見曾健民，〈關於台灣的《和平日報》〉，曾健民主編，《2001 年春夏 那些年，我們在台灣》，（台北：人間出版社，2001 年 8 月）。頁 107～109。

土了小說家朱點人（1903～1951）之前未被發現的小說〈玷〉〔註33〕和楊逵的一篇關於「二二八事件」的時評〈二・二七慘案眞因——台灣省民之哀訴〉〔註34〕，並分別刊載於《2004 年秋　爪痕與文學》〔註35〕與《2006 年春 2・28：文學和歷史》〔註36〕。2004 年朱雙一還幫忙找到曾活躍於戰後初期台灣文壇的福建作家夢周本人〔註37〕。2005 年曾健民又出土了小說家呂赫若（1914～1951）被人忽略的小說〈一年級生〉〔註38〕，並刊於《2006 年春 2・28：文學和歷史》這期〔註39〕，同期還收錄了藍博洲所挖掘的，在「二二八事件」後流亡海峽對岸的劇作家宋非我（1916～1992）在海峽對岸所創作的的口語敘事詩〈蓬萊仙島〉〔註40〕。

　　2007 年橫地剛發現了楊逵刊於日本《星座》雜誌的兩篇文章〈對「新日本主義」的一些質問〉、〈期待綜合雜誌的地方〉，曾健民也再出土楊逵的一篇佚文〈六月十七日前後——紀念忠烈祠典禮〉〔註41〕，三篇新出土的文章都收錄在《2007 年夏　學習楊逵精神》這期〔註42〕。

〔註33〕見曾健民，〈關於朱點人〈玷〉的出土及其他〉，陳映眞主編，《2004 年秋　爪痕與文學》，（台北：人間出版社，2004 年 10 月），頁 200～204。

〔註34〕見曾健民，〈二・二七慘案眞因——台灣省民之哀訴〉的解說，人間出版社編委會主編，《2006 年春 2・28：文學和歷史》，（台北：人間出版社，2006 年 2 月），頁 34～35。

〔註35〕見朱石峰，〈玷〉，陳映眞主編，《2004 年秋　爪痕與文學》，（台北：人間出版社，2004 年 10 月），頁 177～189。

〔註36〕見楊逵，〈二・二七慘案眞因〉，人間出版社編委會主編，《2006 年春 2・28：文學和歷史》，（台北：人間出版社，2006 年 2 月），頁 29～33。

〔註37〕見朱雙一，〈尋找夢周——一位在光復初期台灣文壇留下深深足跡的作家〉，陳映眞主編，《2004 年秋　爪痕與文學》，（台北：人間出版社，2004 年 10 月），頁 157～169。

〔註38〕見呂赫若，〈一年級生〉，人間出版社編委會主編，《2006 年春 2・28：文學和歷史》，（台北：人間出版社，2006 年 2 月），頁 171～177。

〔註39〕見曾健民，〈略談呂赫若新出土小說《一年級生》〉，人間出版社編委會主編，《2006 年春 2・28：文學和歷史》，（台北：人間出版社，2006 年 2 月），頁 178～180。

〔註40〕關於藍博洲的挖掘，見施淑，〈死滅與新生——宋非我與〈蓬萊仙島〉引論〉，人間出版社編委會主編，《2006 年春 2・28：文學和歷史》，（台北：人間出版社，2006 年 2 月），頁 52～53。〈蓬萊仙島〉的全文，見宋非我，〈蓬萊仙島〉，人間出版社編委會主編，《2006 年春 2・28：文學和歷史》，（台北：人間出版社，2006 年 2 月），頁 65～95。

〔註41〕文章由誰出土可見「編輯旨趣」，陳映眞總編輯，《2007 年夏　學習楊逵精神》，（台北：人間出版社，2007 年 6 月），頁 2。

〔註42〕見「最新出土楊逵佚文」，陳映眞總編輯，《2007 年夏　學習楊逵精神》，（台北：人間出版社，2007 年 6 月），頁 9～22。

　　另外，曾健民也在叢刊上，針對特定歷史問題介紹相關史料，包括了
戰後國民黨的國語推行政策〔註43〕、戰後台灣文化人對於台灣前途的看法
〔註44〕、戰後台灣的去殖民意識〔註45〕、1945年到1946年副刊情況〔註46〕、
戰後初期外省作家關於「二二八事件」的文學作品〔註47〕、「二二八事件」
的相關文獻〔註48〕。

　　至於在鄉土文學論戰三十周年的 2008 年，《人間思想與創作叢刊》則特
別介紹了作家郭松棻（1938～2005）的一篇被人忽略，卻影響鄉土文學論戰
時王拓的論述的海外評論〈談談台灣的文學〉〔註49〕。

　　從上述史料的整理、挖掘和介紹，我們可以發現，大部分的史料都是
戰後初期，這個台灣復歸中國統治，並且兩岸尚未分立的時期的史料。這

〔註43〕見「文獻 國語政策和閩南方言」，曾健民主編，《2001 年秋冬 因爲是祖國的
　　　　緣故》，（台北：人間出版社，2001 年 12 月），頁 187～216。

〔註44〕見曾健民，〈淺釋「《台灣文化的前途》座談會」〉，陳映真主編，《2003 年冬 告
　　　　別革命文學？》，（台北：人間出版社，2003 年 12 月），頁 232～234。以及曾
　　　　健民譯，〈談台灣文化的前途〉，陳映真主編，《2003 年冬 告別革命文學？》，
　　　　（台北：人間出版社，2003 年 12 月），頁 235～254。

〔註45〕見曾健民，「台灣文學史資料」，陳映真主編，《2005 年春 迎回尾崎秀樹》，（台
　　　　北：人間出版社，2005 年 4 月），頁 179～197。

〔註46〕見曾健民，〈「光復文學」的出發點──談台灣光復初最早出現的報紙副刊〈詞
　　　　華〉、〈藝文〉與〈學林〉〉，陳映真總編輯，《2006 年夏 日讀書界看藍博洲》，
　　　　（台北：人間出版社，2006 年 7 月），頁 176～196。

〔註47〕見夢周，〈創傷〉、〈難忘的日子〉，人間出版社編委會主編，《2006 年春 2‧28：
　　　　文學和歷史》，（台北：人間出版社，2006 年 2 月），頁 15～28。以及楊思諶，
　　　　〈阿貴的悲哀〉，陳映真總編輯，《2007 年春 2‧28 六十周年特輯》，（台北：
　　　　人間出版社，2007 年 3 月），頁 406～411。

〔註48〕見〈台灣自治運動〉，陳映真總編輯，《2007 年春 2‧28 六十周年特輯》，（台
　　　　北：人間出版社，2007 年 3 月），頁 172～176。謝雪紅，〈告同胞書〉，陳映
　　　　真總編輯，《2007 年春 2‧28 六十周年特輯》，（台北：人間出版社，2007 年 3
　　　　月），頁 177～184。〈「二‧二八」事件處理委員會向台灣省行政長官公署提出
　　　　之卅二項條件（一九四七年三月）〉，陳映真總編輯，《2007 年春 2‧28 六十
　　　　年特輯》，（台北：人間出版社，2007 年 3 月），頁 185～188。〈台灣民主自治
　　　　同盟綱領草案（一九四七年十一月）〉，陳映真總編輯，《2007 年春 2‧28 六十
　　　　周年特輯》，（台北：人間出版社，2007 年 3 月），頁 189～192。楊逵，〈和平
　　　　宣言〉，陳映真總編輯，《2007 年春 2‧28 六十周年特輯》，（台北：人間出版
　　　　社，2007 年 3 月），頁 193～194。

〔註49〕王拓的〈是「現實主義文學」，不是「鄉土文學」〉有多處徵引這篇文章的內
　　　　容。見郭松棻，〈談談台灣的文學〉，陳映真總編輯，《2008 年 01 鄉土文學論
　　　　戰三十年 左翼傳統的復歸》，（台北：人間出版社，2008 年 1 月），頁 9～25。

其實反映了，該刊對於這段兩岸同屬於一個中國的歷史時期的重視。由於戰後初期是台灣國族認同產生統、獨分歧的遠因，因此對於這個歷史時期的重視其實並不難讓人理解，左統陣營對於這段時期史料的重視，自然有挖掘、出土，甚至是宣揚在歷史中的中國民族主義傳統的用意。值得注意的是，該刊對於像《橋》副刊論爭的史料，這種原先即已被人出土的史料，又特別進行整理、介紹的意義，這除了是該刊對於這些特定史料的重視的表現外，更是歷史詮釋權競奪的明顯表現，該刊特別指責獨派「獨占資料，對外發表欺詐歪曲的解說」〔註 50〕，其實就是這種詮釋權競奪意圖的最好的證明。

另外，還值得注意的是，這些關於史料的工作，多數是由曾健民負責的，而橫地剛和朱雙一則是重要的協助者。或許我們可以這麼說，雖然陳映真是該刊的主導者，以及該刊史觀建構者，但是叢刊在歷史研究上的實際耕耘者則是曾健民。

而從文化「陣地戰」的角度來看，他們對於史料的積極挖掘和整理，正是一種積極的備戰，這也反映了左統派為了復歸中國民族主義傳統、競奪歷史詮釋權、爭奪文化領導權的強烈企圖心。

第三節　對於「二二八事件」的詮釋權競奪

因為對於戰後初期的歷史詮釋權的重視，《人間思想與創作叢刊》對於發生在戰後初期最重要的歷史事件——「二二八事件」的詮釋自然是十分重視。該刊甚至特別出了《2006 年春 2・28：文學和歷史》和《2007 年春 2・28 六十周年特輯》這兩期紀念特輯。除了推出紀念特輯，該刊也不忘痛批「二二八事件」「自一九八○年代中後，就橫遭台灣反民族的『台獨』分離運動恣意強暴，把她蹂躪成同民族分地域相仇；台灣從中國分離而『獨立』的象徵，殘暴地役使她以發洩和滿足『台獨』團伙的邪惡慾望」〔註 51〕，看的出來，該刊是對於獨派對「二二八事件」的詮釋極為不滿的，因而該刊堆出紀念專輯就不免帶有爭奪詮釋權的意味了。

〔註50〕見「特集 馬克思主義文論在台灣的中挫」，曾健民主編，《1999 年秋 喑啞的論爭》，（台北：人間出版社，1999 年 9 月），頁 2～3。

〔註51〕見編輯部，〈《二・二八：文學和歷史》題解〉，人間出版社編委會主編，《2006 年春 2・28：文學和歷史》，（台北：人間出版社，2006 年 2 月），頁 1。

以下是刊於《2006 年春 2．28：文學和歷史》和《2007 年春 2．28 六十周年特輯》這兩期期紀念特輯中，關於「二二八事件」的論述、史料、證言和文學作品的整理：

表 4-3 《人間思想與創作叢刊》刊載之「2．28 事件」論述、史料、
　　　 證言、創作

期　名	類別與標題	作　者	所在頁數
《2006 年春 2．28：文學和歷史》	論述〈打破魔咒化的「二二八論述」〉	曾健民	頁 5～14
《2006 年春 2．28：文學和歷史》	小說〈創傷〉	夢周	頁 15～23
《2006 年春 2．28：文學和歷史》	散文〈難忘的日子〉	夢周	頁 24～28
《2006 年春 2．28：文學和歷史》	史料〈二．二七慘案真因——台灣省民之哀訴〉	楊逵	頁 29～35
《2006 年春 2．28：文學和歷史》	論述〈比較、分析、去偽存真——在南京看到的「二．二八」檔案〉	吳克泰	頁 36～48
《2007 年春 2．28 六十周年特輯》	史料〈煙雨太平洋〉	《文匯報》社論	頁 3～6
《2007 年春 2．28 六十周年特輯》	論述〈二．二八事變六十周年有感——期盼從悲劇論到省思錄〉	林書揚	頁 7～20
《2007 年春 2．28 六十周年特輯》	論述〈紀念二．二八事件六十周年——一位受難者的反思〉	陳明忠	頁 21～46
《2007 年春 2．28 六十周年特輯》	論述〈閩廈視野中的二．二八事件〉	朱雙一	頁 47～69
《2007 年春 2．28 六十周年特輯》	論述〈二．二八前夕的台灣經濟〉	許登源	頁 70～92
《2007 年春 2．28 六十周年特輯》	論述〈談「查緝私煙」的社會實像和政治經濟本質〉	曾健民	頁 93～97
《2007 年春 2．28 六十周年特輯》	史料〈祖國啊！祖國〉	楊村	頁 98～103
《2007 年春 2．28 六十周年特輯》	史料〈半個中國黑暗了！〉	香港《華商報》社論	頁 104～107
《2007 年春 2．28 六十周年特輯》	證言〈二．二八事件前後〉	楊逵口述	頁 108～118

《2007 年春 2‧28 六十周年特輯》	證言〈台灣「二‧二八」起義親歷者的評說〉	吳克泰	頁 119～135
《2007 年春 2‧28 六十周年特輯》	證言〈二‧二八縱橫談——一一個外省人的反思〉	王思翔	頁 136～144
《2007 年春 2‧28 六十周年特輯》	證言〈二‧二八親歷、見聞雜記——一兼及陳儀的評價〉	丁名楠	頁 145～160
《2007 年春 2‧28 六十周年特輯》	證言〈關於「二‧二八事件處理委員會」〉	蘇新	頁 161～171
《2007 年春 2‧28 六十周年特輯》	史料〈台灣自治運動〉	《解放日報》社論	頁 172～176
《2007 年春 2‧28 六十周年特輯》	史料〈告同胞書〉	謝雪紅	頁 177～184
《2007 年春 2‧28 六十周年特輯》	史料〈「二‧二八」事件處理委員會向台灣省行政長官公署提出之卅二項條件（一九四七年三月）〉		頁 185～188
《2007 年春 2‧28 六十周年特輯》	史料〈台灣民主自治同盟綱領草案（一九四七年十一月）〉		頁 189～192
《2007 年春 2‧28 六十周年特輯》	史料〈和平宣言〉	楊逵	頁 193～194
《2007 年春 2‧28 六十周年特輯》	報導文學〈二‧二八前的蘇新〉	葉芸芸	頁 195～222
《2007 年春 2‧28 六十周年特輯》	報導文學〈張志忠傳奇而悲壯的一生（1910～1954）〉	藍博洲	頁 223～251
《2007 年春 2‧28 六十周年特輯》	報導文學〈註仔——二‧二八台北武裝計畫總指揮李中志〉	藍博洲	頁 252～283
《2007 年春 2‧28 六十周年特輯》	散文〈情繫台北《人民導報》——深切悼念宋斐如先生〉	陳耀寰	頁 284～297
《2007 年春 2‧28 六十周年特輯》	論述〈由「光復初期」的美術環視二‧二八風景〉	梅丁衍	頁 298～313
《2007 年春 2‧28 六十周年特輯》	論述〈「二‧二八」文學書寫與台灣意識的自我異化——鍾肇政長篇小說《怒濤》論析〉	朱雙一	頁 314～337
《2007 年春 2‧28 六十周年特輯》	論述〈台灣鄉土作家吳濁流在二‧二八事件中的試煉〉	潘朝陽	頁 338～367
《2007 年春 2‧28 六十周年特輯》	論述〈在記憶的寂滅與復燃之間——「二‧二八」文學與台灣的文化政治〉	李娜	頁 368～405

《2007 年春 2‧28 六十周年特輯》	小說〈阿貴的悲哀〉	楊思諶	頁 406～411
《2007 年春 2‧28 六十周年特輯》	散文〈記台灣的憤怒〉	范泉	頁 435～445
《2007 年春 2‧28 六十周年特輯》	散文〈消失在歷史迷霧中的背影——丁名楠與二‧二八事變〉	林書揚	頁 446～474

一、論述、史料、證言

我們先來看論述的部分，內容如下：

曾健民的的〈打破魔咒化的「二二八論述」〉引用文學家龍瑛宗（1911～1999）、王白淵（1902～1965）、楊逵（1906～1985）和台灣共產黨人謝雪紅（1901～1970）等人的言論，論證「二二八事件」是反獨裁、爭民主自治的抗爭，並指出當時的菁英力倡民族團結，並批判把族群衝突上綱的說法；他的另一篇論述〈談「查緝私煙」的社會實像和政治經濟本質〉則藉由「查緝私煙」個社會現象來論證當時政府的權力濫用。

因「二二八事件」流亡中華人民共和國的吳克泰（1925～2004）在〈比較、分析、去偽存真——在南京看到的「二‧二八」檔案〉一文，則以南京中國第二歷史檔案館的史料說明國民黨政權的殘酷以及抗爭的訴求是打倒貪官、建立民主政治。

林書揚的〈二‧二八事變六十周年有感——期盼從悲劇論到省思錄〉則指出「二二八事件」是因為被帝國主義異化的落後型態的特異權力運作體系造成的悲劇，因此不應該以族群作為憎恨對象，而是該批判制度，並且認為應該把事件放到全中國這個整體，甚至全世界的視野去看，就會發現當時全中國，甚至全世界的治權交接地區的人民都與新接管者的失政發生衝突和抗爭。

陳明忠的〈紀念二‧二八事件六十周年—— 一位受難者的反思〉也指出這個衝突是兩岸文化和社經的落差造成的悲劇，不是中國與台灣的對立。

朱雙一（1952～）的〈閩廈視野中的二‧二八事件〉一文透過當時閩廈地區關於「二二八事件」的書寫，論證「二二八事件」是當時全中國反蔣鬥爭的一環，他的另一篇論述〈「二‧二八」文學書寫與台灣意識的自我異化——鍾肇政長篇小說《怒濤》論析〉則認為小說《怒濤》著力渲染「二二八事件」的台灣同胞對日本精神的堅持和認同以對抗中國文化，是一種自我異化。

台灣馬克思主義理論家許登源（1937～2009）的〈二‧二八前夕的台灣經濟〉則以經濟的角度論證當時國民黨對於治理的無能，失當的經濟措施造成「殺雞取卵」式的洗劫，比起日本殖民主義的「養雞生蛋」式的剝削更加殘酷，因此所造成的反抗是必然的，並且強調這樣的反抗絕不限於台灣。

學者梅丁衍（1954～）的〈由「光復初期」的美術環視二‧二八風景〉則論述戰後初期中國的左翼畫家爲台灣帶進左翼批判的美術理念。

學者潘朝陽（1951～）的〈台灣鄉土作家吳濁流在二‧二八事件中的試煉〉則認爲作家吳濁流（1900～1976）在經歷「二二八事件」後心儀一種結合中國儒家精神和現代法治的社會。

學者李娜〈在記憶的寂滅與復燃之間——「二‧二八」文學與台灣的文化政治〉則探討了台灣不同政治立場的文學家對於「二二八事件」的詮釋，認爲當年事件發生後的創作，比較多是強調反專制的立場，解嚴前後的書寫過於強調族群的對立，以及台籍人士的受害，因而讓「二二八事件」漸漸變成一個政治符號，但在它成爲政治符號後又被其他不同面向的書寫解消掉。

從以上的論述當中，我們可以發現，該刊對於「二二八事件」詮釋是強調事件的反暴政、爭民主性質，反對過於強調族群衝突，更反對以日本文化對抗中國文化的詮釋角度。除此之外，該刊也反對將「二二八事件」視爲孤立的事件，而認爲應該定位在當時全中國的反獨裁鬥爭的一部分，甚至視爲戰後世界權力轉換，新權力者的粗暴失政所產生的抗暴活動的一環。

在史料部分，則有以下內容：

楊逵的〈二‧二七慘案眞因——台灣省民之哀訴〉痛訴陳儀的惡政，並聲明民眾的義舉在除國賊，而非叛離祖國；他的另一篇文章〈和平宣言〉則呼籲政府保障自由消弭對立。

親中共的《文匯報》在當時的社論〈煙雨太平洋〉則分析第二次世界大戰後的東亞情勢仍是一片黑暗和不民主。

時人楊村的文章〈祖國啊！祖國〉將中國的民主化與台灣的眞正解放聯繫在一起。

中共的《華商報》在當時的社論〈半個中國黑暗了！〉則說明「二二八事件」發生當天，在國民黨也在中國大陸展開全面的反共、緊縮政治自由。

中共的《解放日報》在當年的社論〈台灣自治運動〉則表達了中共支持台灣爲民主自治而鬥爭。

謝雪紅的〈告同胞書〉則呼籲團結起來反獨裁、反內戰、反美帝、反國際託管。

〈「二・二八」事件處理委員會向台灣省行政長官公署提出之卅二項條件（一九四七年三月）〉則條列了當時處理委員會爭民主自治的訴求。

〈台灣民主自治同盟綱領草案（一九四七年十一月）〉則列出了建設新中國、要求民主自治、打倒貪官汙吏、反對外力干涉的訴求。

這些史料，不難發現都可與該刊對「二二八事件」的論述述相應，即當時的抗爭是為了反獨裁、爭民主，而當時的東亞各地皆處於不民主的壓迫狀態，中國大陸各地也都處於壓迫和鬥爭，甚至中共還支持台灣的鬥爭，並且有興論將台灣的真正解放與全中國的民主化相聯繫。可以說是想證明台灣的鬥爭與全中國和東亞的鬥爭相互呼應。

除了史料，該刊也列出楊逵、吳克泰、作家王思翔（1922～2011）、「二二八事件」時的台灣行政長官陳儀（1883～1950）的姪子丁名楠（1917～1999）、台共黨人蘇新（1907～1981）等人的歷史證言。楊逵、吳克泰、王思翔除了說明當時的情況，也力言抗爭是群眾自發性組織起來和國民黨統治的失當造成的；丁名楠則為陳儀辯解，指出陳儀處在那樣體制下的身不由己和無法控制屬下的各種無奈；蘇新則指出當時的處理委員會和武裝鬥爭是兩條爭民主的戰線，而不是相互鬥爭的兩條路線，並認為台灣人民在「二二八事件」的鬥爭有幫助中共牽制國軍的作用，中共地下黨人也都在事變後積極發揮作用。

二、相關創作

另外，該刊也登載了相關的散文和小說，作家陳耀寰（1922～）的散文〈情繫台北《人民導報》——深切悼念宋斐如先生〉是表達對《人民導報》社長宋斐如（1903～1947）的想念和追悼；福建作家夢周（1925～）的小說〈創傷〉和散文〈難忘的日子〉是以無辜被波及的中國大陸來台民眾的視角描寫「二二八事件」；而另一位中國大陸來台作家楊思諶（1926～）的小說〈阿貴的悲哀〉則是以「查緝私煙」的不公不義來描寫台灣民眾的被欺壓；上海作家范泉（1916～2000）的散文〈記台灣的憤怒〉則是表達了對於國民黨統治下讓台灣爆發「二二八事件」的痛心；林書揚的散文〈消失在歷史迷霧中的背影——丁名楠與二・二八事變〉則回憶與當時擔任台南縣曾文區區長的丁名楠的幾次相處，以及其風範。

我們可以發現，該刊似乎是有意不僅僅是從台籍民眾被中國大陸來台的官吏、軍警迫害的單一角度呈現，因此呈現出來的小說和散文，有來台的中國大陸民眾的受害視角的文本，也有以中國大陸作家同情台灣民眾的視角的文本，更有台籍人士回憶與來台的中國大陸官員交往經驗的文本。

除此之外，該刊關於「二二八事件」的人物，特別刊載老台共黨人蘇新、中共台灣省工作委員會武裝部長張志忠（1910～1954）、台北武裝計畫總指揮李中志（1916～1950）這三位英烈的生平事蹟。這三人的共同性在於都是中國共產黨人，這或許也能反應該刊的對於共產黨人在事變期間作為的看重。

我們通過前述的梳理，應該可以看出《人間思想與創作叢刊》對於「二二八事件」的觀點。簡言之，該刊是把「二二八事件」定位在當時包含兩岸在內的全中國以及全世界，在戰後新治理者的不當統治下的人民抗爭浪潮裡，尤其是看重它在當時全中國的反國民黨統治浪潮中的作用。雖然該刊認同「二二八事件」是民眾的自發性抗暴，但同時也認為當時中共地下黨人在事件發生後的行動，為抗爭起到積極作用。該刊反對將族群衝突視為事件的主要矛盾，而是認為官方失政下的官民衝突才是最大的矛盾本質。雖然認為主要是官方過失所產生的問題，但是該刊卻不認為當時台灣的行政長官陳儀要背負最大的責任，而是認為「二二八事件」這樣性質的壓迫和抗爭是在當時全中國、全世界不義的戰後秩序下必然會發生的，也就是說，問題並不是個人所造就的，而是整個體制、結構造成的。

透過這樣的詮釋角度，「二二八事件」就不單單只是一件台灣人的悲劇，而與戰後世界人民對於新世界秩序的反彈產生了聯繫，尤其是被定位在戰後全中國對國民黨體制的反彈潮流中。這是一種認識個別事件的共性，也就是理解事件在所屬結構下的普遍性意義的態度。

不過，究竟令左統派感到不滿的獨派詮釋角度是什麼呢？究竟與左統派的觀點有何差異呢？我們不妨以研究「二二八事件」的獨派代表性學者李筱峰（1952～）的論述為例。李筱峰在〈二二八事件與族群問題〉〔註52〕一文指出，「二二八事件」既是一場官逼民反、人民反抗腐敗政府性質的事件，但也是一場族群衝突的事件。但是他也以一開始台灣人視中國為祖國，歡迎其

────────────

〔註52〕請參考李筱峰的〈二二八事件與族群問題〉，（來源：李筱峰個人網站，http://www.jimlee.org.tw/article.jsp?b_id=72271&menu_id=4，2012 年 9 月 30 日瀏覽）。

接收的例子,指出這個族群對立並不是原本就存在,而是在蔣氏/國民黨政權的統治下開始產生的。進而他指出了這場衝突的本質,實際上是台灣與當時的中國「兩個社會的體質差異與文化接觸之後的適應失調」。與《人間思想與創作叢刊》所代表的左統派觀點相比較,獨派的觀點是著重台灣的特殊性在回歸中國後的不適應和反彈,是強調特殊性、差異性在事件中所起的作用。左統派的觀點則是著重反暴政這個戰後初期全中國乃至全世界局勢的共性、普遍性的意義。其實,兩者只是站在史實的不同面向,並沒有對立和衝突。任何一件事物都有其特殊性和普遍性這兩個面向,兩者本是事物的一體兩面,每個事物之所以與其他的事物有所區隔正是因為它自身的特殊性,因為有特殊性,使得事物之間不可能有絕對的相同,但是要理解、定位一件事物,又不能只著眼該事物的特殊性,因為如此將失之於片面,而必須歸納出其與處於同一結構的事物間的關聯性、共同性,也就是找出普遍性的意義,然而,在歸納出普遍性意義的同時,又必須小心不要遮掩、抹殺了其中的特殊性,使事物被簡化、扁平化。

不過,《人間思想與創作叢刊》對於獨派論點的敵視和排斥,正是有著抹殺特殊性、簡化歷史的問題。因為不可否認的是,確實有族群衝突的事端發生,也確實有人是因為這場衝突而對於中國絕望,在失望痛心之餘走上台灣獨立的道路,或者產生族群上的隔閡,「二二八事件」的確是戰後台獨運動和族群情結產生的一個重要因素。該刊使用這樣情緒性敵視台獨的字眼,認為台獨利用事件分裂民族,似乎成了另一種的偏頗,不但將台獨與「二二八事件」的關係倒果為因,其實對於化解「二二八事件」所遺留的族群心結、理解歷史的複雜和多面沒有任何助益。

其實,左統派與獨派雙方的論點並非完全南轅北轍,兩者各有優勢也各有不足。個人認為,對於「二二八事件」的詮釋,以左統派觀點所著重的「政府失政,人民抗暴」此一普遍意義去定位是恰當的,甚至站在國際,以及全中國的大架構去理解,而不是把它視為孤立的個案也是正確的,但也必須指出這個「失政」除了如同中國大陸發生的貪污腐敗、接收大員對於原淪陷區的歧視,還包括了獨派觀點所指出的,政府不尊重台灣與中國分離五十年所造成的社會差異。如此,才能將兼顧事件的普遍性意義與複雜的內涵,而不是讓歷史被簡化、純化。

第四節 左統派的台灣文學研究與史觀建構

除了致力於進行戰後初期的歷史詮釋,以及史料的積極挖掘,《人間思想與創作叢刊》另一個重要的工作就是進行台灣文學的研究和史觀建構。這個工作大概從 1990 年代初期就已經開始嘗試〔註53〕。這當然是爲了在解嚴後台灣文學的研究和史觀建構風潮中,爭取詮釋權。1996 年前後,「台灣社會科學研究會」一方面鑽研政治經濟學批判的理論,一方面重新閱讀賴和以降的台灣新文學,這樣的研習爲左統派台灣文學的研究打下了基礎。到了 2000 年,左統派立場的台灣文學史的大致架構,就透過陳映眞針對陳芳明在 1999 年 8 月發表在《聯合文學》上的〈台灣新文學史的建構與分期〉〔註54〕一文,所發動的批判長文——〈以意識形態代替科學知識的災難——批評陳芳明先生的〈台灣新文學史的建構與分期〉〉〔註55〕完整的呈現出來。同時,該文也完整收錄於《人間思想與創作叢刊》的《2000 年秋 復現的星圖》這一期之中。

這個批判後來開啓了雙陳間的激烈論戰,甚至左統派的其他文化人也加入了對陳芳明的圍剿〔註56〕。由於陳芳明是過去「台灣意識論戰」中代表獨派的一方論將,因此這樣的點名批判和圍剿,可以說是帶有鮮明的針對性,也充滿了與獨派爭奪詮釋權的意味。雖然這場論戰相較於左統派文化界的大陣仗出擊,未能引起其他各方陣營的熱烈參與,然而也因爲這場論戰,讓左統派得以展現他們對於台灣文學的看法的大概輪廓。不過必須說明的是,由於「台灣社會科學研究會」對台灣文學的研讀是從賴和以降的台灣新文學開始,因此左統派立場的台灣文學史,事實上並不包括台灣的舊文學,也不包括台灣的通俗文學,也就是說,它其實僅是台灣的新文學發展史。

〔註53〕 陳映眞在 1993 年撰寫〈後街——陳映眞的創作歷程〉一文,就曾經進行台灣文學史的分期,只是當時的分期較爲粗略,也與後來他所提出的架構不太一樣。見陳映眞,〈後街——陳映眞的創作歷程〉,《陳映眞散文集 1:父親》,(台北:洪範書店,2004 年 10 月,2 版),頁 66～67。

〔註54〕 見陳芳明,〈台灣新文學史的建構與分期〉,《聯合文學》15 卷 10 期(1999 年 8 月),頁 162～173。

〔註55〕 見陳映眞,〈以意識形態代替科學知識的災難——批評陳芳明先生的〈台灣新文學史的建構與分期〉〉,《聯合文學》16 卷 9 期(2000 年 7 月),頁 138～160。

〔註56〕 左統派文化人對陳芳明的批判,後來被陳映眞收集出版成《反對言僞而辯——陳芳明台灣文學論、後現代論、後殖民論的批判》一書。見許南村編,《反對言僞而辯——陳芳明台灣文學論、後現代論、後殖民論的批判》,(台北:人間出版社,2002 年 8 月)。

　　接下來，我們就來以這次論戰文章中左統派所呈現出來的台灣文學史觀為主，輔以《人間思想與創作叢刊》中其他的相關研究，來探討左統陣營對於台灣文學的觀點。

　　首先，在論戰中，陳映眞先說明日本殖民時期台灣社會的政治、經濟問題，並以此說明萌芽於殖民時代的台灣新文學的主要描寫題材：

> 從文學上說，除非認識到殖民地台灣的雙重矛盾，即帝國主義異族支配下的民族壓迫的矛盾，和與帝國主義相苟合、以半封建地主佃農體制爲核心的半封建剝削與壓迫的矛盾，就不能說明何以日據下台灣新文學的思想和題材，鮮明地集中於「反帝‧反封建」的思想和題材。描寫日本警察橫行鄉里，魚肉台灣人民的〈一桿稱子〉、〈不如意的過年〉、〈惹事〉；描寫日本獨占資本在台灣的掠奪，農民工人被驅落貧困深淵的〈豐作〉、〈一個勞動者之死〉、〈一群失業的人〉、〈送報伕〉和〈牛車〉；描寫與日本當局勾結、刻毒同胞的封建地主豪紳的〈善訟人的故事〉，寫殖民主義和封建主義多重壓迫下呻吟之女性的〈薄命〉、〈誰害了她？〉、〈青春〉和〈老嫒頭〉等。〔註57〕

他指出日本殖民時代的台灣社會，由於主要是帝國主義和佃農依附地主的封建生產關係這兩大壓迫，因此新文學經常以「反帝‧反封建」爲主要的書寫體材。從這裡我們可以發現，左統陣營對於台灣新文學的研究是以台灣社會的政治經濟變化爲框架的，而這個框架自然就是陳映眞1990年代所發展出來的政經分析。

　　對於日治時期的台灣文學做了概括性分析後，陳映眞進一步爲台灣新文學的發展分期。

一、台灣新文學的萌芽

　　關於1921年到1930年這段台灣新文學的萌芽期，陳映眞是這麼認爲的：

> 而從台灣在殖民地困難條件下，沒有時間和餘裕像十九世紀末的大陸那樣，從文言小說、翻譯小說、譴責小說……逐漸演化成熟，然則竟而能在賴和一代人，能突然直接用白話漢語，以比較成熟的技

〔註57〕見陳映眞，〈以意識形態代替科學知識的災難──批評陳芳明先生的〈台灣新文學史的建構與分期〉〉，曾健民主編，《2000年秋 復現的星圖》，（台北：人間出版社，2000年12月），頁104。

> 巧表現，取得現代小說的可喜成就者，沒有別的原因，而是出於殖
> 民地台灣作家知識份子因對於祖國中國的嚮慕，直接繼承內地的文
> 白語文鬥爭的成果，以中國白話文爲表述工具，以中國白話文現代
> 小說作品爲寫作與表現的範式（paradigm），當然有密切關係。因此，
> 對這一時期作品在美學上的評價，應該考慮到台灣白話文學省去了
> 中國現代小說幾十年在語言、表現形式上的摸索，一步到位所取得
> 的成績，不能過低評價。〔註58〕

他一方面肯定了台灣新文學在萌芽期的成績，一方面則強調會有這樣的成績
是受到中國白話文的影響，然而他也不得不承認台灣的新文學曾受到歐亞、
日本文學的影響：

> 力倡白話文的張我軍，在不遺餘力地介紹當時祖國大陸新文學的「文
> 學理念」之餘，也寫過《文藝上的諸主義》，向台灣介紹歐亞兩百年
> 來的文藝思潮。吸收歐亞思潮，通過翻譯小說（《台灣民報》刊過都
> 德的《最後的一課》、莫泊桑的《二漁夫》、愛羅先坷的《狹的籠》）
> 和建設以中國爲傾向的台灣文學，並不矛盾，正如十九世紀末二十
> 世紀初林琴南、嚴復的翻譯小說只有豐富了中國新文學、而不是使
> 中國新文學剝離了中國。〔註59〕

不過他在承認這點的同時，又再次強調受到這樣的影響是爲了建設以中國爲
傾向的台灣文學，而不是爲了剝離中國。

從這裡不難看出陳映眞除了以台灣社會的政經變化爲框架，更致力於突
出中國作用，在面對具有台灣漢人自身文化啓蒙作用的新文學實踐時，既承
認台灣新文學同時受中國和歐洲、日本影響，卻仍要特別強調台灣心向中國
的傾向。

二、台灣普羅文學運動

關於 1930 後到 1937 年這段期間，陳映眞認爲這是台灣普羅文學

〔註58〕 見陳映眞，〈以意識形態代替科學知識的災難——批評陳芳明先生的〈台灣新
文學史的建構與分期〉〉，曾健民主編，《2000年秋復現的星圖》，（台北：人間
出版社，2000 年 12 月），頁 114～115。

〔註59〕 見陳映眞，〈關於台灣「社會性質」的進一步討論——答陳芳明先生〉，曾健
民主編，《2000年秋 復現的星圖》，（台北：人間出版社，2000 年 12 月），頁
162。

（Proletarian literature）〔註60〕運動的時期〔註61〕，他先分析了當時的世界與台灣的情勢：

> 世界經濟全面蕭條，突出地暴露了世界資本主義體系深刻的矛盾。以共產國際為首的世界無產階級運動，樂觀地估計了形勢，一時之際，世界資本主義已昬入面臨最後崩解的「第三期」之論，甚囂塵世。而文化與文學意識形態的革命，又一向是社會主義革命運動的重要關注，因此到了革命樂觀主義高漲的三○年代，無產階級文化運動和文學運動，成為各國各地區共產主義運動的重要形式。三○年代的台灣新文學運動，在台共建黨於一九二八年的歷史背景下，自亦受到世界無產階級文化／文學運動的深刻影響。

> 此外，從二○年代末到三○年代初，在日本和台灣的無產階級運動遭到重挫。一九三一年，台共連同革命化的文協、農組、甚至民眾黨遭到全面破壞。這時，從各個戰線上流落出來的黨人和同情者，湧向了左翼文化／文學戰線，利用薄弱的合法性，延續革命的實踐。〔註62〕

接著他引用了當時的「東京台灣文化同好會」、「台灣藝術研究會」、《伍人報》、《台灣戰線》、「台灣文藝作家協會」、「台灣文藝聯盟」等團體和刊物的宣言、宗旨證明它們是以無產階級文藝、大眾文藝的推展為使命〔註63〕。這裡我們看到了陳映真的左翼視野對於1930年代全球左傾風潮的掌握，他把當時台灣普羅、大眾文藝的叢出和爭論放在這樣的大背景下理解，可說是把台灣的左翼與國際的左翼做了適切的連結。對於 1930 年代的「台灣話文論爭」，陳映

〔註60〕 「普羅」即普羅列塔利亞（Proletarius）的簡稱，也就是無產階級的意思。故普羅文學即無產階級文學，主要是描寫無產階級的悲慘和覺醒。（請參考李輝凡、張捷，《20世紀俄羅斯文學史》，青島：青島出版社，1999年），頁15。

〔註61〕 見陳映真，〈以意識形態代替科學知識的災難——批評陳芳明先生的〈台灣新文學史的建構與分期〉〉，曾健民主編，《2000年秋 復現的星圖》，（台北：人間出版社，2000年12月），頁115。

〔註62〕 見陳映真，〈以意識形態代替科學知識的災難——批評陳芳明先生的〈台灣新文學史的建構與分期〉〉，曾健民主編，《2000年秋 復現的星圖》，（台北：人間出版社，2000年12月），頁116。

〔註63〕 見陳映真，〈以意識形態代替科學知識的災難——批評陳芳明先生的〈台灣新文學史的建構與分期〉〉，曾健民主編，《2000年秋 復現的星圖》，（台北：人間出版社，2000年12月），頁116～117。

真則認為「是台灣左翼就三〇年代環境下文學和文化抗日鬥爭中發展民眾文學時，同一陣營內部關於語文策略上的爭論」〔註64〕。

關於 1930 年代的「台灣話文論爭」，陳映真所詮釋的這個觀點，在刊於《1998 年冬 台灣鄉土文學‧皇民文學的清理與批判》的施淑的論文〈想像鄉土 想像族群──日據時代台灣鄉土觀念問題〉〔註65〕和她另外刊於《2005 年秋 八一五：記憶和歷史》這期的〈台灣話文論戰與中華文化意識──郭秋生、黃石輝論述〉一文〔註66〕，有更進一步的說明。施淑指出「台灣話文論爭」基本上是當時台灣左翼文藝陣營對於「文藝大眾化」這項左翼文藝理念在台灣實踐的方法上的爭論，反對「台灣話文」一派是堅持文化裡的中國共性，提倡「台灣話文」一派則是著眼於台灣與中國分離造成與中國普通話有所隔閡的社會現實，所產生的台灣特殊性，但兩者對於中國文化同樣都有一定的認同。她並舉出提倡「台灣話文」一派主張遵循漢字六書造新字，主張建設「台灣話文」是建設「漢文體系的方言地方特色」等言論，來論證提倡「台灣話文」一派的中國文化意識。這樣的觀點雖然與一般獨派的觀點〔註67〕一樣，指出「台灣話文論爭」兩派的差異之處，主要是在於堅持中國文化的共性與強調台灣現實的特殊性，但施淑與陳映真他們與獨派不同之處在於，特別看重「台灣話文」一派也存在漢文化意識，雖然這樣的意識有論者認為可能是族裔的情感，而不見得就完全等同於政治意義上的中國民族主義〔註68〕。

〔註64〕 見陳映真，〈關於台灣「社會性質」的進一步討論──答陳芳明先生〉，曾健民主編，《2000 年秋 復現的星圖》，（台北：人間出版社，2000 年 12 月），頁 161。

〔註65〕 見施淑，〈想像鄉土 想像族群──日據時代台灣鄉土觀念問題〉，曾健民主編，《1998 年冬 台灣鄉土文學‧皇民文學的清理與批判》，（台北：人間出版社，1998 年 12 月），頁 65～76。

〔註66〕 見施淑，〈台灣話文論戰與中華文化意識──郭秋生、黃石輝論述〉，陳映真主編，《2005 年秋 八一五：記憶和歷史》，（台北：人間出版社，1998 年 12 月），頁 172～196。

〔註67〕 例如游勝冠，〈第二章 臺灣文學本土論的發軔〉，《臺灣文學本土論的興起與發展》，（台北：群學出版社，2009 年 04 月），頁 43～49。

〔註68〕 有學者就認為，日治時代台灣漢人的漢族意識，其實比較接近族裔（ethnic group）的認同，類似我們今日的「華人」概念，而不是政治概念的國族立場。見吳叡人，〈「台灣非是台灣人的台灣不可」：反殖民鬥爭與台灣人民族國家的論述，1919～1931〉，林佳龍、鄭永年主編，《民族主義與兩岸關係》，（台北：新自然主義，2009 年 04 月），頁 56～75。

三、戰爭時期的台灣文學

對於 1937 年到 1945 年這段日本殖民的最後一段時期，同時也是台灣進入軍國戰爭體制的時期，陳映眞反對將其界定爲「皇民文學時期」，他認爲：

> 應該對戰時日據台灣的文學作品，依個別的作家和作品；依其一時也要依其一生的創作歷程，做個別的分析。在法西斯高壓下不憚於利用任何可利用的機會、主題和活動，孜孜不倦地從事堅強不屈的鬥爭的楊逵，和在憂悒、後退、苦悶中苦苦掙扎的形式中透露深層的抵抗與徬徨的龍瑛宗，以及基本上以描寫台灣傳統家族風俗與葛藤，漠視皇民教條的壓力，寫作生產力旺盛的呂赫若，以及雖然也被迫參加大東亞文學會議，基本上沒有寫過嚴重危害民族利益的作品，而且事後表現了某種悔恨，而且從其一生的表現中尚不能貿然評價其附敵和出賣民族的張文環、楊雲萍，甚至在皇民主義下表現出民族認同的猶疑苦悶，事後表示了某種修正的王昶雄，都和至死不變其皇民反華思想的周金波，以慘絕的呼喊否定自己的民族，必欲把自己改造成高潔偉大的大和民族的陳火泉，有根本性的差別。
>
> 〔註69〕

也就是說，陳映眞對於皇民文學的定義是徹底配合爲日本軍國主義服務的「皇民化運動」，徹底否定自己原來的族群、文化的文學，而這樣嚴格定義下的皇民文學並不是人人都創作，因此他並不認爲皇民文學可以作爲當時的文學潮流，而是要對每個作家在戰爭時期的創作做個別的分析。從陳映眞上述的點名評價，也不難發現陳映眞認爲眞正的皇民作家只有否定自身文化立場較鮮明的陳火泉（1908～1999）和周金波（1920～1996）兩人，並且還給予了惡評。至於仍從事帶有隱晦批判意味創作的楊逵和流露明顯徬徨掙扎的龍瑛宗，以及主要創作與皇民文學較無關係的作品的呂赫若，則被賦予較好的評價，而曾參與配合戰爭、推動皇民文學的大東亞文學會議，或者從事皇民文學的創作，但是皇民立場並不鮮明，難以判定是眞正認同「皇民化運動」，認同大東亞戰爭的張文環（1909～1978）、楊雲萍（1906～2000）、王昶雄（1916～2000）則給予同情。這其實是延續其在 1998 年的皇民文學論戰中所發表的

〔註69〕 見陳映眞，〈以意識形態代替科學知識的災難──批評陳芳明先生的〈台灣新文學史的建構與分期〉〉，曾健民主編，《2000 年秋復現的星圖》，（台北：人間出版社，2000 年 12 月），頁 118～119。

〈精神的荒廢——張良澤皇民文學論的批評〉〔註70〕一文和曾健民〈台灣「皇民文學」的總清算——從台灣文學的尊嚴出發〉〔註71〕一文的看法，僅批判積極投入「皇民化」的陳火泉和周金波，其他人則給予同情。至於楊逵由於曾與配合官方倡議皇民文學的日人作家西川滿（1908～1999）和濱田隼雄（1909～1973）針鋒相對，評價則最高〔註72〕。這顯現了陳映真與其同仁對於戰爭時期的歷史是站在反殖民主義、反軍國主義的抵抗立場來評價，雖然他們也理解時代的艱困性和抵抗的困難，對於大部分的作家都採取寬容而不批判的態度，但是卻仍執意選出陳火泉和周金波這兩位立場較坦露的作家進行譴責〔註73〕。

四、戰後初期的台灣文學

　　對於 1945 年到 1950 年的戰後初期台灣文學，這段《人間思想與創作叢刊》同仁著力頗深的歷史時期的文學，陳映真則把它與當時全中國的革命潮流相連結看待：

　　　　二二八事變，是當時全中國各地人民反內戰、反獨裁、要求和平建
　　　　國，主張地方高度自治的民主鬥爭的一環。一九四六年以後，中共
　　　　地下黨在台快速發展，經過二月事變的的洗鍊和全國民主革命形勢
　　　　的鼓舞，大量台灣工人、農民、知識份子奔向了當時全國性（新）
　　　　民主（主義）革命的火線。

　　　　因此，從台灣作為中國半殖民地半封建社會的一個部份所面對的矛
　　　　盾，才能理解與說明台灣作家朱點人、呂赫若、簡國賢和藍明谷都
　　　　參加了中共在台地下黨，為中國民主革命最終在五〇年代初的白色
　　　　刑場上仆倒的歷史，成為當代台灣文學的重要而突出的傳統；也才

〔註70〕見陳映真，〈精神的荒廢——張良澤皇民文學論的批評〉，曾健民主編，《1998
　　　　年冬　台灣鄉土文學・皇民文學的清理與批判》，（台北：人間出版社，1998
　　　　年 12 月），頁 5～19。

〔註71〕曾健民，〈台灣「皇民文學」的總清算——從台灣文學的尊嚴出發〉，曾健民
　　　　主編，《1998 年冬　台灣鄉土文學・皇民文學的清理與批判》，（台北：人間出
　　　　版社，1998 年 12 月），頁 20～37。

〔註72〕關於他們對於楊逵在現實主義論爭的表現的推崇，可見曾健民，〈評介「狗屎
　　　　現實主義」論爭〉，曾健民主編，《1999 年秋　噤啞的論爭》，（台北：人間出版
　　　　社，1999 年 9 月），頁 117～118。

〔註73〕關於左統派對於「皇民化運動」的評價問題，本書的第五章將有這方面的深
　　　　入討論。

能說明一九四七～一九四九年間新生報「橋」副刊上關於建設台灣新文學的熱烈爭論，力言台灣（文學）是中國（文學）的一部份，主張寫人民與生活的現實主義，介紹中國三十年代左翼文學理論和革命現實主義的創作方法；充滿熱情地暗示台灣新文學的建設應以新中國的誕生為遠景；也才能說明省外作家歐坦生（筆名丁樹南）寫出強烈抨擊來台個別省外接收人員薄倖台灣少女，省外不良國府官僚欺壓台灣農民的傑出小說《沉醉》與《鵝仔》；也才能說明楊逵在《橋》副刊上的文藝爭論中，以及在四九年發表的《和平宣言》中，迭次疾言反對台灣獨立論和台灣託管論；更才能理解楊逵和《橋》論爭中的雷石榆、歌蕾、孫達人連同台大和師大進步學生在一九四九年「四‧六」大逮捕事件中被投入白色的黑獄的歷史意義。〔註74〕

在他看來，因為當時的台灣復歸政治、經濟處於革命邊緣的中國的一部分，所以同樣面對著中國社會的共同矛盾，而「二二八事件」，正是這樣的社會矛盾下的衝突，同時也是當時全中國民主鬥爭的一環。陳映真接著指出「二二八事件」過後，大量的工農和知識份子選擇投入了當時全中國的民主革命，加入當時領導革命的中國共產黨的在台地下組織。也就是說，經過「二二八事件」，由於憤怒和不滿，台灣社會的許多人投入了更為激進的行動，當中也包含了呂赫若、朱點人、簡國賢（1913～1954）、藍明谷等台灣作家。除了地下的革命行動，提倡介入社會的現實主義文學、引介中國三〇年代左翼文學理論和創作方法、聲明「台灣文學是中國文學的一環」的的《橋》副刊的論爭，則是檯面上的文藝界呼應中國革命浪潮的表現，因而當時的文藝作品，多是如歐坦生的小說那樣批判國民黨官僚欺壓台人的內容。陳映真並且認為，就因為他們的行動與全中國民主革命相呼應，楊逵才會反對台灣獨立、反對聯合國託管，也因為呼應全中國的革命浪潮，參與《橋》副刊論爭的幾個要角楊逵、雷石榆、歌雷（？～1994），最終才會在作為 1950 年代白色恐怖開端的「四六事件」鎮壓中遭到逮捕的命運。

陳映真把「二二八事件」定位在當時全中國反國民黨政權、爭民主的抗爭浪潮的一環，這是《人間思想與創作叢刊》，也是左統陣營關於「二二八事

〔註74〕見陳映真，〈以意識形態代替科學知識的災難——批評陳芳明先生的〈台灣新文學史的建構與分期〉〉，曾健民主編，《2000 年秋 復現的星圖》，（台北：人間出版社，2000 年 12 月），頁 125。

件」的詮釋。從全中國的視野來看,「二二八事件」的確是當時全中國各地反國民黨政權、爭民主的抗爭的一部分,但是我們也不能忽略導致抗爭的爆發,除了腐敗、不民主這些問題,還包含了當時國民黨政權因為不尊重台灣社會與中國大陸間的各種現實差異,所造成的族群積怨,這在前面討論該刊的「二二八事件」史觀的部分已有論及。而「二二八事件」後,許多人投入了更為激進的行動,加入了與中國共產黨相關的地下組織這點,從經歷過那時代的人的回憶的確可以得到驗證〔註75〕。至於《橋》副刊的論爭以及楊逵的理念,則存在著左統派與其他學者在解讀上的差異。

關於這場《橋》副刊的論爭,依陳映真在刊於《1999 年秋　噤啞的論爭》的論文——〈一場被遮斷的文學論爭——關於台灣新文學諸問題的論爭(一九四七～一九四九)〉〔註76〕的歸納,大致可分為六個議題,分別是:(1)台灣新文學的歷史和本質問題、(2)關於「奴化教育」的爭論、(3)關於寫實主義和浪漫主義的問題、(4)關於「台灣新文學」的名實問題、(5)關於「五四」的評價問題、(6)關於理論和實踐的關係問題。該文對於這六個議題的內容都有提出一番說明,在下面我們就來梳理一下陳映真是怎樣理解《橋》副刊論爭上的這六個議題。

在關於台灣新文學的歷史和本質問題上,陳映真指出了不管是台灣或是來台的中國大陸的知識份子、作家都對這個問題發表了意見,大抵是以「台灣文學是中國文學的一環」和「五四運動」的傳統來為台灣新文學定位。而關於「奴化教育」的爭論上,主要是作為左翼作家的中國大陸詩人雷石榆顯

〔註75〕作家葉石濤就曾這樣指出那個時代的氛圍:「二二八時受到挫折的許多台灣失意的知識份子,無可選擇,皆投入了這些地下組織。他們之間個別差異很大:從自由主義分子、左翼分子到極右的自決主義分子都包含在內。」見葉石濤,〈青年時代〉,《一個台灣老朽作家的五○年代》,(台北:前衛出版社,1991年 9 月),頁 56～57。又說:「在那個時代,在台灣存在的唯一反體制結社,是號稱人民聯合陣線的中共外圍組織而已,他們這一羣年輕人別無選擇地左傾了。」見葉石濤,〈約談〉,《一個台灣老朽作家的五○年代》,(台北:前衛出版社,1991 年 9 月),頁 160～161。

白色恐怖政治犯陳英泰也指出許多人是在「二二八事件」的刺激下,積極投身抗暴組織。(來源:陳英泰部落格-http://tw.myblog.yahoo.com/yingtaichen/article?mid=707&prev=709&next=706&l=f&fid=1,2012 年 9 月 30 日)。

〔註76〕石家駒,〈一場被遮斷的文學論爭——關於台灣新文學諸問題的論爭(一九四七～一九四九)〉,曾健民主編,《1999 年秋　噤啞的論爭》,(台北:人間出版社,1999 年 9 月),頁 14～31。

露出對於台灣社會受到「日本奴化」的偏見，引發的反彈，但也有像蕭荻這樣的中國大陸的作家，提醒不應有優越感，而楊逵則對這樣的偏見在〈「台灣文學」問答〉一文上予以澄清，指出大部分台灣人沒有奴化，所謂「奴化說」是認識不足的說法。至於關於寫實主義和浪漫主義的問題，陳映眞則指出是關於台灣新文學在創作方法上的討論，主要是來台中國大陸作家揚風（1924～？）與雷石榆之間在左翼文藝理論上的爭論，最後由來台中國大陸的左翼作家駱駝英（1917～1985）對於這個問題做出總結和定調，他贊同雷石榆所主張的結合寫實主義與浪漫主義的新寫實主義創作方法。另外，關於「台灣新文學」的名實問題，陳映眞則指出是部分中國大陸作家質疑「台灣文學」這樣的稱謂是否值得存在，引起林曙光（1926～2000）、楊逵等台灣作家爲「台灣文學」進行解釋和說明，林曙光在〈評錢歌川、陳大禹對臺灣新文學運動意見〉指出台灣文學能豐富中國文學，以達到世界文學的水準，楊逵在〈「台灣文學」問答〉則指出作爲理解台灣人民和歷史，與台灣人民站在一起的手段，台灣文學極有存在的必要。而關於「五四」的評價問題，陳映眞則說明是由中國大陸作家揚風與孫達人對於「五四運動」以來中國的社會性質進行討論，此問題一樣由駱駝英總結，指出五四運動到戰後初期的中國社會性質仍是半封建和半殖民地的社會，只是這個社會已朽壞的即將要被否定。最後，關於理論和實踐的關係問題，則是署名陳百感的邱永漢（1924～2012）對於當時不斷理論交鋒卻缺乏實踐感到不耐，於是提出質疑，引來駱駝英與其學生署名何無感的張光直（1931～2001）的辯駁。對於這場議題多樣的論爭，陳映眞給予很了高度肯定的評價，認爲它是一場台灣作家與中國大陸作家努力克服隔閡與芥蒂的嘗試，「並且取得了豐碩的思想和理論成果」。

　　除了陳映眞的說明〔註 77〕，呂正惠、曾健民也都曾對於戰後初期的歷史狀況和《橋》副刊的論爭提出了差不多的觀點〔註78〕。

〔註77〕 陳映眞在〈駁陳芳明再論殖民主義的雙重作用〉對於戰後初期的文學思潮還有更詳細的說明。見陳映眞，〈駁陳芳明再論殖民主義的雙重作用〉，曾健民主編，《2001年秋冬　因爲是祖國的緣故》，（台北：人間出版社，2001 年 12 月），頁 97～119。

〔註78〕 呂正惠的部分見呂正惠，〈陳芳明「再殖民論」的質疑〉，曾健民主編，《2001年秋冬　因爲是祖國的緣故》，（台北：人間出版社，2001 年 12 月），頁 3～67。曾健民的部分，見曾健民，〈「戰後再殖民論」的顚倒——關於陳芳明的戰後文學史觀的歷史批判〉，〈台灣光復期歷史「辯誣」——可悲的分離主義文學論〉，許南村編，《反對言僞而辯——陳芳明台灣文學論、後現代論、後殖民論的批判》，（台北：人間出版社，2002 年 8 月），頁 297～377。

　　然而，相較於左統派對於這場論爭有著兩岸作家努力化解隔閡、聯手建設左翼文學的美好理解，其他學者雖然對於論爭過程的理解沒有太大的差異，但是卻從合作的表面中看出了兩岸文人存在著位階缺乏對等的狀況。例如陳建忠在〈戰後初期現實主義思潮與台灣文學場域的再構築：文學史的一個側面〉〔註 79〕一文就指出，中國大陸部份作家的論述間，一直存在著認為台灣文學具有「殖民遺毒」、「台灣新文學沒有什麼重要發展和成績」等等的偏見言論，而台灣作家立足於自己的土地上，卻必須自我證明台灣文學存在的價值，本身就是一種文學權力關係失衡的狀態。甚至是中國大陸的左翼作家，也往往忽視台灣文學原本存在的脈絡，而以絕對化的「中國化」作為指導標準，這其實顯現了兩者的權力位階其實並非對等。陳建忠對於台灣作家在戰後初期的處境觀察，可以說是十分敏銳的，點出了左統派所未注意的面向。

　　政治學學者吳叡人（1962～）曾分析指出，近代日本和中國這兩個國族的形成過程，是以彼此為主要的「他者」，因而日治時代選擇投奔中國的「祖國派」台灣人，因其「敵國國民」背景，難免受到中國內部的反日民族主義的深刻質疑，儘管他們具有漢族身份，但：

> 更重要的是，在日本統治下成長的他們已經受到日本文化的浸染與影響。儘管有心認同祖國，但是烙印在他們身上的「他者性」在日益要求同質與純粹的中國民族主義（以及在形成之中的「中國人」）看來特別明顯。正因如此，「祖國派」台灣人想成為「真正的」中國人，同樣也要經過一個「同化」——也就是去除自身「日本性」以跨越逐日增高的「中華民族」之壁——的艱辛過程。〔註 80〕

也就是說，這些渴望被中國接納的台灣人，必須加倍努力證明自己對祖國的忠誠。個人認為這段對於日治時代投奔中國的「祖國派」台灣人所面臨的處境的分析，其實也適用於說明戰後初期台灣人所遭遇到的處境。由於台灣人

〔註79〕見陳建忠，〈戰後初期現實主義思潮與台灣文學場域的再構築：文學史的一個側面〉，《被詛咒的文學 戰後初期台灣文學問題論集》，（台北：五南圖書，2007年1月），頁172～211。

〔註80〕見吳叡人，〈他人之顏：民族國家對峙結構中的『皇民文學』與『原鄉文藝』〉，國立成功大學台灣文學系企劃編輯，《跨領域的臺灣文學研究學術研討會論文集》，（台南：國家台灣文學館，2006年），頁272～273。

具有「前敵國國民」身份，身上又散發著受日本文化影響的「他者性」，因而祖國對於台灣人難免存在著「他者」的偏見。為了擺脫祖國所賦予的「他者」標籤，為了索求父祖之國的接納、認同，台灣人只能加倍努力證明自身對於祖國的忠誠，加倍展現中國民族主義的純度。是故，戰後初期的台灣作家總是不斷介紹台灣新文學的抗日傳統、「五四」影響，並且還要不斷自我反省台灣文學在帝國主義支配下的各種缺失，並再三重覆表態「台灣文學是中國文學的一環」。這正是台灣人在台灣近代特殊的歷史進程所造就出來的必然處境。這種對於台灣人特殊處境的體會，在左統派的觀點似乎是較難看到的，這或許是因為他們一貫較重視歷史裡的中國共性面向，而較忽略共性中的差異與問題。

　　不過，必須說明的是，左統派認為戰後初期兩岸左翼作家合作建設左翼文學，這樣的觀點是有事實根據的，依後來從楊逵遺物中出土的《橋》副刊論爭要角、中國大陸左翼作家揚風的日記手稿上的紀錄，戰後初期的揚風與楊逵是有意識要串聯左翼文藝工作者，推展非官方的文藝運動的：

> 我去看了楊逵，可惜的是：我們言語不通，否則可以交換更多的意見。我們用筆談，談到了當前的台灣文藝界，和今後展開和推動台灣的文藝活動。我們都迫切的感覺得到我們需要一個自己底自由的園地，我們在新生報投稿，第一被束縛了，不能大膽的寫，第二，我們反做了官報的啦啦隊，這實在是不必要，而且顯得無聊的事。但在目前我們沒有自己的園地前，可以藉新生報這個小副刊做一種文藝的啟發運動，可以造成文藝的空氣，然後，再從這許多作者中去分別我們的敵人和友人，聯合一些進步的文藝作者，組成一個堅強的陣線，再來自己辛苦的耕耘自己的園地，這樣去展開和推動台灣的文藝運動，才有一條正確的路線。〔註81〕

另外，揚風的日記也透露了楊逵把本名史習枚的《橋》副刊的主編歌雷視為結盟的對象：

> 在台北時，曾碰到楊逵，談到辦雜誌的事，奔跑了幾天，雖然有一個具體的結果，但我又感覺與史習枚合作，始終在心理上，就有些

〔註81〕 此段日記內容，見黃惠禎，〈第五章承先與啟後：楊逵與戰後初期臺灣新文學的重建〉，《左翼批判精神的鍛接：四〇年代楊逵文學與思想的歷史研究》，（台北：秀威，2009 年 7 月），頁 405。

不太如意的事。因爲他在學校做過團的地下工作，誰也不敢擔保，

他會使這個雜誌變質成另外一個東西的。〔註82〕

雖然具有官方背景的歌雷，不免受到像揚風這樣非官方的中國大陸左翼作家
對其動機的懷疑，但是撇開歌雷的個人動機不論，從楊逵有與歌雷合作推動
文藝活動的計劃來看，《橋》副刊上的關於台灣文學論爭，可以說確實是作爲
台灣左翼作家代表的楊逵與中國大陸作家合力推動出來的結果，楊逵與揚風
串聯左翼作家的計畫，也顯現了兩岸左翼文人合作的眞實性。而這場論爭中，
駱駝英在總結時作了這樣的定調：「現在既是面臨著空前偉大的艱苦的反帝反
封建的革命鬥爭，作爲這個鬥爭的有機構成部分的文藝，必然而且應該空前
有效地負起它的使命。」〔註83〕也明確的顯示了《橋》副刊這場論爭呼應著
當時正席捲全國的中國革命。這與蔣氏／國民黨政權後來會對楊逵與歌雷等
文人採取逮捕恐怕不無關係。

所以，必須肯定的是，雖然對於《橋》副刊論爭存在著不同的看法，但
是兩者皆是基於史實。當時一方面是兩岸左翼文人試圖結盟合作，推展左翼
的現實主義文學運動，另一方面，則由於台灣作家的「前敵國國民」身份和
帶有「日本味」這樣的「他者性」，使得在交流的過程中，中國大陸作家多少
不自覺的對於台灣文學帶有偏見，而台灣作家爲了擺脫「他者」標籤，只能
不斷表態對國族的忠誠和證明自身及文學的國族純度。又因爲此一左翼文學
運動的典範是以中國的左翼文學爲標準，因而台灣的左翼作家和中國大陸的
左翼作家在交流、合作上，就不免出現「被指導」和「指導」的權力位階上
的不平等。雖然因爲當時雙方共同處於對抗蔣氏／國民黨政權統治的戰線
上，右翼、封建的國民黨官方是此一階段最主要的抗爭對象，所以台灣作家
與中國大陸作家的族群問題在當下不致於成爲主要矛盾、敵我矛盾，但是它
畢竟是存在的。

對於這段文學史的詮釋差異，只能說是雙方所強調、著重的面向不同。
左統派對於此段文學史的詮釋，就如同其詮釋「二二八事件」時，強調抗暴
爭民主這一兩岸共性一樣，著重了台灣作家與中國大陸作家合作建設左翼文

〔註82〕 此段日記內容，見黃惠禎，〈第五章承先與啓後：楊逵與戰後初期臺灣新文學
的重建〉，《左翼批判精神的鍛接：四〇年代楊逵文學與思想的歷史研究》，（台
北：秀威，2009 年 7 月），頁 420。

〔註83〕 見駱駝英，〈論「台灣文學」諸論爭〉，陳映眞、曾健民主編，《1947～1949
台灣文學問題論議集》，（台北：人間出版社，1999 年 10 月），頁 176。

學的這個雙方共識；然而，對台灣社會的特殊性較爲重視的人，對於此段文學史的解讀，可能就會對於族群間的不平等、權力位階上的差距較爲敏銳。更關鍵的是，雙方著重的面向不同，往往與雙方對於台灣前途有不同的想像很有關係，因爲，雙方都企圖在史料中尋找能支持自身國族想像的證據，以建構作爲自身國族認同基礎的歷史記憶。

像這樣因國族想像不同而著重歷史的不同面向，還包括了對於楊逵這位活躍的台灣左派作家在戰後初期的理念詮釋。楊逵向來是陳映眞等左統派最爲推崇的台灣作家，《人間思想與創作叢刊》其中一期的標題即爲「學習楊逵精神」〔註 84〕，除了認同楊逵的左翼理念和現實主義的文藝創作觀〔註 85〕，他們特別看重楊逵在戰後初期努力克服台灣與中國的隔閡，以及「台灣是中國的一省，台灣不能切離中國」的主張，甚至是批判主張將台灣交給聯合國託管的「託管派」的言論〔註 86〕，然而左統派以外的學者對於楊逵也十分重視，陳建忠就指出，楊逵固然對於中國帶有認同的情感，但是也很強調台灣自身的特殊性。〔註 87〕另一位學者黃惠禎（1964～）更認爲楊逵十分強調從明鄭以來與中國大陸分離所產生的特殊性〔註 88〕，並且對於楊逵反對託管提出了解釋，她指出了楊逵在當時明確追求的是台灣人自行管理的自治，而託管是先將台灣交給外國管理，楊逵當然會反對〔註 89〕。我們如果閱讀楊逵的論述原文，其實這兩派所各自強調的內容都能找得到，楊逵固然努力克服台

〔註 84〕見陳映眞總編輯，《2007 年夏 學習楊逵精神》，（台北：人間出版社，2007 年6 月）。

〔註 85〕可見陳映眞，〈學習楊逵精神〉，陳映眞總編輯，《2007 年夏 學習楊逵精神》，（台北：人間出版社，2007 年 6 月），頁 126～128。

〔註 86〕可見許南村，〈「台灣文學」是增進兩岸民族團結的渠道：讀楊逵〈台灣文學問答〉〉，曾健民主編，《1999 年秋 噤啞的論爭》，（台北：人間出版社，1999 年 9 月），頁 37～44。以及陳映眞，〈學習楊逵精神〉，陳映眞總編輯，《2007 年夏 學習楊逵精神》，（台北：人間出版社，2007 年 6 月），頁 130～135。

〔註 87〕見陳建忠，〈行動主義、左翼美學與台灣性：戰後初期楊逵的文學論述〉，《被詛咒的文學 戰後初期台灣文學問題論集》，（台北：五南圖書，2007 年 1 月），頁 104～139。

〔註 88〕見黃惠禎，〈第五章承先與啓後：楊逵與戰後初期臺灣新文學的重建〉，《左翼批判精神的鍛接：四〇年代楊逵文學與思想的歷史研究》，（台北：秀威，2009 年 7 月），頁 388～389。

〔註 89〕見黃惠禎，〈第五章承先與啓後：楊逵與戰後初期臺灣新文學的重建〉，《左翼批判精神的鍛接：四〇年代楊逵文學與思想的歷史研究》，（台北：秀威，2009 年 7 月），頁 390～391。

灣與中國的隔閡，譬如力倡「切實的文化交流」、「通力合作」〔註 90〕，並且指出「台灣不能切離中國」〔註 91〕反對臺灣與中國分離，更批判「託管派」是奴才〔註 92〕，但是他也不斷呼籲中國大陸作家理解台灣的特殊性，提醒「自鄭成功據台灣及滿清以來，台灣與國內的分離是多麼久，在日本控制下，台灣自然、政治、經濟、社會教育等在生活上的環境改變了多少？這些生活環境使台灣人民的思想感情改變了多少？如果思想感情不僅只以書本上的鉛字或是官樣文章做依據，而要切切實實的到民間去認識，那麼，這統一與相通的觀念，就非多修正不可了。」〔註 93〕可以說，他在國族認同上雖然仍是屬於中國，但他追求的應是台灣與中國大陸在相互尊重、理解的態度下，以民主交流的方式作為前提，逐步的自然融合，而不是強以中國一方的價值抹除台灣既存的特殊性。就如同其晚年所不斷強調的觀念：「中國與臺灣要『統一』不要『一統』。」、「『統一』是尊重別人的意見，有意見時大家來討論、商量、溝通，避免曲解與誤會，使人們不是被強迫或利誘，而是主動參與合作。作風是自由的、民主的。而『一統』是一個人或一個小集團把自己的主觀強加於人，要人家認同，這是屬於帝王思想、封建思想、官僚思想與霸道思想的。」〔註 94〕至於楊逵反對託管的意見，除了有中國認同的情感，更大的層面應如同黃惠禎所解釋的，是反對台灣交給外國強權主導，畢竟身為左派，楊逵絕對有反帝的理念，讓外國強權有機會統治台灣是與反帝理念相違背的。另一方面來說，託管模式在當時最近的參照對象是被託管的朝鮮，當地人民和進行託管的美軍之間，也發生了類似「二二八事件」的衝突〔註 95〕，所以楊逵

〔註 90〕 楊逵，〈「台灣文學」問答〉，陳映真、曾健民主編，《1947～1949 台灣文學問題論議集》，（台北：人間出版社，1999 年 10 月），頁 144。

〔註 91〕 楊逵，〈「台灣文學」問答〉，陳映真、曾健民主編，《1947～1949 台灣文學問題論議集》，（台北：人間出版社，1999 年 10 月），頁 142。

〔註 92〕 楊逵，〈「台灣文學」問答〉，陳映真、曾健民主編，《1947～1949 台灣文學問題論議集》，（台北：人間出版社，1999 年 10 月），頁 143。

〔註 93〕 楊逵，〈「台灣文學」問答〉，陳映真、曾健民主編，《1947～1949 台灣文學問題論議集》，（台北：人間出版社，1999 年 10 月），頁 142。

〔註 94〕 見楊逵，〈追求一個沒有壓迫，沒有剝削的社會──訪人道的社會主義者楊逵〉，彭小妍主編，《楊逵全集‧第十四卷‧資料卷》，（國立文化資產保存研究中心籌備處，2001 年 6 月），頁 268。

〔註 95〕 例如發生在韓國濟州的四‧三抗爭事件，可參考姜禎求〈美國的韓半島戰略與朝鮮的分斷：以四‧三抗爭為中心〉，陳映真主編，《2005 年秋 八一五：記憶和歷史》，（台北：人間出版社，2005 年 9 月），頁 123～167。

無論如何是不可能認同這種會產生相同問題的模式。

雖然,楊逵這種追求兩岸相互理解、交融,並且不脫離中國的立場,與左統派的國族理念較為相近,但因為楊逵要求中國大陸人士尊重、理解台灣存在的特殊現實,可說是不遺餘力,所以楊逵的身上就同時存在著對於中國共性較為強調的人與對於台灣特殊性較為重視的人各自所認同的價值,因而,楊逵就免不了成為了雙方共同推崇卻又各自有不同詮釋重點的代表性先賢之一。

五、1950 年到 1966 年的台灣文學

接下來我們來看 1950 年以後,左統派的文學史劃分。

首先,陳映真將 1950 年到 1966 年視為一個分期,之所以這樣劃分,主要是因為這段期間是台灣資本主義工業化的過程〔註96〕。從這裡我們可以再次看出,陳映真的文學史分期與建構是相應於他所分析的台灣社會政經變化框架。對於這段時期,他認為首先是「由政權的組織和推動,發展出為蔣介石『反共抗俄』冷戰與內戰國策服務的反共文學,受到國民黨及其工具『中國作家寫作協會』等的統轄而發展。」〔註97〕以及「作為美國在世界冷戰中強力的意識形態武器的『現代主義』文論和創作,相應於台灣的對美新殖民地化過程,相應於美國在思想意識形態對台灣的支配,透過『美國新聞處』,在台灣取得了全面性發展。」〔註98〕另一方面則是:

> 台灣的左翼的、批判的現實主義遭到反共鎮壓(楊逵、歌蕾、雷石渝投獄、簡國賢、朱點人、呂赫若、藍明谷刑死)後,一種素樸的、沒有強烈政治傾向和階級意識的現實主義小說,在以鍾理和為代表的台灣本地作家中成長,後來匯合在六〇年代中後吳濁流主宰的《台灣文藝》雜誌旗下。五〇年代末七〇年代初,戰後第二代作家如黃春明、白先勇和陳映真和其他一代作家登台,描寫了五〇年代到六

〔註96〕 見陳映真,〈以意識形態代替科學知識的災難——批評陳芳明先生的〈台灣新文學史的建構與分期〉〉,曾健民主編,《2000 年秋 復現的星圖》,(台北:人間出版社,2000 年 12 月),頁 126~128。

〔註97〕 見陳映真,〈以意識形態代替科學知識的災難——批評陳芳明先生的〈台灣新文學史的建構與分期〉〉,曾健民主編,《2000 年秋 復現的星圖》,(台北:人間出版社,2000 年 12 月),頁 131~132。

〔註98〕 見陳映真,〈以意識形態代替科學知識的災難——批評陳芳明先生的〈台灣新文學史的建構與分期〉〉,曾健民主編,《2000 年秋 復現的星圖》,(台北:人間出版社,2000 年 12 月),頁 132。

○年代下半台灣資本主義化過程中農村和城鎮的變貌，農民的分

解，和國民黨沒落權貴的消萎。〔註99〕

也就是說，在這段台灣資本主義工業化期間的台灣文學，正是以威權統治台
灣的國民黨所主導的反共文學，以及「新殖民化」台灣的美國所輸入的現代
主義為主流，而批判性的現實主義被肅清後，現實主義只能以素樸的面貌低
調的在民間發展。但是隨著資本主義化的過程，新一代的現實主義作家開始
描寫社會變遷，以及舊黨國權貴的沒落。陳映真對於這段期間文學變遷及與
之相應的政治經濟狀況的描述算是頗為精準。

六、1966 年到 1985 年的台灣文學

對於 1966 年後到 1985 年台灣資本主義獨佔化之前的階段，陳映真將它
視為一個時期〔註100〕，並對於這一個時期的特色有著以下陳述。他先從 1966
年至 1970 年代談起：

一方面受到資本主義進一步發展在階級關係、社會、文化和生態環
境的矛盾擴大化的影響，一方面又受到保釣左派對中國和台灣現代
史再認識，以及對三○年代中國左翼文學及台灣現當代文學重新評
價運動的影響，在一九七○年初，開展了批判現代主義詩的「現代
詩論戰」，從而引發了一九七八年的「鄉土文學論戰」。兩次論戰，
概括地說，提出了文學是什麼，文學寫誰和寫什麼，文學為誰，以
及探索現實社會的經濟性質，從而以文藝表現其矛盾，克服其矛盾，
具體提出了台灣經濟是「殖民經濟」之論，文學為人民大眾，文學
應該有（中華）民族風格，也就是提出了民眾文學和民族文學的口
號，基本上以現實主義創作方法去抵抗現代主義的創作方法。經五
○年代白色恐怖以鮮血鎮壓下去的、在台灣的左翼文學理論，至此
在三十多年後的鄉土文學論爭中引發了喑抑卻堅定的回聲。〔註101〕

〔註99〕 見陳映真，〈以意識形態代替科學知識的災難——批評陳芳明先生的〈台灣新
文學史的建構與分期〉〉，曾健民主編，《2000 年秋 復現的星圖》，（台北：人
間出版社，2000 年 12 月），頁 132～133。

〔註100〕 見陳映真，〈以意識形態代替科學知識的災難——批評陳芳明先生的〈台灣新
文學史的建構與分期〉〉，曾健民主編，《2000 年秋 復現的星圖》，（台北：人
間出版社，2000 年 12 月），頁 134。

〔註101〕 見陳映真，〈以意識形態代替科學知識的災難——批評陳芳明先生的〈台灣新
文學史的建構與分期〉〉，曾健民主編，《2000 年秋 復現的星圖》，（台北：人
間出版社，2000 年 12 月），頁 137。

依上述，簡言之就是，由於社會變遷、資本主義化所產生的社會矛盾，以及「保釣運動」所產生的回歸思潮，造成了 1970 年代的「現代詩論戰」和「鄉土文學論戰」，這些論戰提出了文學回歸人民大眾、文學應有中國民族色彩的主張，以及重新開展出現實主義的創作路線，並且在「鄉土文學論戰」還探討了台灣社會的經濟性質，指出了台灣的經濟是依附美國、日本的「殖民經濟」論，是中國左翼傳統的復歸。在《人間思想與創作叢刊》的其他論述也大致是這樣爲 1970 年代的論戰做這樣的定調〔註102〕。這番詮釋大致是抓住了 1970 年代的情況，關於這段文學思潮，在本論文的第二章析論左統派的興起過程時，也大致探討過。接著陳映眞又進一步說明這段時間的文學創作成績：

> 隨著外國資本深入的滲透，隨著資本主義進一步發展而使社會矛盾顯在化，在文學上，深刻表現了外來勢力在企業中，在日常生活中，在賣淫觀光工業中、在勞動運動中深刻的民族矛盾。從六○年代末一直到八○年代初，黃春明、王禎和和陳映眞等人，遠遠在今日學舌而來的「後殖民」論尚未爲學界所意識之前，已經憑著文藝作家的高度敏銳，對於依附化、新殖民地化台灣生活中洋奴買辦、崇洋媚外等方面，以審美的手段，提出了嚴峻的批評，形象地回應了歷史與生活所提出的問題，表現了生活，也批判了生活。〔註103〕

他主要是帶著肯定的口吻，評價了他自己以及黃春明和王禎和（1940～1990）所創作出批判美、日新殖民主義的作品。之所以肯定這些作品，主要是這些

〔註102〕相關論述可見收錄於曾健民主編，《1998 年冬 台灣鄉土文學·皇民文學的清理與批判》，頁 77～122 和頁 129～181，由林載爵撰寫的〈本土之前的鄉土——談一種思想的可能性的中挫〉、申正浩撰寫的〈回顧之前·再思之後——對鄉土文學論戰研究的斷想〉、曾健民撰寫的〈民眾與民族的——鄉土文學論戰的精神與七○年代思潮精神的再確認〉，以及陳正醍的〈台灣的鄉土文學論戰（一九七七～一九七八年）〉。另外還有，收錄於陳映眞主編，《2003 年冬 告別革命文學？》，（台北：人間出版社，2003 年 12 月），頁 162～207，由陳映眞撰寫的〈向內戰·冷戰意識形態挑戰——七○年代文學論爭在台灣文藝思潮史上劃時代的意義〉，以及收於陳映眞總編輯，《2008 年.01 鄉土文學論戰三十年 左翼傳統的復歸》，（台北：人間出版社，2008 年 1 月），頁 97～115，呂正惠撰寫的〈鄉土文學與台灣現代文學〉。

〔註103〕見陳映眞，〈以意識形態代替科學知識的災難——批評陳芳明先生的〈台灣新文學史的建構與分期〉〉，曾健民主編，《2000 年秋 復現的星圖》，（台北：人間出版社，2000 年 12 月），頁 138。

創作有反映、介入戰後台灣的經濟、社會問題的意識。陳映真在載於該刊的其他論述也有對此深論〔註104〕。

接著，他談到了 1980 年代經濟高度發展後興起的另一股思潮，陳映真所給予的評價是負面的：

> 進入八〇年代，主張把台灣文學從中國文學分離出來，以「台灣意識」爲檢驗台灣文學的標準的台獨派文論，做爲八〇年代在台灣逐漸發展起來的台灣分離運動的一個組成部份，有巨步的發展，逐漸成爲台灣文藝論述的霸權。但在創作實踐上，台獨文學似乎一直沒有具體的成就。〔註105〕

在他看來，以「台灣意識」爲依歸，屬於興起的台灣獨立運動一部分的文學風潮，雖然做爲運動有大幅發展，但是在創作上卻沒有成就。另外，陳映真在載於叢刊創刊號的一篇批判這些思潮的論文更認爲，這樣的潮流由於不但沒能繼承深化 1970 年代針對美、日新殖民主義的批判，反而喪失了對於中國的認同，因此是「時代思想的倒退與反動」〔註106〕。由於政治立場的對立，左統派對於獨派的評價較爲負面是可以理解的，但是，其對於獨派作家創作成就的全盤否定，不免讓人感到過於偏頗。除了過於宗派之見，恐怕還是扭曲了事實，畢竟獨派的作家在標榜「台灣意識」之後，還是都有陸續推出水準也不低作品，譬如「台灣意識」表現得最爲強烈、基進的宋澤萊（1952～）就是其中的代表〔註107〕。

就歷史書寫而言，對於作家政治立場的評價，自然可以依寫史的人自身的政治傾向而論定，然而在作品的成就上，恐怕就不能僅以政治立場作爲評判。單憑國族認同的差異就給予其創作的成績全盤否定，可能過於粗暴。

〔註104〕可見陳映真，〈七〇年代黃春名小說中的新殖民主義批判意識——以〈莎喲娜啦・再見〉、〈小寡婦〉和〈我愛瑪莉〉爲中心〉，陳映真總編輯，《2008 年 01 鄉土文學論戰三十年 左翼傳統的復歸》，（台北：人間出版社，2008 年 1 月），頁 116～146。

〔註105〕見陳映真，〈以意識形態代替科學知識的災難——批評陳芳明先生的〈台灣新文學史的建構與分期〉〉，曾健民主編，《2000 年秋 復現的星圖》，（台北：人間出版社，2000 年 12 月），頁 138。

〔註106〕見石家駒，〈一時代思想的倒退與反動——從王拓「鄉土文學論戰與台灣本土化運動」的批判展開〉，曾健民主編，《1998 年冬 台灣鄉土文學・皇民文學的清理與批判》，（台北：人間出版社，1998 年 12 月），頁 255～279。

〔註107〕宋澤萊在 1980 年後先後發表的《蓬萊志異》、《福爾摩沙頌歌》、《廢墟台灣》、《血色蝙蝠降臨的城市》都是有目共睹的優秀作品。

七、1985 年以降的台灣文學

最後，對於 1985 年以後的台灣文學，陳映真認為：

> 台灣在思想、文化意識形態上對美國的新殖民主義的扈從化，至八
> 五年後達到了空前的高峰。美國學園轉販過來的「結構主義」、「解
> 構主義」、「女性主義」、「同性戀論述」、「後現代主義」和「後殖民
> 主義」，透過留學回台教師、媒體炒作，在一知半解下成為某種「霸
> 權性論述」。〔註108〕

很明顯的，陳映真對於 1985 年以後台灣的文化、思想界不斷引進並流行著各
式各樣西方的文化理論十分不滿，這其實也是他一貫對於文化、思想扈從西
方的新殖民主義現象的憂慮和批判。接著他補充道：

> 其次，在八〇年代末至今，有些年輕一代既不理會台獨文論，也與
> 傳統的批判現實主義無緣，偶爾也看見後現代論的影響的跡痕，但
> 才華洋溢，出品了重要作品的一代作家，十分值得期待與注目。
> 第三方面，台灣分離運動雖然在兩千年三月十八日達到了高潮，但
> 台獨派在文化、文學上的論述早有趨於疲滯沉寂之勢。這固然是當
> 年的台獨理論家們先後紛紛轉入政界，穿起筆挺的西裝，出入廟堂
> 之上，但其本身在知識、文化上的局限性，怕也是一個主要原因。
>
> 〔註109〕

可以看得出來，他對於不帶統、獨立場的新一代創作者，即使帶有他所不苟
同的後現代主義色彩，陳映真仍是給予肯定和期待，這或許是因為不與其國
族立場直接衝突的緣故。但是對於台獨立場的文化、文學陣營，他仍舊是充
滿貶抑。

八、以中國民族主義為敘事主軸的文學史書寫

整體看來，陳映真以及其主導的《人間思想與創作叢刊》所呈現的台灣
新文學史觀和研究，將每個時期的文學都與陳映真對於台灣社會各時期的政

〔註108〕見陳映真，〈以意識形態代替科學知識的災難──批評陳芳明先生的〈台灣新
　　　　文學史的建構與分期〉〉，曾健民主編，《2000 年秋 復現的星圖》，（台北：人
　　　　間出版社，2000 年 12 月），頁 143。
〔註109〕見陳映真，〈以意識形態代替科學知識的災難──批評陳芳明先生的〈台灣新
　　　　文學史的建構與分期〉〉，曾健民主編，《2000 年秋 復現的星圖》，（台北：人
　　　　間出版社，2000 年 12 月），頁 143。

經分析相對應，也就是以唯物主義史觀進行建構這點，可說是帶有鮮明的左翼色彩。但是除了左翼史觀，它還是一個強烈站在中國民族主義立場，以中國民族主義為敘事主軸的史觀書寫，這清楚表現在它努力突出中國的作用和傳統，並且特別肯定、強調了戰後初期和1970年代，這兩個中國民族主義立場特別興盛的年代，尤其是戰後初期，這個兩岸尚未分裂，同屬於一個中國的歷史過渡期，更是他們所看重的。當然了，這兩個年代的左翼思潮也是它所強調的，不過其比較強調的是這些年代中的左翼思潮所帶有的中國民族主義立場，而不是階級立場。所以，雖然該史觀兼具中國民族主義與左翼這兩個面向，但其最為強烈的部分，到底還是中國民族主義的立場。此外，它還是個強烈站在反台獨立場的史觀書寫，這清楚表現在它對於台獨的徹底敵視和全盤否定。這個反台獨的態度，可以說與其強烈的中國民族主義的敘事立場有關，在這個敘事中，台灣獨立勢力是作為中國民族主義立場的「變異」，也因為如此，這個版本的文學史觀對於1980年代以後傾向台獨立場的作家，採取了負面的評價。然而，由於這個文學史在中國民族主義立場上的絕對化，最終導致其對於傾向台獨立場的作家的創作在美學的成就上採取了粗暴的詆毀態度，而終究失之於偏頗。

後來，「人間出版社」出版了呂正惠等左統文化人與海峽對岸的學者合編的《台灣新文學思潮史綱》〔註110〕，可以算是左統派台灣文學史論著的成品。該書除了論述得更為詳細外，大體上是繼承了陳映真和《人間思想與創作叢刊》的這個文學史觀的架構和立場，因此也延續著中國民族主義這個敘事主軸，以及基於這個立場衍生的「反台獨」目的，甚至在敵意和批評上也更為激烈。只是，以強烈「反台獨」作為文學史寫作的目的，對於台獨的妒恨就不免成了左統派台灣文學史一個難以克服的嚴重問題。

不可否認，任何一種歷史書寫，必然帶有書寫者的政治立場和現實的政治動機，而要形塑國族認同，自然必須建構以民族主義為敘事主軸的國族史觀，左統派由於為了恢復台灣的中國認同，以中國民族主義作為歷史書寫的敘事主軸是可以理解的。然而，文學史畢竟除了史觀，還牽涉到作品的美學成就的品評，而美學的品評，就不能是單純的政治立場所能判准的，如果政治立場無限上綱，變成了審美的唯一尺度，那這樣的品評就不免成了粗糙、

〔註110〕見趙遐秋、呂正惠主編，《台灣新文學思潮史綱》，（台北：人間出版社，2002年7月）。

赤裸的政治宣傳了。而左統派的台灣文學史正是有著這樣的弊病。只能說，文學史詮釋的競奪，固然是政治的，但畢竟仍須細膩的操作和處理，尤其文學作品的評價，除了政治立場的部分，還有需要細細品味的美學領域，固然審美觀各有不同，但絕不是用政治立場就能打發的，如果一個文學品評只剩政治立場，那受到傷害的將是該評論本身。

第五節　小　結

　　《人間思想與創作叢刊》在文化實踐上，雖然延續了《人間》雜誌的傳統，設有文藝欄、並且持續刊載「紀實攝影」和「報導文學」這兩種報知性的文藝，然而它們已不再像是《人間》雜誌時代那樣，作為刊物的重心。為了促進台灣社會的中國認同的恢復，該刊的重心已轉往歷史詮釋權的競奪，因此該刊除了繼續書寫、宣揚戰後初期的反帝中國民族解放傳統，另一方面也努力挖掘、整理、介紹史料，以出土更多中國民族主義的傳統，尤其是戰後初期這段兩岸同屬於一個中國的歷史時期的史料，更是該刊所著力的重點。此外，該刊更進行台灣文學的詮釋，並且以陳映真所發展的台灣社會政經變遷史觀，作為文學史的詮釋架構。

　　平心而論，該刊在「二二八事件」的詮釋上，撇除有忽略細部差異，把歷史單一化、扁平化的問題，其所採取的以當時全中國和國際性視野，理解個別事件在所屬結構下的普遍性意義的態度，有其可取之處，因為只有這樣才能為事件定位，了解事件在所處的時空背景下的本質。另外，其史料的挖掘和整理方面也很有成績，對學界有一定的貢獻。只是，該陣營在台灣文學史的詮釋上，因為絕對化的中國民族主義立場，導致國族立場竟成了文學作品在美學評判上的標準，因而在面對獨派立場的作家和作品總是帶有意氣之見的全盤否定，無法持平而論，幾乎淪為反「文學台獨」的政治宣傳，最終傷害了該立場的文學史本身，著實令人惋惜。

第五章　去殖民的追求與中國社會主義
　　　　前途的關切

第三世界不該滿足於用過去領先自己的各種價值來定義自己。〔註1〕

　　　　　　　　　　　　　　　　　　　　——弗朗茲・法農

　　在前一章，我們探討了《人間思想與創作叢刊》的文化實踐，可以很清楚的感受到該刊在實踐上，以歷史的詮釋為主，而且這樣的詮釋帶有鮮明的政治意圖，尤其是在文學史的建構部分，更像是促進中國民族主義的政治宣傳。不過，就像在本研究的第三章所指出的，對於左統陣營而言，反對台獨、促進中國認同的復歸，是其去殖民鬥爭的一環。

　　在本章，我們將進一步來爬梳《人間思想與創作叢刊》在其促進中國認同之外的其他政治關懷面向，這些面向包括了對於美化日本殖民統治下的「殖民現代化」和「皇民化運動」的殖民主義價值觀的清理、對於突破冷戰所造就的戰後東亞新殖民主義支配構造的重視，以及對於當前中國社會主義實踐前途的關切。

第一節　日本殖民主義價值觀影響的清理

　　《人間思想與創作叢刊》致力於反思和清理二十世紀台灣的歷史經驗，日本的殖民影響，是他們關注的重點之一，其中伴隨殖民主義而來的「殖民現代化」與日本在大東亞戰爭時期所發動的「皇民化運動」，更是其致力於批

〔註 1〕引自弗朗茲・法農（Frantz Fanon）著，楊碧川譯，〈第一章 論暴力〉，《大地上的受苦者》（Les Damnés de la Terre），（台北：心靈工坊，2009 年 6 月），頁128。

判和清理的。爲此，他們挑起了 1998 年的皇民文學論爭和 2003 年到 2005 年針對藤井省三對於「殖民現代化」與「皇民化運動」議題的論戰。

一、皇民文學與「皇民化運動」的清理與批判

1998 年 2 月 10 日張良澤（1939～）在《聯合報》副刊上，發表了〈台灣「皇民文學」作品拾遺〉〔註2〕以及〈正視台灣文學史上的難題——關於台灣「皇民文學」作品拾遺〉〔註3〕，指出應以「愛與同情」來反省皇民文學，並要大家認識日治時代作家或多或少寫過皇民文學這個事實。並且反省自己以民族大義痛批皇民文學。這引來了陳映眞在當年的 4 月 2 日到 4 日以〈精神的荒廢——張良澤皇民文學論的批評〉一文的回應，主張對於皇民文學進行清理與反省，引爆各方的論爭，論爭中部分獨派學者試圖爲皇民文學平反，甚至出現美化的傾向，但也有新生代的獨派研究者如游勝冠（1961～），提出了去殖民的呼籲〔註4〕。論爭過後，左統陣營的陳映眞、曾健民、劉孝春的論述隨即被收錄於之後創刊的《人間思想與創作叢刊》的《1998 年冬 台灣鄉土文學‧皇民文學的清理與批判》和《1999 年秋 噤啞的論爭》這兩期之中。接下來，我們就來看一下，左統派關於這方面的批判性論述。

陳映眞在〈精神的荒廢——張良澤皇民文學論的批評〉一文是這樣理解「皇民化運動」的：

> 一九三七年的「皇民化運動」，正是日本殖民統治在政治壓服、經濟掠奪外，對台灣民眾的精神加害的著例。日本當局，一方面巧妙地利用了殖民地台灣人一部分知識份子和民眾的民族劣等感、民族自我厭憎感和對於自己民族文明開化的絕望感（而這些都是苛虐的殖民地統治和殖民地意識型態所造成），另一方面則在「皇民化運動」中突然開啓了「內台一如」、「皇民練成」之門，宣傳只要人人自我決志「練成」「精進」，可以鍛造自己成爲「眞正的日本人」，從而擺

〔註2〕張良澤，〈台灣「皇民文學」作品拾遺〉，《聯合報》，1998 年 2 月 10 日，41 版。

〔註3〕張良澤，〈正視台灣文學史上的難題——關於台灣「皇民文學」作品拾遺〉，《聯合報》，1998 年 2 月 10 日，41 版。

〔註4〕提出美化皇民文學的言論的有張良澤、彭瑞金等人，但當時新生代研究者游勝冠則認爲他們的言論有被殖民化的傾向，並進一步批判和梳理，見游勝冠，〈在殖民者與被殖民者之間徘徊：又見一場以「皇民文學」爲焦點的論點〉，《聯合報》，1998 年 7 月 24 日，37 版。

脫自己做爲殖民地土著的「劣等」地位。這一套殖民者對被殖民者
大規模精神洗腦的裝置，於是促發了相當一部分台灣人「皇民練成」
的歇斯底里，今日回顧，令人辛酸悲忿。〔註5〕

他認爲因爲殖民地的歧視性意識形態，以及殖民統治下對於我族文明、地
位提升的絕望，造成了殖民地人民自我厭憎的精神狀態。殖民當局於是利
用了這樣的創傷心理，以「皇民化運動」做誘惑，宣傳成爲眞正日本人的
可能，讓苦惱的殖民地人民以爲找到了擺脫劣等地位的途徑，而急於配合
呼應。

　　然而，陳映眞指出，「皇民化運動」的眞正目的是爲了日本軍國主義的戰
爭動員的意識形態改造，是爲了鼓動人民投入戰爭爲天皇國家效死，是爲日
本侵略大東亞服務的意識形態，而皇民文學則是「皇民化運動」的一部分。
他並引用了日本文藝評論家尾崎秀樹（1928～1999）的話：「對於這精神上的
荒廢，戰後台灣的民眾可曾以全心的忿怒回顧過？而日本人可曾懷著自責之
念凝視過？只要沒有經過嚴峻的清理，戰時中精神的荒廢，總要和現在產生
千絲萬縷的關係。」指出皇民文學和「皇民化運動」絕對不能美化和同情，而
必須清理。〔註6〕

　　雖然他主張嚴峻的清理，但他也認爲當時的人生活在嚴峻的日本戰爭
動員的權力下，寫些配合時局的文章在所不免，接著他進一步指出不能只
看楊逵和呂赫若這些作家寫過呼應時局的文章就認爲他是皇民作家，要理
解他們在戰爭下的處境，並拉長時間來考察他們在其他方面的抵抗行爲，
以判斷他們是消極配合時局，還是積極主動的應和。此外，對於龍瑛宗、
楊雲萍、黃得時（1909～1999）、王昶雄等寫過類似皇民文學作品的作家也
都與以同情，而只有對於陳火泉和周金波這兩位在小說中流露出鮮明皇民
認同的作者，提出嚴厲批判，尤其是對於周金波至死堅持皇民認同的態度
特別貶抑。不過除了周金波和陳火泉兩人以外，他對於其他人的皇民文學
作品的處理態度，陳映眞傾向「爲賢者隱」，將這些作品隱藏不要發表的態

〔註5〕陳映眞，〈精神的荒廢——張良澤皇民文學論的批評〉，曾健民主編，《1998年
　　　　冬 台灣鄉土文學・皇民文學的清理與批判》，（台北：人間出版社，1998年
　　　　12月），頁9～10。
〔註6〕陳映眞，〈精神的荒廢——張良澤皇民文學論的批評〉，曾健民主編，《1998年
　　　　冬 台灣鄉土文學・皇民文學的清理與批判》，（台北：人間出版社，1998年
　　　　12月），頁10～14。

度，至於周金波等人的皇民文學，他主張以「民族大義」來批判，反對除罪化和正當化。〔註7〕

　　除了以上對於皇民文學的立場，他也不忘批判蔣氏／國民黨政權在國共內戰和東亞冷戰的結構下，肅清抗日派，反過來扶植親日派，甚至與日本舊右翼合作的現象，從而指出了戰後反共意識形態與舊軍國主義的共謀， 並繼續影響台灣。另一方面也把台灣獨立的潮流與當年日帝扶植的滿洲建國論相比擬〔註8〕。

　　值的補充的是，關於東亞冷戰結構限制台灣有效去除日本殖民的這個問題，陳映眞在一篇刊載於叢刊的《2005 年秋 八一五：記憶和歷史》這期，關注台灣人原日本兵的心靈傷痕的報導文學〈被出賣的「皇軍」〉〔註9〕中，也曾論及和探討。

　　曾健民與陳映眞的看法相似，在〈台灣「皇民文學」的總清算——從台灣文學的尊嚴出發〉一文中，同樣認爲並非所有在戰爭時期的創作都是皇民文學，他認爲與日本軍國當局思想站一環的「皇民文學政策」和日本右翼文人的皇民作品以及積極主動扈從當局的台灣皇民作品才是「眞性皇民文學」，至於在殖民軍國下無自覺的創作和酬應之作則是「假性皇民文學」。並認爲該批判的是前者而非後者。他更指出第二次世界大戰中的法西斯陣營都把文化、思想、教育的控制當作推進戰爭擴張的手段。宣揚和鼓動法西斯思想和感情的文藝支配一切，皇民文學即是這一法西斯潮流的一環〔註10〕。

　　此外，曾健民更進一步把「皇民化運動」與簡單的要求殖民地人民認同日本的「同化」區別開來，他指出：

〔註7〕陳映眞，〈精神的荒廢——張良澤皇民文學論的批評〉，曾健民主編，《1998 年冬 台灣鄉土文學‧皇民文學的清理與批判》，（台北：人間出版社，1998 年12 月），頁 15～19。

〔註8〕陳映眞，〈精神的荒廢——張良澤皇民文學論的批評〉，曾健民主編，《1998 年冬 台灣鄉土文學‧皇民文學的清理與批判》，（台北：人間出版社，1998 年12 月），頁 14～15。

〔註9〕陳映眞，〈被出賣的「皇軍」〉，陳映眞主編，《2005 年秋 八一五：記憶和歷史》，（台北：人間出版社，2005 年 9 月），頁 23～46。

〔註10〕曾健民，〈台灣「皇民文學」的總清算——從台灣文學的尊嚴出發〉，曾健民主編，《1998 年冬 台灣鄉土文學‧皇民文學的清理與批判》，（台北：人間出版社，1998 年 12 月），頁 22～24。

> 然而，這裏所指的「日本人」的內涵並非一般意義的日本人，而是
> 在這特殊的歷史時期，日本軍國法西斯體制所要求的標準日本人「樣
> 板」；他有著熱烈的日本法西斯思想，有狂熱的爲皇國殉身爲大東亞
> 聖戰奉公的決心，是具有這樣的成分的所謂「日本精神」的日本人。
> 這與德國法西斯所要求的，具有德意志精神的標準日耳曼人一樣，
> 都是法西斯體制下的樣板人。〔註11〕

也就是說，台灣的「皇民化運動」絕對不只是要求台灣人變成一般的日本人的「同化」，而是變成服膺日本軍國主義的法西斯主義信徒。

　　曾健民也在〈一個日本「自虐史觀批判」者的皇民文學論——揭開中島利郎的「周金波論」的思想本質〉一文中，對於日本學者中島利郎（1947～）在處理皇民文學時，企圖去除其與殖民主義和法西斯主義的關係提出批判，他認爲皇民作家之所以是皇民作家，是日本軍國殖民體制所造成的，決不是戰後被強加、編造出來的，皇民文學問題不能與日本軍國殖民體制脫鉤看待〔註12〕。

　　而劉孝春的〈試論「皇民文學」〉則進一步分析皇民文學的主題，認爲主題有五個面向，即日本優於台灣、使用日語的思考、思考如何成爲日本人、改姓名、爲天皇而死〔註13〕，實際上，這五個面向就是反映「皇民化運動」的意識形態。

　　除了收錄左統派的批判論述，《人間思想與創作叢刊》也收錄了陳建忠的〈徘徊不去的殖民主義幽靈〉一文〔註14〕。陳建忠認爲如果想評價殖民地文學而忽略了文本中的殖民主義幽靈，不是有意忽略就是避重就輕。他批判日本學者垂水千惠（1957～）缺乏對於國家在現代化下／資本主義化所產生的人性異化和國家機器法西斯化提出批判。不過，他主張應清理戰

〔註11〕 曾健民，〈台灣「皇民文學」的總清算——從台灣文學的尊嚴出發〉，曾健民主編，《1998 年冬 台灣鄉土文學・皇民文學的清理與批判》，（台北：人間出版社，1998 年 12 月），頁 35。

〔註12〕 曾健民，〈一個日本「自虐史觀批判」者的皇民文學論——揭開中島利郎的「周金波論」的思想本質〉，《1999 年秋 喑啞的論爭》，（台北：人間出版社，1999 年 9 月），頁 228～235。

〔註13〕 劉孝春，〈試論「皇民文學」〉，曾健民主編，《1998 年冬 台灣鄉土文學・皇民文學的清理與批判》，（台北：人間出版社，1998 年 12 月），頁 41～44。

〔註14〕 陳建忠，〈徘徊不去的殖民主義幽靈〉，《1999 年秋 喑啞的論爭》，（台北：人間出版社，1999 年 9 月），頁 211～221。

爭時期文本中的殖民思想殘留，但不是只爲了給某人貼上反抗與皇民的標籤〔註15〕。

對於「皇民化運動」的「內台一如」口號所宣稱，將日本內地人和台灣本島人一視同仁的虛假性，陳建忠有很生動的比喻，他說：

日帝把一塊平等的肉越懸越高，你得爲他效死來換取平等的可能，

然而歷史證明了，殖民主義從來不曾掉下一塊肉來。〔註16〕

這與陳映眞在對於殖民當局利用殖民地人民的精神狀態上的自卑弱點進行「皇民化運動」的戰爭動員的分析相同。雖然陳建忠認爲去殖民是前殖民地人民所該做的工作，但他和陳映眞不同的是，他反對以「民族大義」作爲立場〔註17〕。

關於前述陳映眞與曾健民所指出的，「皇民化運動」是爲了日本軍國主義的戰爭動員而服務的運動，的確點出了「皇民化運動」的本質，這在許多「皇民化運動」的研究中都曾不斷指明〔註18〕。然而，「皇民化運動」的「內台一如」，事實上也不是完全沒有實行的虛假口號，在一些措施上，尤其是戰爭後期，殖民當局其實開始出現撤銷差別待遇的做法，例如公學校改爲國民學校、實施義務教育、讓原本不能服兵役的台人可以服役的志願兵制度等等〔註19〕，甚至在戰爭末期開始准許台人部分文官可以擁有原本只有日本文官才能擁有的「加俸」待遇〔註20〕。不過，這一切畢竟爲了配合戰爭局勢的

〔註15〕陳建忠，〈徘徊不去的殖民主義幽靈〉，《1999 年秋 喑啞的論爭》，（台北：人間出版社，1999 年 9 月），頁 214～216。

〔註16〕陳建忠，〈徘徊不去的殖民主義幽靈〉，《1999 年秋 喑啞的論爭》，（台北：人間出版社，1999 年 9 月），頁 216。

〔註17〕陳建忠，〈徘徊不去的殖民主義幽靈〉，《1999 年秋 喑啞的論爭》，（台北：人間出版社，1999 年 9 月），頁 220～221。

〔註18〕譬如周婉窈，〈從比較的觀點看臺灣與韓國的皇民化運動（一九三七～一九四五）〉，《海行兮的年代：日本殖民統治末期臺灣史論集》，（台北：允晨文化，2003 年 2 月），頁 34～36，荊子馨，〈第三章 同化與皇民化之間：從殖民計畫到帝國臣民〉，《成爲「日本人」：殖民地台灣與認同政治》，（台北：麥田出版，2006 年 1 月），頁 129～181。

〔註19〕見周婉窈，〈「世代」概念和日本殖民統治時期臺灣史的研究（代序）〉，《海行兮的年代：日本殖民統治末期臺灣史論集》，（台北：允晨文化，2003 年 2 月），頁（11）。

〔註20〕1944 年 4 月 1 日起，總督府內及所屬各機關所有的高等官以及府內、交通局、專賣局、氣象臺、臺北帝大、各州廳、各法院及監獄、各研究所、試驗所的課長及和課長同官等以上的判任官，還有地方性官方機關判任首長、實業補

措施，而且由於當時是軍國戰爭體制，當然不存在政治自由下的真正平等。無論如何，「皇民化運動」畢竟是作為為日本侵略戰爭服務的運動，這的確是如同陳映真與曾健民所指出的需要好好進行清理和反省，而表現「皇民化運動」，並且屬於其一部分的皇民文學自然就是很好的清理與反省的材料。但是，對於「皇民化運動」的清理，勢必觸及如何去看待、定位，或是自願、或是被動參與這場運動的殖民地台灣人，在這點上，陳映真和曾健民雖然把批判範圍限縮到最積極參與的周金波和陳火泉這類的皇民，其他的人則採取同情的態度。不過，如果以陳映真自己對於這些皇民的心理分析來看，這樣的批判不免仍有些嚴苛。

陳映真對於促使台灣人呼應「皇民化運動」的殖民地人民的精神狀態分析，令人聯想到提倡去殖民的先驅者弗朗茲・法農在《黑皮膚，白面具》對於黑人面對白人的心理分析。法農指出，黑人有一種自卑的心理，由於被歧視地認為是一個卑下的種族，因此他要讓自己和優越的種族相似[註21]，法農說：

> 黑人想要變得像白人一樣。對黑人而言，只有一種命運，那就是白。
> 很久以前，黑人承認了白人無可爭議的優越性，他所有的努力都試
> 著實現一種白色的存在。[註22]

如果把黑人換成殖民地人民，白人換成殖民者，白色的存在換成殖民者的文化、血統、地位，同樣能貼切說明被殖民者在殖民地的心靈狀態，而這個狀態正是陳映真所分析的。依陳映真的分析，日本殖民當局所推行的「皇民化運動」，對於深受殖民主義的價值觀影響的殖民地人民來說，是讓他們渴望變得跟殖民者一樣文明、一樣優越的願望，藉由為軍國主義服務，有了滿足的機會。從這個視角來看，不只是那些在高壓下不得不屈從時局，消極酬應

習學校校長、盲啞學校校長及國民學校校長等身分的台灣人文官開始有加俸資格。不過，這畢竟是少數，且隔年日本即戰敗結束統治。見陳文添，〈日治五十年臺灣總督府文官加俸問題〉，（來源：http://www.th.gov.tw/files/613_s04.pdf，2012 年 11 月 28 日）。

[註21] 見弗朗茲・法農（Frantz Fanon）著，陳瑞樺譯，〈第七章 黑人和承認〉，《黑皮膚，白面具》（Peau noire, masques blancs），（台北：心靈工坊，2009 年 11 月二版二刷），頁 315～318。

[註22] 見弗朗茲・法農（Frantz Fanon）著，陳瑞樺譯，〈代結論〉，《黑皮膚，白面具》（Peau noire, masques blancs），（台北：心靈工坊，2009 年 11 月二版二刷），頁 334。

的人，以及在戰爭時期軍國主義教育下無意識成為皇民的人是受害者，那些表現出積極呼應「皇民化運動」的人，應該也要再進一步區分，除了部分明顯為了攀附權勢，立場有意識的轉變卻毫不掙扎，也沒有認同上焦慮的這種人可視為明確的為了名利成為加害者和侵略戰爭的共犯之外，其他積極呼應「皇民化運動」的人，可能不能僅僅定位為加害者和戰爭共犯這麼簡單。雖然他們投入戰爭、呼應戰爭、歌頌戰爭，成為侵略戰爭的共犯，然而，他們是因為出於前述的被殖民者的自卑心靈狀態，為了擺脫在殖民地中象徵劣等的台灣文化、台灣人地位，而積極呼應「皇民化運動」，也就是說，是殖民主義下的歧視和不平等，才讓他們產生自卑、自棄，渴慕成為殖民者的心靈狀態，而軍國主義又利用他們這樣的心靈弱點，使他們成為為大東亞侵略戰爭服務的共犯，所以說到底，他們都算是殖民主義下的受害者。對於「皇民化運動」下的皇民有這樣理解的分析和認識的陳映真，雖然已把批判限縮於陳火泉和周金波二人，但是，從陳火泉和周金波的小說所表現出來的精神來看，實際上卻還是陳映真所分析的被殖民者的可憐心靈。

　　雖然依游勝冠的分析指出，陳火泉和周金波其實是有所差異，周金波所表現出來的是對於日本殖民教育所塑造出來的文明、進步的「日本性」的追求和認同，以及對於「台灣性」的自卑、自貶，陳火泉則是覬覦皇民化的社會地位，帶有功利的色彩〔註23〕，不過，即便陳火泉是流露出對於晉升如同日本人的優越地位的追求，但是我們也不能忽略了他在小說文本中所流露出對於平等待遇的渴求和痛苦：

> 「在沒有什麼被輕蔑的理由，為什麼說我們不是『人』呢？到底為了什麼？說什麼因為招風太大啦。也許是吧！無非是：血的傳統，血的擁護吧！俗話也說：血比水濃嘛，所以……可是儘管如此，歸根結蒂，也沒有理由把人家一貶到底說他『不是人』呀。十年以來，一直服務到現在的我，並不是個想望『與所有人相等』的人，股長難道不知道這一點嗎？……『對平等的人給與平等的東西，有差別的人給予有差別的東西』——這是真正的正義之言，自己知道得清清楚楚。這，股長也該明白。然而，我內心深處有什麼念頭，股長如何得知？反過來說，股長的心底有什麼秘密？

〔註23〕　見游勝冠，〈第 5 章　戰爭動員與政治無意識〉，《殖民主義與文化抗爭：日據時期臺灣解殖文學》，（台北：群學出版，2012 年 4 月），頁 379～393。

　　我也不知道。怎麼？現在才發覺了嗎？哎呀，我這個人……我多
　　麼傻呀！」〔註24〕

從上面列舉出的這段小說主角的獨白來看，他流露出的是對於處於「不是人」
的地位的痛苦，以及對於努力得不到肯定的苦惱，因此，陳火泉的文本所表
現出來的與其說是一個趨炎附勢的台灣人，不如說是極度渴望擁有與日本人
一樣的待遇和尊重的小人物，他積極呼應「皇民化運動」，是希望自己在各
方面的表現努力最終能夠獲得與日本人一樣的肯定和尊重。所以說，陳火泉
與周金波的作品雖然有渴求地位平等與渴求殖民者所代表的「文明進步」間
的細部差異，但共同顯現出來的正是被殖民者的自卑、渴望被承認的心理。
如果依照上述理解來看，陳映眞對於陳火泉和周金波兩人的批判，可能過於
嚴厲，雖然他們兩人這種被殖民者的心態不是值得嘉許的典範，但也不能算
是趨炎附勢的小人，他們毋寧是典型被殖民的可憐之人，就如同法農在《大
地上的受苦者》中所分析的狀況：「被殖民者爲了恢復自己的名譽，努力逃
避殖民主義殘留的傷痕，卻陷入在邏輯上跟殖民主義處於同樣的觀點中。」
〔註25〕。對於這樣的可憐人，以同情代替苛責可能較爲恰當。也才不致於與
陳映眞自己對於皇民具有同情性的理解分析產生了矛盾。

　　同樣的，曾健民雖然認爲無意識的皇民文學創作不用被批評，但卻認爲
那些主動積極成爲皇民的人是軍國主義者都要被批判，而沒有再進一步去細
分，這些積極分子是出於殖民地人民在殖民主義的塑造下所產生的自卑、自
棄情結，渴求平等待遇、追求現代化的「文明進步」，還是完全的是受到名利
驅使而刻意依附。甚至更多的情形，恐怕是受殖民主義的價值影響和出於對
名利的渴望兩種因素的共同驅使。對於「皇民化運動」的積極分子一概以依
附日本軍國主義予以批判，可能對於這些被殖民主義異化的殖民地人民是嚴
苛了些。

　　事實上，依游勝冠敏銳的洞見，周金波這種被殖民者的心理，與1920年
代組織「台灣文化協會」、「台灣地方自治聯盟」、從事「台灣議會設置請願運
動」的台灣自由主義啓蒙知識份子對於殖民主義所帶來的現代化文明的認同

〔註24〕陳火泉，〈道〉，（來源：http://www.srcs.nctu.edu.tw/joyceliu/TaiwanLit/online_
　　　　papers/ref1.html，2012年11月28日）。
〔註25〕見弗朗茲・法農（Frantz Fanon）著，楊碧川譯，〈第四章　論國族文化〉，《大
　　　　地上的受苦者》（Les Damnés de la Terre），（台北：心靈工坊，2009年6月初
　　　　版一刷），頁226。

和對於自身傳統文化如「歌仔戲」的鄙夷的心態，是有著相似性的﹝註 26﹞。然而，不只是周金波與自由主義啟蒙知識份子有著相似性，陳火泉對於與日本人同等地位的渴求，實際上也與 1920 年代的台灣自由主義啟蒙知識份子僅在殖民當局的合法範圍內爭取與日本人平等地位的心理相似。當然了，台灣自由主義啟蒙知識份子與台灣皇民知識份子有一個根本性的差別，即自由主義啟蒙知識份子依然維持著漢族立場，但這也與 1920 年代的政治環境較為寬鬆，容許「民族自治」的論述存在有著很大的關係。除了維持與放棄漢族立場的差異外，較大的差別在於，1920 年代的自由主義啟蒙知識份子的這些理念和追求是以台灣漢人整體的文化和政治的民族運動來呈現，是追求台灣漢族整體的「文明進步」以及平等地位，並且在追求的過程是依靠集體的力量在合法的範圍內與殖民當局折衝，而周金波與陳火泉這些皇民知識份子，則是追求個人的「文明進步」和地位平等，而且追求的方式是配合殖民當局所給定的唯一途徑。從上述台灣自由主義啟蒙知識份子與台灣皇民知識份子，在追求「文明進步」、鄙視自身傳統文化和僅在殖民體制內爭取地位平等的這些相似性，與具體實踐上的差異來看，一方面顯示了，即使是 1920 年代的台灣自由主義啟蒙知識份子，在心靈狀態上與皇民知識份子一樣，也沒能擺脫殖民主義賦予的價值影響，他們既認同殖民現代化的文明，且鄙視傳統文化，在爭取權益時，也停留在遵循殖民體制的範圍，而未能挑戰、質疑殖民統治本身。另一方面也可以看出來，隨著殖民當局的政治緊縮，完全鎮壓了 1920 年代以來的社會運動，承受殖民地的歧視和地位不平等的台灣人，失去了透過運動集體向殖民當局爭取權益的途徑，原子化的個人必須自行面對在殖民地社會生存的歧視和不平等的問題，這時，就如同曾對此進行分析的荊子馨（1962～）所指出的，由於外在任何的政治突破都已不再可能，這些他們能強烈體會到的殖民地的政治、社會問題，就「內化」成被殖民者個人的心理掙扎與內在衝突﹝註 27﹞。因此，當「皇民化運動」開始，殖民當局既不斷施

﹝註26﹞ 關於周金波與 1920 年代啟蒙知識份子的相似，可見游勝冠，〈第 5 章 戰爭動員與政治無意識〉，《殖民主義與文化抗爭：日據時期臺灣解殖文學》，（台北：群學出版，2012 年 4 月），頁 379～382。另外，1920 年代啟蒙知識份子對於現代文明的追求認同和本土文化的鄙夷，可見游勝冠，〈第 3 章知識分子的文化立場〉，《殖民主義與文化抗爭：日據時期臺灣解殖文學》，（台北：群學出版，2012 年 4 月），頁 128～199。

﹝註27﹞ 荊子馨，〈第三章 同化與皇民化之間：從殖民計畫到帝國臣民〉，《成為「日本人」：殖民地台灣與認同政治》，（台北：麥田出版，2006 年 1 月），頁 173～180。

壓要求殖民地人民抹除族裔間的差別，而「皇民化」又被宣稱爲追求「文明進步」、獲得平等地位的唯一管道，像周金波和陳火泉這種執著於「文明進步」、極度渴求與日本人一樣地位的台灣人，自然就很容易放棄漢族的身份認同，積極投身「皇民化運動」。甚至在這種情況下，殖民地人民出現藉由參與大東亞戰爭爲帝國戰鬥，來證明自己與日本人一樣優秀的心理〔註 28〕，也就不難理解了。

總之，像周金波和陳火泉這樣的皇民是典型受到殖民主義價值觀的異化影響，並被軍國主義動員利用的悲劇，雖然不宜美化，但也不宜過分譴責和怪罪，我們應該是帶著理解殖民主義與軍國主義所造就的悲劇的心情，去閱讀、去反思他們的作品。至於其他類似皇民文學的文本，個人認爲陳映眞所主張的隱藏不要發表，未必是個好的方式〔註 29〕，因爲這不但遮蔽了歷史本身的複雜性，更重要的是，殖民主義所造成的傷口如果不好好徹底的清理，而是選擇掩蓋的話，可能又會留下後遺症在未來復發，就像 1998 年皇民論爭中，出現一些美化皇民文學的言論，其實就是戰後台灣在結束殖民統治以後，未能徹底去面對、清理「皇民化運動」，而只是粗暴的貼上負面的標籤，卻沒有讓社會深入探討和反思其中的問題所在，所導致的舊殖民主義價值觀殘留影響的復現。

必須指出的是，公開這些皇民文本，並非是爲了批判這些被殖民當局操弄的作者，而是因爲這些文本是能讓我們反思、認清殖民主義和軍國主義的

〔註28〕當時朝鮮與台灣的一些人士都出現藉由報名志願兵，到戰場上證明自己比「日本人還日本人」、「不輸日本出身的一般兵士那樣地優秀」的心理。見周婉窈，〈從比較的觀點看臺灣與韓國的皇民化運動（一九三七～一九四五）〉，《海行兮的年代：日本殖民統治末期臺灣史論集》，（台北：允晨文化，2003年 2 月），頁 72。台灣原住民，甚至霧社事件的後裔也有相似的心態。見荊子馨，〈第四章 從叛變者到志願兵：霧社事件以及對原住民的野蠻與文明再現〉，《成爲「日本人」：殖民地台灣與認同政治》，（台北：麥田出版，2006年 1 月），頁 207。

〔註29〕陳映眞似乎在面對前人、先賢於歷史上不符合民族主義立場，也不致於危害他人的曖昧作爲時，總是習於爲「前人隱」，譬如有研究者就透過日治時期的史料，指出陳映眞關於父輩的回憶書寫，總是刻意避開了父輩身爲皇民時的各種作爲。這樣的作法事實上反而遮蔽了歷史的複雜性。見陳明成，〈第一章 在「台灣進行曲」的年代——重讀陳映眞〈父親〉乙文〉，《陳映眞現象研究》，（國立成功大學台文所／博士論文，100 學年），頁 15～39。以及陳明成，〈第一章 在「大刀進行曲」的晚會——反思陳映眞〈後街〉等文〉，《陳映眞現象研究》，（國立成功大學台文所／博士論文，100 學年），頁 42～63。

好材料。最終，我們要批判、追究的，還是作爲這一切的肇始者——日本帝國主義、軍國主義。

　　然而，陳映眞所主張的，以一個預定的中國民族主義立場去批判、追究，可能也不是個好方法。就像陳建忠在〈徘徊不去的殖民主義幽靈〉一文所指出的：「當我們時不時以民族大義（台灣的？中國的？）來評價皇民作家時，有誰去注意到殖民主義在許多人意識形態上的殘留？文學批評也不過是顯露這種殘留的其中一個場域罷了。也許，我們可以由這個『去殖民』的立場開始，展開另一個評論日據時期台灣文學（尤其是戰爭期文學）的視角罷！」〔註30〕陳建忠的提醒，令人聯想到法農所說過的：

> 無論以何種方式，我都不應該從有色民族的過去得出我志業的初衷。
>
> 無論以何種方式，我都不應該專注於重振一種被不公正地藐視的黑人文明。我並不把自己當成屬於任何過去的人。我不要以我的現在和未來做爲代價來歌頌過去。
>
> 印度支那人之所以起而反抗，並不是因爲他們發現了特有的文化，
>
> 而「僅只是」因爲他在各種因素的作用下無法呼吸。〔註31〕

也就是說，我們去殖民、批判殖民主義，並不是爲了恢復某個特定的國族，更不是爲了這個國族的過往傳統，我們不應以任何一個先驗、本質的民族主義，作爲一切行動的預設立場，之所以去殖民，只是爲了要擺脫支配、爭得社會的解放。我們之所以要批判、清理日本殖民主義，是因爲日本殖民主義的意識形態、價值觀，例如視日本殖民主義帶來台灣的文明、進步，對於爲戰爭動員服務的「皇民化運動」的美化，在當下仍然以某種形式存在於我們的文化領域。我們之所以要去除日本殖民主義，是因爲如果我們沒有正視和清理，我們的文化就可能淪爲日本殖民主義的意識形態的附庸，而不自覺的對於日本文明產生依附，以及對於自身文化的鄙棄和否定，進而無法使得自身社會的文化獲得平等的對待。這就如同法農在《大地上的受苦者》中，討論國族文化時所提醒的：

> 我們無法堅定前進，除非先意識到自己的異化。我們從另一邊獲
>
> 取了一切，然而，對方在給我們一切的時候，是不會不通過迂迴

〔註30〕　陳建忠，〈徘徊不去的殖民主義幽靈〉，《1999 年秋 喑啞的論爭》，（台北：人間出版社，1999 年 9 月），頁 220。

〔註31〕　見弗朗茲‧法農（Frantz Fanon）著，陳瑞樺譯，〈代結論〉，《黑皮膚，白面具》（Peau noire, masques blancs），（台北：心靈工坊，2009 年 11 月二版二刷），頁 332。

曲折，使我們順從他的領導，不會不通過千方百計和花招百出，
來吸引我們、引誘我們、毒害我們。在許多方面，也等同於被擄
獲其中。〔註32〕

只有文化上也擺脫了對於前殖民主義價值觀的依戀——當然可以繼承前殖民
國文化中的優點，但是這樣的繼承必須是先對於該文化中可能存在的殖民性
價值觀有所警覺，並且從批判、反省的前提去著眼——我們的文化才能真正
獲得自由、平等的發展可能。

　　不過，關於去殖民的方式，我們還不應忘記法農的這番呼籲：「試圖以各
種堆積的宣言和否定來擺脫是不夠的。在人們已不在的過去與人們碰頭是不
夠的，因為他們已經前進了，不如投入他們剛剛開始的運動，從這個新運動
出發，一切都重新思考。」〔註33〕法農的意思是說，去殖民不能只是純粹的
在文字上對於殖民主義的批判和否定，也不能只是停留在歷史的批判，或者
企圖恢復與當下人民脫離的歷史傳統，而是必須緊貼當下社會民眾的現實，
從當下現實問題中思考、在具體的實踐中開創出新的文化。從法農的這個提
醒來看，陳映真以中國民族主義作為預設立場，顯現了其對於恢復中國民族
主義，這個台灣曾經存在過的傳統的執迷，這不免讓他的行動困於本質主義
之中，也限制了法農闡釋的去殖民所要追求的開放性意義——「真正重要的
是讓人自由」〔註34〕、「拒絕讓自己被禁錮在『過去這座實體化的塔樓』（la Tour
substantialisée du Passé）」〔註35〕、「不應該試圖將人類固定，因為他的命運就
是要被解放」〔註36〕。

〔註32〕見弗朗茲・法農（Frantz Fanon）著，楊碧川譯，〈第四章　論國族文化〉，《大
　　　　地上的受苦者》（Les Damnés de la Terre），（台北：心靈工坊，2009 年 6 月初
　　　　版一刷），頁 240。
〔註33〕見弗朗茲・法農（Frantz Fanon）著，楊碧川譯，〈第四章　論國族文化〉，《大
　　　　地上的受苦者》（Les Damnés de la Terre），（台北：心靈工坊，2009 年 6 月初
　　　　版一刷），頁 240。
〔註34〕見弗朗茲・法農（Frantz Fanon）著，陳瑞樺譯，〈導論〉，《黑皮膚，白面具》（Peau
　　　　noire, masques blancs），（台北：心靈工坊，2009 年 11 月二版二刷），頁 77。
〔註35〕見弗朗茲・法農（Frantz Fanon）著，陳瑞樺譯，〈代結論〉，《黑皮膚，白面
　　　　具》（Peau noire, masques blancs），（台北：心靈工坊，2009 年 11 月二版二刷），
　　　　頁 332。
〔註36〕見弗朗茲・法農（Frantz Fanon）著，陳瑞樺譯，〈代結論〉，《黑皮膚，白面
　　　　具》（Peau noire, masques blancs），（台北：心靈工坊，2009 年 11 月二版二刷），
　　　　頁 337。

　　值得說明的是，去殖民並不是完全不能聯結歷史上的民族傳統、借助民族主義的力量，像法農也並非完全排除聯繫過去民族傳統的可能，因爲這樣的聯結，有時是一種讓去殖民更有力量的策略。法農曾說：

> 即使我曾在某一刻對自己提出要和某一段給定的過去產生聯繫這樣
> 的問題，那也是因爲我對自己和眾人承諾，要以我所有的存在、所
> 有的力量投入戰鬥，好讓地球上不再有被奴役的民族。〔註37〕

這樣的連結，對法農來說，還是一個爲去殖民這個目標服務的手段，而不是將恢復民族傳統作爲追求的目的。他這種爲了去殖民這個終極目標，而聯結過去的歷史傳統的作法，可說是一種策略的本質主義（Strategic　Essentialism）。對於去殖民運動而言，策略的本質主義，或者說作爲策略的民族主義自然有其必要性。然而，由於是策略，這個民族主義，就沒有理由非得限定是基於哪個特定形貌的國族，只要它是屬於這個社會反支配的認同意識。要聯結什麼樣的民族傳統，要建構什麼樣的民族主義，取決的還是能否能貼近當下現實社會中，普羅大眾的認同意識，以及能否動員足夠的去殖民力量。因爲其目的，畢竟是要尋求能喚起現實裡的普羅大眾進行去殖民運動的能量。準此，如果要堅持以中國民族主義作爲去殖民的立場，恐怕必須要在其中先找到能喚起現實民眾意識的能量，而不是將其作爲先驗、唯一檢省的立場和價值。

　　不管怎麼樣，我們撇除陳映眞等左統派把中國民族主義作爲絕對價值的問題，不能否認的是，他們呼籲清理皇民文學乃至於「皇民化運動」的去殖民態度是正確的，我們必須對於殖民者所賦予的價值和文化有所反省和警惕，唯有這樣才不致於處於舊殖民主義的文化陰影之下，只有對於文化中存在的前殖民主義價值有所批判、反省，才能堅定開展出屬於自己的新文化。甚至陳映眞所批判的戰後蔣氏／國民黨政權與日本舊軍國勢力在反共上合作的結構，讓台灣社會缺乏對於日本殖民主義的意識形態作出良性而徹底的自省，使得這樣的意識型態仍繼續影響著台灣的問題，也是應該被我們積極正視的。

　　雖然，陳映眞拿滿洲建國來比喻 1980 年代中後興起的台灣獨立運動，是其中國民族主義的偏見立場，但是不可否認，一些台獨運動的支持者，確實

〔註37〕見弗朗茲・法農（Frantz Fanon）著，陳瑞樺譯，〈代結論〉，《黑皮膚，白面具》（Peau noire, masques blancs），（台北：心靈工坊，2009 年 11 月二版二刷），頁 333。

缺乏對於日本殖民遺緒的反省，甚至以肯定「皇民化運動」或殖民統治來抗
衡中國民族主義，這樣缺乏反省，甚至肯定殖民遺緒的結果將使得其追求的
獨立運動不是眞正的解放，而有淪爲陳映眞所比擬的狀況的危險，這也是眞
心追求台灣獨立的人所必須警惕的。而如同曾健民和陳建忠所指出的，一些
日本學者在處理台灣皇民文學時，忽略了殖民主義的存在和該文學是爲侵略
戰爭服務的現實，而僅強調其傾慕現代化的一面，我們如果不注意，恐怕會
不知不覺接受了當年殖民主義的那種思維，以爲文明和現代化是殖民者所賜
與的。這種對於「殖民現代化」去脈絡的理解或肯定的爭議，到了 2003 年又
引起了陳映眞與藤井省三的交鋒。

二、針對藤井省三《台灣文學這一百年》的批判

　　2003 年，陳映眞在閱讀日本學者藤井省三的《台灣文學這一百年》〔註38〕
一書時，對於書中指出「皇民化運動」形塑了台灣的共同體意識這個論點深
表不滿，因而發表了〈警戒第二輪台灣「皇民文學」運動的圖謀——讀藤井
省三《百年來的台灣文學》：批評的筆記（一）〉〔註39〕一文予以批判，隨即
引來藤井省三的回擊，雙方於是展開了針鋒相對的論戰，連日本學者松永正
義（1949～）和海峽對岸的學者趙遐秋都加入戰局〔註40〕。《人間思想與創作

〔註38〕　藤井省三，《台湾文学この百年》（東京：東方書店，1998.5.30）。漢譯版的見
　　　　藤井省三，張季琳譯，《台灣文學這一百年》，（台北：麥田出版社，2004 年
　　　　12 月）。

〔註39〕　陳映眞，〈警戒第二輪台灣「皇民文學」運動的圖謀——讀藤井省三《百年來
　　　　的台灣文學》：批評的筆記（一）〉，陳映眞主編，《2003 年冬 告別革命文學?》，
　　　　（台北：人間出版社，2003 年 12 月）。

〔註40〕　陳映眞陣營的批判文章可以見陳映眞，〈警戒第二輪台灣「皇民文學」運動的
　　　　圖謀——讀藤井省三《百年來的台灣文學》：批評的筆記（一）〉，陳映眞主編，
　　　　《2003 年冬 告別革命文學?》，（台北：人間出版社，2003 年 12 月） ，頁 143
　　　　～161。以及陳映眞，〈避重就輕的遁辭——對藤井省三〈駁陳映眞：以其對
　　　　於拙著《台灣文學這一百年》的誹謗中傷爲中心〉的駁論〉，陳映眞主編，《2004
　　　　年秋 尒痕與文學》，（台北：人間出版社，2004 年 10 月），頁 205～249。以
　　　　及趙遐秋、官土生、陳映眞「藤井批判」系列文章，陳映眞主編《2005 年春 迎
　　　　回尾崎秀樹》，（台北：人間出版社，2005 年 4 月），頁 136～178。曾建民，〈從
　　　　皇民文學問題談陳映眞與藤井省三的論戰——兼談要警覺日本右翼的文化尖
　　　　兵〉，《批判與再造》第 15 期（2005 年 1 月），頁 49。藤井省三的回應見藤井
　　　　省三，〈回應陳映眞對拙著《台灣文學百年》之誹謗中傷〉，《聯合文學》236
　　　　期（2004 年 6 月），頁 28～34。以及藤井省三，〈誹謗中傷の容認は東アジア
　　　　の言論自由を脅かす——松永正義氏による陳映眞擁護論の誤り〉，《東方》

叢刊》也在《2003 年冬 告別革命文學?》、《2004 年秋 爪痕與文學》、《2005 年春 迎回尾崎秀樹》三期收錄了陳映真、趙遐秋、化名官土生的曾健民的論戰文章。

由於趙遐秋的文章通篇是中國民族主義式的政治恫嚇〔註 41〕，曾健民署名官土生的文章則是較偏離主題的政治立場爭論〔註 42〕，因此並沒有在「皇民化運動」的評價和「殖民現代化」這個中心論題上進行論理的發揮。倒是陳映真，雖然依舊秉持強烈的中國民族主義立場，但仍有針對日本殖民的現代化和「皇民化運動」表達出其去殖民的批判論點。我們接下來就撇除陳映真中國民族主義立場的審判語言，針對陳映真關於「殖民現代化」和「皇民化運動」的論點來進行梳理。

關於藤井省三所肯定的「殖民現代化」，以及戰爭讓台灣進入工業化社會，陳映真指出殖民主義具有「破壞」和「建設」的雙重性作用，其「建設作用」，如殖民的現代教育、國語、公共衛生、鐵路、工業化等等，都是帝國主義用以爲其自身利益服務的措施，不能全盤肯定〔註 43〕。到了戰爭期間，台灣雖然經歷了日本戰時工業化，但只肥大了日本軍火相關產業的財閥，而本地人資本則是萎縮了，物質和思想都被壓制和限制，因此這樣的工業化隨著日本戰敗就消逝了〔註 44〕。

288 期（2005.2），頁 16～19 和藤井省三，〈東アジアの学問自由を脅かす"正直的学者"たち——陳映真・松永正義・《文芸報》三者の「"文学台独"大批判」をめぐって〉，《東方》294 期（2005.8），頁 6～10。另外，日本學者松永正義也有參與論戰，見松永正義，〈台湾にとっての日本の意味——藤井省三氏への異議〉，《東方》285 期（2004.11），頁 16～19。以及松永正義，〈台湾を考えるむずかしさ〉，《東方》292 期（2005.6），頁 10～13。

〔註 41〕趙遐秋，〈藤井省三爲「皇民文學」招魂，意在鼓吹「文學台獨」！〉，陳映真主編，《2005 年春 迎回尾崎秀樹》，（台北：人間出版社，2005 年 4 月），頁 136～150。

〔註 42〕官土生，〈批評藤井就是「威脅東亞的言論自由」嗎？——斥藤井省三的粗暴之言〉，陳映真主編，《2005 年春 迎回尾崎秀樹》，（台北：人間出版社，2005 年 4 月），頁 151～156。

〔註 43〕陳映真，〈避重就輕的遁辭——對藤井省三〈駁陳映真：以其對於拙著《台灣文學這一百年》的誹謗中傷爲中心〉的駁論〉，陳映真主編，《2004 年秋 爪痕與文學》，（台北：人間出版社，2004 年 10 月），頁 217。

〔註 44〕陳映真，評藤井省三的假日本鬼子民族共同體想像。——讀藤井省三《百年來的台灣文學》：批判的筆記（二）〉，陳映真主編，《2005 年春 迎回尾崎秀樹》，（台北：人間出版社，2005 年 4 月），頁 166～167。

對於藤井省三認爲「皇民化運動」時期形成了日語的公共領域，陳映眞則指出當時殖民當局對言論控制，這個由總督府組織性強權推動的思想控制工具的書刊、報紙所形成的日語公共領域，缺乏對於支配權力批判和議論的獨立的民主條件，根本不符合哈伯瑪斯（Jürgen Habermas，1929～）的「公共領域」論〔註45〕所要具備的根本條件〔註46〕。

對於藤井省三認爲台灣人在戰時皇民文學的公眾傳播中形成了想像共同體，陳映眞則指出「皇民化」一辭的本身，就代表在此之前，台灣人民還沒達到皇民的地位，而是二等公民。而殖民當局就是利用了殖民地人民對於歧視的苦惱與自卑，以換取平等地位的機會驅使台灣人到戰場。而「皇民化」造成殖民地台灣的人民，在日本新佔領地區產生優越感，使台灣人從作爲被害者的殖民地人民身分變成殘殺其他地區人民的加害者，這是一種雙重被害的悲劇，是「皇民化」意識形態操弄的結果。他進而質疑藤井省三怎麼可以把造成這種悲劇的這種意識形態作爲鍛造台灣民族的想像共同體的論證〔註47〕。

此外，陳映眞在這次論戰中，再次將日本學者的台灣文學自主論與日帝扶植的滿洲建國文學論相提並論。認爲藤井等人圖謀皇民文學運動復辟〔註48〕，並且引用了尾崎秀樹的話：「由於日本戰敗，在形式上，日本不再擁有殖民地。但在意識中，日本並沒有清除殖民地統治的感情。本應當作一個深刻的傷痕來認識的問題卻被日本置之不理。而人們看到的日本（的戰後），

〔註45〕所謂「公共領域」是介於國家與市民社會之間進行調節的一個領域，在這個領域有關批判性公共討論能夠得到保障，它是非強迫性參與，以自由、公開、理性地討論普遍利益問題，促使公共權力合法化，它是區別專制統治言說的一塊領域。它的出現起源於17、18世紀資產階級爲對抗封建君主，所爭取出來的一個空間領域，當時主要的「公共領域」場所有「文藝沙龍」、「咖啡館」等。參考曾慶豹，〈第二章　公共論域〉，《哈伯瑪斯》，（台北：生智文化，1998年），頁52～55。

〔註46〕陳映眞，〈避重就輕的遁辭──對藤井省三〈駁陳映眞：以其對於拙著《台灣文學這一百年》的誹謗中傷爲中心〉的駁論〉，陳映眞主編，《2004年秋 爪痕與文學》，（台北：人間出版社，2004年10月），頁225。

〔註47〕陳映眞，〈評藤井省三的假日本鬼子民族共同體想像。──讀藤井省三《百年來的台灣文學》：批判的筆記(二)〉，陳映眞主編，《2005年春 迎回尾崎秀樹》，（台北：人間出版社，2005年4月），頁171～173。

〔註48〕陳映眞，〈避重就輕的遁辭──對藤井省三〈駁陳映眞：以其對於拙著《台灣文學這一百年》的誹謗中傷爲中心〉的駁論〉，陳映眞主編，《2004年秋 爪痕與文學》，（台北：人間出版社，2004年10月），頁236～241。

只是緊跟美國的亞洲政策後面，爲之推波助瀾，作爲舊殖民者意識的再生產而復活……」然後進一步指責藤井省三和一些日本學者將未經反省批判的殖民主義感情，化妝成台獨文學的論述。〔註49〕

其實陳映眞的這些批判，的確是點出了藤井省三論述上的一些問題，討論殖民地的狀況，絕對不能不將無所不在的殖民主義考量進去，因此殖民者所帶來的「建設」、「現代化」，絕不可以與一個獨立自主的民族自我發展起來的現代化建設相提並論，爲了殖民主義服務的現代化建設，終歸只是殖民主義的工具，因此對其貢獻的肯定也必須是帶有批判性前提的肯定。至於戰爭時期的軍國主義社會，的確很難出現哈伯瑪斯所說的，擁有自由、公開、理性地「對於支配權力的批判與議論」的公共領域，因此藤井省三對於戰爭時期的台灣無疑有過於浪漫的想像，而這樣浪漫的想像，還包括對於「皇民化運動」的想像，他將台灣人受軍國主義教育影響，或者爲了擺脫殖民地中的二等公民身份，而急於尋求、證明與日本人一樣的「文明進步」和同等地位，不但鄙棄自身的族裔身份，更因此被軍國主義的狂熱所驅策成爲戰犯的悲劇，理解成爲台灣民族主義的鍛造，不但美化了「皇民化運動」的本質，也抹除了其對於當時的台灣人所造成的傷害，更把「皇民化運動」與台灣民族主義牽強的相聯結。難怪陳映眞要將藤井省三這種論述與滿洲建國文學論相提並論了。像藤井省三這樣的日本學者，未必是眞的有殖民主義的心態，然而他們在討論殖民地台灣時，忽略或者淡化了殖民主義這個罪惡的存在，因而缺少了批判的前提，並無意間放大殖民主義所附帶的益處，其實正如尾崎秀樹所說的，是戰敗後的日本未有好好進行批判與反省自身帝國擴張時所做出的各種傷害造成的後果。因此，台灣獨立運動者實在必須自己對於這種將「殖民現代化」美化、將「皇民化運動」浪漫化，並以此做爲台灣民族主義的建構基礎的論述提出批判，否則，台灣獨立這種解放願望將與日本舊殖民主義和軍國主義糾纏不清，淪爲日本帝國主義慾望的附庸。

大體而言，《人間思想與創作叢刊》的去殖民關懷，是值得肯定和正視的。雖然，陳映眞與曾健民對於因處於殖民地，而受到殖民主義價值觀影響，產生迷戀「殖民現代化」，渴求與殖民者同等地位，終而遭軍國主義利誘、驅策

〔註49〕陳映眞，〈避重就輕的遁辭——對藤井省三〈駁陳映眞：以其對於拙著《台灣文學這一百年》的誹謗中傷爲中心〉的駁論〉，陳映眞主編，《2004年秋 爪痕與文學》，（台北：人間出版社，2004年10月），頁248～249。

的台灣皇民的批判可能嚴厲了些，更爲可惜的是，陳映眞那種本質化、絕對化的中國民族主義立場，往往侷限了他敏銳、深具反省力的思考，使他在批判中所想望的解放，往往固著在對於中國的回歸，而沒能進一步指出更開放的可能，但是，陳映眞等人對於這方面的敏感度，不斷促使我們對於仍舊糾纏、影響著我們的歷史經驗進行該有的反省和清理，更一再援引尾崎秀樹這位富有反省能力的日本知識份子的批判思想來作爲去殖民的工具，實有不容否定的正面意義。不過，在對於去除日本殖民主義問題的關注上，陳映眞也感受到了美國在冷戰時代所奠定的東亞結構對於去除舊殖民主義的限制，因此克服冷戰所遺留下來的東亞結構所帶來的問題，就成了陳映眞和他的同志另一個關注的重心。

第二節　東亞去殖民的重視

　　爲了突破冷戰所造就的東亞結構所帶來的各種箝制，《人間思想與創作叢刊》另一個政治關懷的重點，就在於對戰後東亞結構進行批判和分析。這同樣是一種去殖民的關懷和追求。不同的是，對於日本殖民主義價值觀的批判是對於台灣自身前殖民主義的價值殘留的滌清，而對冷戰所造成的戰後東亞格局的的批判，則是尋求整個東亞對於殘留的冷戰構造所造就的新殖民主義箝制的掙脫。爲此，《人間思想與創作叢刊》特別刊載了「東亞冷戰與國家恐怖主義」國際研討會的論文，以及其他關於東亞帝國主義問題的論述。

一、「東亞冷戰與國家恐怖主義」系列論文

　　「東亞冷戰與國家恐怖主義」國際研討會，是由坐過蔣氏／國民黨政權34年政治牢獄的台灣左統派精神領袖林書揚與坐過南韓10年政治牢獄的在日韓僑徐勝共同促成的活動，共結合了日本、琉球、台灣、南韓四地的反帝人士，旨在透過論文的發表、各地區反帝運動的交流、對東亞各地區在戰後與美國新殖民主義相關聯的國家暴力事件的瞭解，增進彼此對於東亞歷史命運的共同感，追求東亞解決共同的帝國主義支配問題的方向。研討會總共辦了六屆，第一屆是 1997 年 2 月在台北劍潭舉行，第二屆是 1998 年 8 月在南韓濟州島舉行，第三屆是 1999 年 11 月在琉球舉行，第四屆是 2000 年 5 月在南韓光州舉行，第五屆是 2002 年 2 月在日本京都舉行，第六屆則是 2002 年 10

月在南韓麗水舉行〔註50〕。充分展現了左統派串連東亞反帝力量，清理戰後東亞問題的努力。

　　《人間思想與創作叢刊》之所以在 2004 年開始刊載「東亞冷戰與國家恐怖主義」的論文，主要是針對東亞新局勢的變化。曾健民在〈風雨欲來……———關於「東亞冷戰與國家恐怖主義」論文選輯〉〔註51〕一文中，即指名因爲當時以「美國與日本安全保障條約」爲基礎的美、日軍事同盟開始強化，並擴大範圍把台灣納入軍事安全範圍，似乎有一種美國又要重啓冷戰時代的擴大干預的氛圍。因此他們才選刊這些關於戰後東亞的反帝論述，以讓讀者對於東亞局勢的根源有所瞭解和認識。接下來，我們就來看一下這系列論文的大概內容。

　　日本學者井上清（1913～2001）在〈東亞的冷戰與日本〉一文指出，美國在戰後爲了反共，讓日本重整軍備，重新啓用軍國主義者，兩國並締結「美國與日本安全保障條約」，形成軍事同盟，而美國也開始在日本駐軍，用以維繫遠東國際的秩序。他進一步反省，日本人民未在戰後與亞洲其他地區人民攜手鬥爭，問題在於戰後日本人未有好好反省、追究過去戰爭和殖民責任〔註52〕。

　　韓國學者姜萬吉（1933～）在〈韓國國家恐怖主義的現代史背景〉一文指出，南韓的國家恐怖主義是在日本帝國主義鎮壓朝鮮民族解放運動下建立起來的，並且在 1930 年代起到了動員人力、物力支援戰爭的作用。戰後則在美國支持下，爲過去親日帝勢力建立親美的分裂國家、鎮壓民族主義和社會主義發揮作用〔註53〕。

　　在日韓裔學者徐勝在〈朝向以民眾爲主體的冷戰終結〉一文則指出，東亞民眾的共通問題，是在近代共同經歷了由帝國主義的支配、主導的亞洲秩

〔註50〕關於該研討會的相關細節，請參考曾健民，〈試談「九〇年代的陳映眞」〉，陳光興、蘇淑芬主編，《陳映眞：思想與文學（下）》，（台北：台灣社會研究雜誌社，2011 年 12 月 05 日），頁 528～530。

〔註51〕見曾健民，〈風雨欲來……———關於「東亞冷戰與國家恐怖主義」論文選輯〉，陳映眞主編，《2005 年春 迎回尾崎秀樹》，（台北：人間出版社，2005 年 4 月），頁 64～68。

〔註52〕見井上清，〈東亞的冷戰與日本〉，陳映眞主編，《2004 年秋 爪痕與文學》，（台北：人間出版社，2004 年 10 月），頁 4～16。

〔註53〕見姜萬吉，〈韓國國家恐怖主義的現代史背景〉，陳映眞主編，《2004 年秋 爪痕與文學》，（台北：人間出版社，2004 年 10 月），頁 17～24。

序，而東亞是通過抵抗帝國主義創造了亞洲人的主體性。第二次世界大戰結束後，亞洲霸權由日本轉到美國手中，美國停止對於日本軍國主義的解體，並將日本塑造成其東亞的代理人，因此日本的支配構造不但沒有中斷反而延續。即使到了冷戰結束，這樣的構造還是存在著，因此解除這個構造成爲亞洲首要的課題〔註54〕。

　　日本學者新崎盛暉（1936～）的〈沖繩的反基地鬥爭與東亞和平之創造〉則說明了由於沖繩位於東亞中心的地理位置，因此戰後被美軍直接統治，出入境要嚴格管制，一直到1972年沖繩歸還日本。然而，沖繩歸還日本後，日本的美軍基地卻開始集中到沖繩。由於美軍犯罪等問題，因而引起反基地的鬥爭〔註55〕。

　　琉球大學教授高良鐵美（1954～）的〈自沖繩所見日本之右傾化及東亞和平與人權〉則指出近年日本右翼勢力抬頭，意圖強化沖繩美軍基地的正當性，甚至要修改日本的和平條款〔註56〕。

　　南韓學者姜禎求（1945～）的〈美國的韓半島戰略與朝鮮的分斷：以四‧三抗爭爲中心〉一文，則說明了朝鮮在戰後，土著支配階級跟日帝同時失去支配力，如果美、蘇不介入，依朝鮮社會本身的內在動力，勢必走向社會主義道路。當時美國軍政廳輿論的調查，支持左傾理念的高達百分之七十七。然而，在美國的主導戰略下，原本美、蘇共管的信託統治，改變分割佔領，美國在南方扶植過去親日反共右翼勢力，並單獨舉行選舉和建國。南韓先建國後，北韓也隨即建國，朝鮮因而分斷。而四‧三事件即是濟州島民反對美國強勢主導的單邊選舉和建國所發動的鬥爭〔註57〕。

　　南韓學者洪根洙（1937～）的〈韓戰經驗的克服與南北韓的統一〉則闡明，南北韓的分斷是美國帝國主義介入造成的，韓戰只不過是美國的戰爭，至今南韓的作戰指揮權仍在美國手上，是非自主化的被支配國家。因

〔註54〕見徐勝，〈朝向以民眾爲主體的冷戰終結〉，陳映眞主編，《2004年秋 疤痕與文學》，（台北：人間出版社，2004年10月），頁25～34。

〔註55〕見新崎盛暉，〈沖繩的反基地鬥爭與東亞和平之創造〉，陳映眞主編，《2005年春 迎回尾崎秀樹》，（台北：人間出版社，2005年4月），頁69～81。

〔註56〕見高梁鐵美，〈自沖繩所見日本之右傾化及東亞和平與人權〉，陳映眞主編，《2005年春 迎回尾崎秀樹》，（台北：人間出版社，2005年4月），頁88～93。

〔註57〕見姜禎求〈美國的韓半島戰略與朝鮮的分斷：以四‧三抗爭爲中心〉，陳映眞主編，《2005年秋 八一五：記憶和歷史》，（台北：人間出版社，2005年9月），頁123～167。

此要追求國族自主，要求美軍撤離半島，並努力克服帝國主義介入下的分裂〔註58〕。

　　台灣作家藍博洲的〈重新恢復健康的民族魂〉則指出 1950 年代「白色恐怖」與韓戰的本質是一樣的，是帝國主義勢力與人民的反帝力量的鬥爭，並且把它界定是國共內戰與國際冷戰的雙戰結構下產生的歷史悲劇〔註59〕。

　　日本學者藤目尤紀（1959～）的〈帝國主義與性暴力〉則探討美國佔領日本時期乃至於在日駐軍對於日本女性的性蹂躪問題〔註60〕。

　　台灣白色恐怖受難人馮守娥（1930～）的〈台灣白色恐怖與女性——在東亞和平人權國際學術大會上的演講〉則探討美國支持下蔣氏／國民黨政權的白色恐怖對於女性受難人的傷害〔註61〕。

　　透過以上的論述，《人間思想與創作叢刊》要讓讀者理解的是，從近代以來，東亞各國就共同遭受帝國主義的侵擾，而東亞各國是透過抵禦帝國主義建立起自己的主體，因此反帝一直是東亞各國共同的任務。到了戰後，支配東亞的帝國主義並沒有消失，而是由日本換成了美國，美國為了冷戰的反共軍事戰略，聯合了本已被擊垮的日本帝國主義殘餘，讓日本做其東亞的代理人，並扶植各國反共、親日帝的舊勢力，造成一些地區、民族陷入分裂，以及白色恐怖的國家暴力發生。而日本一方面與東亞其他國家一樣，受到美國帝國主義式的支配和傷害，可是另一方面卻又依靠著美國，代理著美國的霸權，因而至今仍不能與其他東亞國家攜手站在反帝的立場上，對於過去自身所施行的殖民主義也因為被美國戰略上的利用沒能好好獲得清理、反省。總之，這些論文要傳達的就是，美、日帝國主義的問題，是東亞共同需要克服、去除的結構問題。

〔註58〕見洪根洙〈韓戰經驗的克服與南北韓的統一〉，陳映真主編，《2006 年夏　日讀書界看藍博洲》，（台北：人間出版社，2006 年 7 月），頁 77～96。

〔註59〕見藍博洲，〈重新恢復健康的民族魂〉，陳映真總編輯，《2006 年夏　日讀書界看藍博洲》，（台北：人間出版社，2006 年 7 月），頁 99～109。

〔註60〕見藤目尤紀〈帝國主義與性暴力〉，陳映真總編輯，《2006 年冬　復甦文藝變革的力量》，（台北：人間出版社，2006 年 12 月），頁 83～97。

〔註61〕見馮守娥，〈台灣白色恐怖與女性——在東亞和平人權國際學術大會上的演講〉陳映真總編輯，《2006 年冬　復甦文藝變革的力量》，（台北：人間出版社，2006 年 12 月），頁 98～123。

二、東亞動向與反帝戰略

　　除了「東亞冷戰與國家恐怖主義」系列論文，《人間思想與創作叢刊》也有收錄其他關於反帝以及東亞未來動向的論文。接下來我就大致對其進行介紹。

　　汪立峽的〈關於台獨分裂意識外部因素的評論〉一文，秉持著台灣左統派的立場認爲美、日帝國主義支持、策動著台灣獨立，因此要警戒，並認爲左派知識份子應該要反對台灣獨立〔註62〕。

　　陳福裕（1964～）署名陳扶餘撰寫的〈一個沒有美國的亞洲——從美國的東亞戰略轉型看東亞一體化的可能與挑戰〉則分析，戰後美國爲了實現對中、蘇的圍堵，藉由集體安全體系建構出東亞國家壟斷資本主義同盟，透過跨國公司的經濟活動做中介，將美國與東亞各國之間，以及東亞各國之間的利益和矛盾做了人爲的劃分，形成東亞區域分工體系，並在跨國公司的投資和貿易中形成區域製造網絡，創造了東亞區域經濟一體化的可能。隨著冷戰結束後的區域整合趨勢，難免對於美國霸權形成了挑戰。美國面對新興大國以及區域一體化，尤其是東亞一體化，開始實施新干涉主義。陳福裕認爲，亞洲應該思考排除美國干涉，建立一個由亞洲人自我管理的區域秩序〔註63〕。

　　李中邦（1960～）的〈戰後的日本越來越有戰前的味道〉則憂慮日本右翼重新集結的各種動作，如擴展自衛隊活動範圍、宣傳右翼史觀等〔註64〕。

　　日本學者纐纈厚（1951～）的〈新日本軍國主義的新階段——從日、美安保、美軍整編、惡改憲法的動態分析〉則指出日、美軍事同盟的強化，日本其實也扮演積極的角色，因爲日本期待與美軍合爲一體能發揮更大的作用。早年東亞各獨裁國家是日本資本的輸出市場，爲此換來日本的經濟發展，後來各國民主化後，日本越來越難確保經濟霸權，而日本目前又沒有實力在海外單獨作戰，因此積極與美軍事合作，靠協助美國軍事力的形式確保海外權利。作者認爲亞洲全體人民應共同聲討日、美軍事同盟，建構聯合陣線爲共同課題〔註65〕。

〔註62〕見汪立峽，〈關於台獨分裂意識外部因素的評論〉，陳映眞主編，《2005年春 迎回尾崎秀樹》，（台北：人間出版社，2005年4月），頁114～135。

〔註63〕見陳扶餘，〈一個沒有美國的亞洲——從美國的東亞戰略轉型看東亞一體化的可能與挑戰〉，陳映眞總編輯，《2006年夏 日讀書界看藍博洲》，（台北：人間出版社，2006年7月），頁136～174。

〔註64〕李中邦，〈戰後的日本越來越有戰前的味道〉，陳映眞總編輯，《2007年夏 學習楊逵精神》，（台北：人間出版社，2007年6月），頁252～277。

〔註65〕見纐纈厚，申荷麗譯，〈新日本軍國主義的新階段——從日美安保、美軍整編、惡改憲法的動態分析〉，陳映眞總編輯，《2007年夏 學習楊逵精神》，（台北：人間出版社，2007年6月），頁278～297。

這些論述主要也是擔憂美、日軍事上加強同盟對於未來東亞的加強干預，因此很期待東亞反制力量的聯合，尤其是寄望於由亞洲人自我管理的區域秩序的建立，作為反帝的戰略。而對於台灣，則秉持著左統派的觀點，特別注意美國和日本過去對於台灣獨立的支持、策動，更在論述上把反台獨納入其反帝戰略的一環。

三、美、日帝國主義的形成分析

除了以上這些反帝的論述，《人間思想與創作叢刊》也刊載了對於造就東亞支配結構的美、日帝國主義形成的意識形態因素的分析。

林書揚在〈後冷戰‧資本主義全球化與美國帝國主義〉一文指出，美國因為效率主義的思想，導致變成為了目的盲目擴張的歷史巨獸〔註66〕。

汪立峽的〈根深蒂固的軍國主義國家——日本右翼勢力的歷史、文化與思想探源〉一文認為，神道與武士道是日本軍國主義的思想根源〔註67〕。

日本學者押村高（1956～）的〈超強者在顫慄——從帝國主義爭論解讀美國的悖理〉則分析指出，早期美國一直否認自己是帝國主義，1990 年代美國開始出現為「帝國」賦予肯定性意涵的論說，強調美國的道德使命感。而對於他國威脅的恐懼心理則是讓美國變成帝國的另一個原因，也就是為了避免遭遇他國襲擊、危害，而先採取危害別人的壓制行為。這類似傳統西方「文明人」對於「野蠻人」的害怕和反應。而美國內部對於帝國主義的批判，極大部分是以實用主義觀點，也就是希望美國扮演溫和面貌的霸權者，而非盲目擴張、製造衝突，因此還是一種不脫帝國主義邏輯的自我批評。因此作者認為，當務之急，國際需要一個能自行構想出帝國批判論理的國際社會力量，而不是依賴美國人的善意或自我批判〔註68〕。

看得出來，《人間思想與創作叢刊》除了對於帝國主義提出一般的批判，和期望國際反帝力量的串聯，也重視對於美、日帝國主義形成的意識形態根

〔註66〕 見林書揚，〈後冷戰‧資本主義全球化與美國帝國主義〉，陳映真主編，《2005年春 迎回尾崎秀樹》，（台北：人間出版社，2005 年 4 月），頁 94～113。

〔註67〕 見汪立峽，〈根深蒂固的軍國主義國家——日本右翼勢力的歷史、文化與思想探源〉，陳映真主編，《2006 年春 2‧28：文學和歷史》，（台北：人間出版社，2005 年 4 月），頁 96～123。

〔註68〕 見押村高，林書揚譯，〈超強者在顫慄——從帝國主義爭論解讀美國的悖理〉，陳映真總編輯，《2007 年夏 學習楊逵精神》，（台北：人間出版社，2007 年 6 月），頁 298～321。

源進行探究與分析的論述，因為唯有如此才能對於任何可能形成帝國主義的價值和邏輯產生警惕。

四、戰後初期報刊上對於日本軍國主義再起的批判

　　除了刊載這些當代論述，《人間思想與創作叢刊》還刊載了幾篇與戰後東亞支配結構形成相關的史料，這些史料全是登在戰後初期的報刊上，憂慮或憤怒日本帝國主義在戰後復活的文章。

　　刊於《民報》，署名孟憲章的〈論日本再起問題〉〔註 69〕和〈麥帥的日本控制政策〉〔註 70〕是對於日本在美國的扶植下軍國主義份子重登舞台的憂慮。刊於《人民導報》的〈日本民主內幕〉〔註 71〕則是批評日本戰後的政黨和政客都是一群舊軍國戰犯或資本家。而《人民導報》的另一篇文章〈向麥克阿瑟抗議〉〔註 72〕則是在抗議戰後初期在日台人遭美軍治下的日警壓迫的事件。

　　之所以刊載這幾篇史料性質的文章，應是為了讓讀者理解戰後初期日本在美軍管理下的狀況，以便使我們瞭解日本在戰後不但沒有好好針對過去的帝國主義、軍國思想進行反省，而主導戰後政治的仍是這些人。關於日本缺乏反省這點，《人間思想與創作叢刊》還刊載了日本評論家竹內謙在 1985 年發表的〈向歷史學習的人，把歷史歪曲的人──戰後四十年德日兩國領導者的差距〉〔註 73〕一文，比較德、日兩國領導人面對過去侵略戰爭的態度，認為德國總統選擇反省，日本首相選擇歪曲。並附上當時的西德總統 R・維茨哲卡在德國投降四十週年的演說〈對過去閉目的人，必對現在眼盲〉〔註 74〕，強調承擔、正視過去歷史的重要。

〔註 69〕見孟憲章，〈論日本再起問題〉，陳映真總編輯，《2007 年夏　學習楊逵精神》，（台北：人間出版社，2007 年 6 月），頁 238～244。

〔註 70〕見《民報》，〈麥帥的日本控制政策〉，陳映真總編輯，《2007 年夏　學習楊逵精神》，（台北：人間出版社，2007 年 6 月），頁 248～249。

〔註 71〕見《人民導報》，〈日本民主內幕〉，陳映真總編輯，《2007 年夏　學習楊逵精神》，（台北：人間出版社，2007 年 6 月），頁 245～247。

〔註 72〕見邦人，〈向麥克阿瑟抗議〉，陳映真總編輯，《2007 年夏　學習楊逵精神》，（台北：人間出版社，2007 年 6 月），頁 250～251。

〔註 73〕見竹內謙，勞歸譯，〈向歷史學習的人，把歷史歪曲的人──戰後四十年德日兩國領導者的差距〉，陳映真總編輯，《2007 年夏　學習楊逵精神》，（台北：人間出版社，2007 年 6 月），頁 325～333。

〔註 74〕見 R・維茨哲卡，勞歸譯，〈對過去閉目的人，必對現在眼盲〉，《2007 年夏　學習楊逵精神》，（台北：人間出版社，2007 年 6 月），頁 334～342。

從上述關於東亞帝國主義的論述和史料的整理，相信應能看出《人間思想與創作叢刊》對於東亞地區反帝課題的重視。而這的確是台灣左統派最關心的議題，他們不但希望對於戰後因冷戰的關係，所造成的共同處於美國新殖民主義主宰下的東亞各國的歷史經驗做出清理，也試圖整合東亞反帝志士，甚至也思考亞洲各國整合成一個自主的、排除美國支配的區域秩序，以突破冷戰所確立的東亞被宰制結構的可能。為了東亞真正的去殖民，他們更重視對美、日帝國主義形成的意識形態根源的探究。可以說，左統派是台灣極為投入國際反帝事業的一個陣營，他們在這方面的努力和關注，是很值得其他人效法的。不過，比較可惜的是，《人間思想與創作叢刊》在關於台灣自身的反帝部份，就如同其針對日本殖民主義遺緒的去殖民批判一樣，仍是預設了中國民族主義的立場，甚至將台獨運動與帝國主義全盤扣連。因而，該刊關於台灣的去殖民願景不免被限縮在兩岸統一的預設之中，失去了開放的可能。這樣的問題，實際上也反映了戰後持「第三世界主義」的後進地區左翼的不足，僅以反帝作為共識，缺乏傳統國際主義那種超越畛域的共同主體認同，去殖民終究只會是導向和確立特定國族框架的老路，並且只停留在國族層次的對抗，而不是開啟一種解放的新可能。

第三節　中國社會主義實踐的捍衛與再尋

由於《人間思想與創作叢刊》的去殖民願景，是明確指向著中國認同的復歸、兩岸的統一，因此該刊自然十分關注著中華人民共和國，這個左統派所認定的「社會主義祖國」的當代動向，尤其是關於社會主義實踐傳統的繼承或者是摒棄的問題。不管是在文化思潮或者是政治路線的走向，該刊的關注都離不開對於上述問題的關心。接下來，我們就來整理一下該刊對於海峽對岸的文化思潮及政治動向的關心。

一、對於中華人民共和國文化走向的關心

在關心中華人民共和國當代文化思潮的方面，該刊先在《2000 年秋　復現的星圖》這期刊登了曾慶瑞的〈大眾文化的世紀末進軍——二十世紀九○年代中國電視劇領域不同型態文化的「較量」回眸之一〉〔註 75〕一文，該文主要

〔註75〕見曾慶瑞，〈大眾文化的世紀末進軍——二十世紀九○年代中國電視劇領域不同型態文化的「較量」回眸之一〉，曾健民主編，《2000 年秋　復現的星圖》，（台北：人間出版社，2000 年 12 月），頁 223～240。

是概述了中華人民共和國 1990 年代的大眾文化狀況，並憂慮和文化工業聯繫在一起的大眾文化向維護社會主義國家意識形態的官方主導文化和知識份子的菁英文化進逼。從這裡可以看出《人間思想與創作叢刊》對於消費社會的大眾文化在中華人民共和國的崛起感到憂慮的，這也顯現了其對於大眾文化的立場是較爲保守的，類似西方文化左派阿多諾（Theodor Ludwig Wiesengrund Adorno, 1903 年～1969 年）對於已經成爲文化工業（Culture industries）的大眾文化會破壞政治意識的批判〔註76〕。

　　接著，該刊在《2003 年冬　告別革命文學？》這期刊載了海峽對岸的兩位學者的論文，分別是賀照田（1967～）的〈後社會主義的歷史與中國當代文學批評觀的變遷〉〔註77〕和趙稀方的〈「西馬」、「現代主義」的理論旅行及「新左派」的視域──對賀照田的《時勢抑或人事：簡論當下文學困境的歷史與觀念成因》一文的回應〉〔註78〕。兩篇文章主要是對於中華人民共和國 1980 年代以來文學思潮的反思，認爲 1980 年代以後，思想界與文學界極力追求和建國後的前三十年的政治意識形態和美學意識形態的決裂，由於採取二元對立的極端式反撥，造成把「西方現代性」不加反省的做爲新的啓蒙主義思想資源，而忽略了西方本身對於「西方現代性」的一些反省思潮。最後，描寫「孤覺的自我」、追求語言純粹的藝術成了 1980 年代的文化思潮，而與社會失去聯繫。進入 1990 年代以後，隨著資本主義的開放發展，文化思潮則進一步取消任何積極意義的肯定和追尋，以身體慾望、本能感受爲表現著力點，輕易被市場收編，文學潮流和批評潮流因而呈現疲態，人文精神面臨失落。因此他們主張重新尋找存在於被 1980 年代所徹底否定的過去觀念和創作中具

〔註76〕　阿多諾認爲文化工業會破壞政治意識，吸納一切事物，使大眾文化在意識形態領域複製了資本主義的社會關係。對於請參考彼得·布魯克（Peter Brooker）著，王志弘、李根芳譯，〈Critical theory（批判理論）〉《文化理論詞彙》（A Glossary of Cultural Theory），（台北：巨流圖書，2004 年 4 月初版二刷），頁 76～78。以及〈Culture industries（文化工業）〉《文化理論詞彙》（A Glossary of Cultural Theory），（台北：巨流圖書，2004 年 4 月初版二刷），頁 91～92。

〔註77〕　見賀照田，〈後社會主義的歷史與中國當代文學批評觀的變遷〉，陳映眞主編，《2003 年冬　告別革命文學？》，（台北：人間出版社，2003 年 12 月），頁 1～34。

〔註78〕　見趙稀方，〈「西馬」、「現代主義」的理論旅行及「新左派」的視域──對賀照田的《時勢抑或人事：簡論當下文學困境的歷史與觀念成因》一文的回應〉，陳映眞主編，《2003 年冬　告別革命文學？》，（台北：人間出版社，2003 年 12 月），頁 35～52。

有社會批判、反省性的思想資源。趙稀方並指出，當前湧現的「中國新左派」〔註79〕認爲中國革命的社會主義實踐是一種「反資本主義現代性的現代性」，主張對於中華人民共和國前三十年實踐上所出現的問題作出批判，但卻認爲不該批判當時企圖超越西方資本主義弊病的努力和嘗試。趙稀方更認爲，中華人民共和國前三十年社會主義的實踐經驗和西方反省現代性的批判資源，是可以有效的運用來批判當下中國的各種問題。

對於這兩篇文章，陳映眞和曾健民也分別發表文章回應，陳映眞在〈爲重新遇合的那日——讀賀照田〈後社會主義的歷史與中國當代文學批評觀的變遷〉及趙稀方〈「西馬」、「現代主義」的理論旅行及「新左派」的視域〉〉〔註80〕一文中，期盼兩岸左派在這個革命文學理論被否定的時代，能批判性繼承「社會主義中國」前三十年的價值和思潮，發展新的文論和社會創作實踐。曾健民則在〈百感交集讀賀文〉〔註81〕中，讚譽賀照田和趙稀方的文章，期望不要再以西方理論來看問題，應從中國現代文學的歷史中找出思想活水，並把觀念放到現實去檢驗。看得出來，《人間思想與創作叢刊》是認同賀照田與趙稀方的立場，不滿1980年代以來對岸的文化思潮，認爲應該批判性繼承中華人民共和國的前三十年的思想方向。

這種反對全盤否定中華人民共和國前三十年，並且對於改革開放後的中華人民共和國較爲不滿的「中國新左派」思潮，也經常引起海峽對岸的知識

〔註79〕 所謂的「中國新左派」指的是中國知識界中的一個流派，起源於1997年與中國自由主義者的一場論爭。新左派反對自由放任的市場秩序，更強調公正，更強調平等，雖然承認社會主義革命曾經造成嚴重後果，但認爲革命有其合理性和正當性，反對告別革命，認爲中國應在革命的歷史經驗的基礎上創新，走出自己的路。而中國新左派與老左派不同的地方在於更注重自由、非組織化，思想資源不只是傳統馬克思主義，更吸收許多西方批判性思想資源。見李雲雷，〈轉變中的中國與中國知識界——《那兒》討論評析〉，人間出版社編委會主編，《2006年春 2‧28：文學和歷史》，（台北：人間出版社，2006年2月），頁331～332。不過值得注意的是，由於「中國新左派」特別重視「中國走自己的路」這樣的概念，因而也使得他們的觀點著重了中國的特殊性，進而帶有國族本位立場的弊病。

〔註80〕 見許南村，〈爲重新遇合的那日——讀賀照田〈後社會主義的歷史與中國當代文學批評觀的變遷〉及趙稀方〈「西馬」、「現代主義」的理論旅行及「新左派」的視域〉〉，陳映眞主編，《2003年冬 告別革命文學?》，（台北：人間出版社，2003年12月），頁53～71。

〔註81〕 見曾健民，〈百感交集讀賀文〉，陳映眞主編，《2003年冬 告別革命文學?》，（台北：人間出版社，2003年12月），頁72～79。

界的論爭，《人間思想與創作叢刊》對此也特別關注和介紹，在《2005 年秋 八
一五：記憶和歷史》這期，就特別刊載了一場關於海峽對岸的「精神背景」
爭論的相關論爭文章〔註 82〕。該論爭主要是作家張煒（1955～）在《上海文
學》刊出一篇〈精神的背景──消費時代的寫作和出版〉〔註 83〕，指出中華
人民共和國建國到文革結束這段期間的文化是「精神平均化時期」，雖然單調
無聊，卻擁有生長的精神和創新的精神，改革開放後由於市場經濟主導的消
費社會，使精神文化進入沙化時期，賣錢反而才是重點。引來作家吳亮（1955
～）的反駁〔註 84〕，他們認為專制權力和市場不夠自由開放才是中國的問題。
另一位作家李銳（1950～）也回應〔註 85〕，認為沒被監督的專制權力和市場
經濟造成的不平等都是問題，但是他認為專制權力的問題比較重。很明顯的，
這是一場「中國新左派」與中國自由主義者的爭論。對於這場爭論，《人間思
想與創作叢刊》以〈大陸「精神背景」爭論隔海一瞥〉〔註 86〕一文，肯定了
張煒的「中國新左派」立場。

　　由於《人間思想與創作叢刊》是支持「中國新左派」這股對於中華人民
共和國改革開放的資本主義路線採取批判的文化思潮，因而也刊載、介紹了
對於改革開放提出批判的中國現實主義小說家曹征路（1949～）的作品。在
《2006 年春 2．28：文學和歷史》這期，刊載了曹征路小說〈那兒〉的全文
〔註 87〕，這是篇描寫某國有企業工會主席朱衛國，奮力追查、阻止國有企業
改制下工廠資產的流失和官員中飽私囊的問題，最後以死做出悲壯的抗議的
故事。在《2006 年冬 復甦文藝變革的力量》這期，則刊載了曹征路小說〈霓
虹〉的全文〔註 88〕。這是篇描述因改革開放而淪為底層妓女的女主人公倪紅

〔註 82〕 見「特集 大陸『精神背景』爭論」，陳映真主編，《2005 年秋 八一五：記憶
　　　　和歷史》，（台北：人間出版社，2005 年 9 月），頁 59～122。
〔註 83〕 見張煒，〈精神的背景──消費時代的寫作和出版〉，陳映真主編，《2005 年秋
　　　　八一五：記憶和歷史》，（台北：人間出版社，2005 年 9 月），頁 59～73。
〔註 84〕 見吳亮，〈順手記〉，陳映真主編，《2005 年秋 八一五：記憶和歷史》，（台北：
　　　　人間出版社，2005 年 9 月），頁 74～81。
〔註 85〕 見李銳，〈和 X 兄談張煒〉，陳映真主編，《2005 年秋 八一五：記憶和歷史》，
　　　　（台北：人間出版社，2005 年 9 月），頁 82～89。
〔註 86〕 見林銳，〈大陸「精神背景」爭論隔海一瞥〉，陳映真主編，《2005 年秋 八一
　　　　五：記憶和歷史》，（台北：人間出版社，2005 年 9 月），頁 117～122。
〔註 87〕 見曹征路，〈那兒〉，人間出版社編委會主編，《2006 年春 2．28：文學和歷史》，
　　　　（台北：人間出版社，2006 年 2 月），頁 256～319。
〔註 88〕 見曹征路，〈霓虹〉，陳映真總編輯，《2006 年冬 復甦文藝變革的力量》，（台
　　　　北：人間出版社，2006 年 12 月），頁 146～210。

梅無希望的生活，以及在無希望中的掙扎。這兩篇小說都附上「中國新左派」學者李雲雷的的評析〔註89〕，其中〈那兒〉發表後立即引起對岸知識界的討論和迴響，李雲雷指出這樣的討論是深受當前「中國新左派」和自由主義兩大文化思想流派論爭的影響，而「中國新左派」和自由主義的爭論反映的正是知識界對於中國發展方向的不同看法，前者主張批判性繼承過去社會主義革命的理想和實踐，後者則主張學習西方模式發展。

從《人間思想與創作叢刊》支持「中國新左派」的立場，應可了解，陳映眞等人對於中華人民共和國1980年代以來告別革命的思潮，是不滿的，他們期望海峽對岸知識界繼續堅持社會主義的理想，在文化、思想方面繼續負起關懷、批判、改造社會的使命。由於「中國新左派」和自由主義的思潮歧異，並不只是文化上的問題，而是政治意識形態的角力，因此支持「中國新左派」，實際上也反映了他們對於中國政治發展方向的立場，他們是明確反對資本主義化的道路，甚至也反對以西方的現代化模式做爲中國的政治發展標準，他們認爲中國應走自己的道路。因此，2006年，龍應台發表〈請用文明來說服我——給胡錦濤先生的公開信〉〔註90〕一文，以西方作爲優位標準來質疑中華人民共和國內政時，該刊主導者陳映眞隨即就以〈文明與野蠻的辯證——龍應台女士〈請用文明來說服我〉的商榷〉〔註91〕一文批評了龍應台的行爲。

另一方面，《人間思想與創作叢刊》也對於海峽彼岸的文化界推崇起詩人余光中（1928～），這位在台灣過去厲言反共的文人頗爲不滿。2004年5月，趙稀方針對「余光中熱」，在《中國圖書商報·書評周刊》發表了〈視線之外的余光中〉〔註92〕一文，向對岸讀者揭露了詩人余光中過去在台灣文壇站在

〔註89〕 見李雲雷，〈轉變中的中國與中國知識界——《那兒》討論評析〉，人間出版社編委會主編，《2006年春2·28：文學和歷史》，（台北：人間出版社，2006年2月），頁320～338。以及李雲雷，〈無望中的掙扎與力量——《霓虹》簡評〉，陳映眞總編輯，《2006年冬 復甦文藝變革的力量》，（台北：人間出版社，2006年12月），頁211～216。

〔註90〕 龍應台，〈請用文明來說服我——給胡錦濤先生的公開信〉，《中國時報》，2006年1月26日，A41版。

〔註91〕 陳映眞，〈文明與野蠻的辯證——龍應台女士〈請用文明來說服我〉的商榷〉，人間出版社編委會主編，《2006年春2·28：文學和歷史》，（台北：人間出版社，2006年2月），頁124～140。

〔註92〕 見趙稀方，〈視線之外的余光中〉，陳映眞主編，《2004年秋 爪痕與文學》，（台北：人間出版社，2004年10月），頁35～44。

反共立場恫嚇鄉土作家，並向國民黨軍方告陳映眞密等等不堪之事，以此批判余光中的人品。這篇文章的發表，隨即在對岸文化界引起一番議論，有的人支持趙稀方的意見，有的人則認爲不必翻舊帳，更有人爲余光中辯解，余光中自己也在《羊城晚報》發表文章，爲自己的過去辯解〔註93〕。呂正惠和陳映眞在注意到這場風波後，除了對於這個現象感到感慨，也批評余光中缺乏反省，並特別將這次議論的文章收入在《2004年秋　爪痕與文學》這一期的「余光中風波在大陸」特集裡〔註94〕。甚至到了《2005年春　迎回尾崎秀樹》這期，還繼續刊載關於此事的相關批評〔註95〕。這些批評正是反映了左統派中以陳映眞爲核心的知識份子對於反共文人竟然能在「社會主義中國」掀起熱潮感到不以爲然。

　　除了對於當代中國在文化風氣和思潮方向出現遠離社會主義的現象的不滿，《人間思想與創作叢刊》其實更不滿當代中國的政治發展。接下來，我們就進一步來看該刊對於中華人民共和國當代政治動向的關心。

二、對於中華人民共和國政治走向的關心

　　2001年7月1日，當時的中國共產黨總書記江澤民在中國共產黨建黨八十週年的講話上，提出發展生產力是中國共產黨主要的任務，並指出中國共產黨代表著社會「先進生產力」的發展要求。更肯定資本家是社會主義的建設者，提出要將其中忠於黨的優秀份子吸收進黨裡〔註96〕。這不但引起中國共產黨內部左派的質疑，也引起台灣左統陣營內部對於中華人民共和國未來發展的憂心。於是《人間思想與創作叢刊》特別在《2001年秋冬　因爲是祖國的緣故》這期，針對這個議題進行討論。

〔註93〕見余光中，〈向歷史自首？——滻署答客四問〉，陳映眞主編，《2004年秋　爪痕與文學》，（台北：人間出版社，2004年10月），頁80～86。

〔註94〕見「特集　余光中風波在大陸」，陳映眞主編，《2004年秋　爪痕與文學》，（台北：人間出版社，2004年10月），頁35～109。

〔註95〕見鍾喬，〈逃避的視線——關於「狼來了」是不是共犯結構的問題〉，陳映眞主編，《2005年春　迎回尾崎秀樹》，（台北：人間出版社，2005年4月），頁249～254。以及林銳，〈爲了團結的批評——回應「余光中風波」〉，陳映眞主編，《2005年春　迎回尾崎秀樹》，（台北：人間出版社，2005年4月），頁255～266。

〔註96〕見江澤民，〈江澤民在慶祝建黨八十周年大會上的講話〉，（來源：http://www.people.com.cn/GB/shizheng/16/20010702/501591.html，2012年11月28日）。

　　該期首先刊載了吉林省委書記林炎志（1948～）的一篇對於江澤民的講話提出異議的文章〈共產黨要領導和駕馭新資產階級〉〔註97〕，該文章強調工人階級是共產黨的基礎，不能讓工人對於共產黨失去信任，並指出改革開放後，工人感到了強烈被剝奪感，出現了對於共產黨的懷疑。因此強調要領導駕馭新資產階級而不是由資產階級領導國家，讓工人階級牢牢掌握國家領導權，是共產黨的任務。除此之外，還刊載了三篇台灣左統派的意見，分別是林書揚的〈有關七一講話的生產力論〉〔註98〕、署名黃志龍的陳明忠所寫的〈「有階級論，不能唯階級論，還要看政治表現」──「紅色」資本家可否加入共產黨〉〔註99〕、化名王哲的杜繼平（1956～）所寫的〈阻止資本家入黨就能避免中共資產階級化嗎？〉〔註100〕、署名石家駒的陳映眞所寫的〈樂園：渴望的和失去的〉〔註101〕。

　　林書揚的〈有關七一講話的生產力論〉主要質疑，如果先進生產力來自私有經濟，那共產黨代表它，不是與社會主義的公有理想產生矛盾？此外也指出不能只注意生產力，還要注意環境保護等問題。

　　陳明忠的〈「有階級論，不能唯階級論，還要看政治表現」──「紅色」資本家可否加入共產黨〉則質疑，現今中國共產黨黨員走私、貪汙的問題，更質疑廣收黨員的政策，擔心將造成資本家從共產黨內部瓦解共產黨。

　　杜繼平的〈阻止資本家入黨就能避免中共資產階級化嗎？〉一文，首先引用自己的理論文章〈統獨左右問題的上下求索〉的分析指出，不能以中華人民共和國現在仍以公有經濟爲主就認爲它仍是社會主義，因爲蔣氏／國民黨政權當年也曾以公有經濟爲主。接著他提醒，照目前中共當局採取全面擴

〔註97〕見林炎志，〈共產黨要領導和駕馭新資產階級〉，曾健民主編，《2001 年秋冬 因爲是祖國的緣故》，（台北：人間出版社，2001 年 12 月），頁 125～142。

〔註98〕見林書揚，〈有關七一講話的生產力論〉，曾健民主編，《2001 年秋冬 因爲是祖國的緣故》，（台北：人間出版社，2001 年 12 月），頁 143～150。

〔註99〕見黃志龍，〈「有階級論，不能唯階級論，還要看政治表現」──「紅色」資本家可否加入共產黨〉，曾健民主編，《2001 年秋冬 因爲是祖國的緣故》，（台北：人間出版社，2001 年 12 月），頁 151～159。黃志龍的眞實身份，是由曾健民告知。

〔註100〕見王哲，〈阻止資本家入黨就能避免中共資產階級化嗎？〉，曾健民主編，《2001 年秋冬 因爲是祖國的緣故》，（台北：人間出版社，2001 年 12 月），頁 160～171。王哲的眞實身份，是筆者猜測，並詢問曾健民獲得證實。

〔註101〕見石家駒，〈樂園：渴望的和失去的〉，曾健民主編，《2001 年秋冬 因爲是祖國的緣故》，（台北：人間出版社，2001 年 12 月），頁 172～186。

大市場作用的路線，公有制很難繼續維持主體。最後，他指出中國共產黨面臨的不是讓資本家入不入黨的問題，而是不少黨員已變成中小企業主，甚至大資產階級，一切向錢看，沉溺酒色財氣，幹部上上下下貪汙成風。黨幹部蛻化成騎在人民頭上的官僚主義者，吸吮工農的膏血。因此，他認為當務之急是總結中國與國際社會主義實踐經驗，剖析全球政治經濟結構和趨勢，提出完整的社會主義發展戰略，否則中國的社會主義前途終將黯淡無光。

陳映真的〈樂園：渴望的和失去的〉則指出，中華人民共和國當前的經濟類似亞洲四小龍的模式——由威權式國家與外來帝國主義的獨佔資本結盟所推動的資本主義化，然而，中華人民共和國到底是不是走亞洲四小龍的資本主義發展模式，陳映真認為最終還是要看中國共產黨和國家的政治與階級性質是不是以工人階級為主體。他很憂心，如果照亞洲四小龍的模式發展，中華人民共和國的資產階級最終壯大成熟，會將剩餘的社會主義制度完全溶解。另外，陳映真在文章中，對於台灣左派因為中共改革開放、資本主義化後，出現了不必急於和非社會主義的中華人民共和國統一的主張，他引用杜繼平的理論文章〈統獨左右問題的上下求索〉，試圖說明解決國族問題才有社會革命的可能。對於中華人民共和國是否資本主義化的問題，陳映真也引用杜繼平該篇論文的看法，指出中華人民共和國早已資本主義化，面對其難以挽回的資本主義形勢，包括台灣在內的中國左派應通過全面調查與研究，做出深刻的政治經濟學分析，與受損害的人民站在一起，結合理論與實踐找出一條新的社會主義模式。不過，對於到目前為止，由於仍看不到社會主義樂園的形象，陳映真也不得不憂慮左派的這些批判和義憤可能會失所憑藉。

由於除了杜繼平自己，陳映真也特別推薦、引用〈統獨左右問題的上下求索〉〔註102〕一文的論點，顯示了該文頗能代表《人間思想與創作叢刊》的意見，因此有必要順便說明一下該文的大致觀點。杜繼平的〈統獨左右問題的上下求索〉，主要有以下幾個重點：（1）先徵引馬克思、恩格斯等馬克思主義經典理論家的理論，試圖證明國族統一與獨立是一切國際合作的基礎和前提，國族問題不解決，該國族就很難進行階級解放的社會革命。（2）在統、獨問題的選擇上，該文首先批判「台灣民族論」、台獨史觀的虛構，以此反對台灣的自決權利，並認為，由於台灣在戰後的依附型經濟發展，導致重工業

〔註102〕見杜繼平，〈統獨左右問題的上下求索〉，《階級、民族與統獨爭議——統獨左右的上下求索》，（台北：人間出版社，2002年8月），頁75～124。

基礎薄弱，限制了台灣產業結構的升級、轉型的潛力，1980 年代後台灣生產成本增加，作為台灣經濟主幹的中、小企業只能外移，而 1990 年後海峽對岸的經濟開始增長，內部市場擴大，催化了台灣大、中、小企業加速外移過去，長遠趨勢來看，台灣經濟要發展必然重回中國經濟圈，形成統一的中國大市場是必然結果，這些都是兩岸朝向統一的物質基礎，也是越來越不利於台灣分離勢力的政治願望。而台灣目前的現狀是依賴美國，本身不具備獨立自主的能力，以美國自身的戰略利益而言，也不會支持台灣真正獨立。因此該文論斷，台獨缺乏發展的可能，並呼籲台灣左翼正視兩岸統一的趨勢和台獨的不可能性，在國族上支持兩岸統一，並為中國的社會主義發展努力。（3）關於中華人民共和國的經濟性質，該文指出，不能因為「公有經濟為主體」，就認為中華人民共和國還是社會主義，因為資本主義國家也有公營經濟，最好的例子就是 1990 年代以前的台灣，甚至台灣在 1950 年代中期之前，公營經濟的產值都還超過私人企業。該文強調，以市場作為經濟運行、配置資源的機制、勞動力商品化，就是資本主義，而中華人民共和國基本上已走上了資本主義的道路，與蔣氏／國民黨政權當年在台灣走的道路沒有差異，而且不到走不下去是不會回頭的。不過，該文也指出，中華人民共和國與台灣和其他受新殖民主義支配的第三世界國家仍有差別，差別在於中華人民共和國建立了獨立而完整的國民經濟體系，大體符合獨立自主的「民族資產階級國家」的要件，但是由於中華人民共和國已融入世界資本主義體系，未來也不無可能在國際競爭中喪失政治、經濟的自主性。（4）面對中華人民共和國資本主義的生產關係持續深化，以及伴隨而來的社會問題，甚至是在國際競爭中未卜的前景，該文提醒，兩岸的左翼在義憤之餘，應當通過全面調查研究，做出深刻的政治經濟學分析，準確掌握局勢的變動，與受損害的人民同呼吸、共命運，並且結合理論與實踐找出一條可行的社會主義新模式，以因應新時期客觀現實的變化。

從這幾篇針對江澤民講話的議論文章和〈統獨左右問題的上下求索〉這篇代表性理論，我們可以看出來，《人間思想與創作叢刊》的同仁對於中華人民共和國當前的政治發展方向是強烈憂心的，也顯示了台灣的左統陣營並不是對於中國共產黨當局毫無批評和異議，只不過他們即使有批評的聲音，也是從社會主義的公有、平等、勞動者的立場出發，與台灣主流對於中共當局的批判是以自由主義立場出發並不相同。台灣的左統派主要批判的是中國共

產黨的私有化政策和官僚的貪污、榨取、資產階級化，甚至是整個中華人民共和國的資本主義化〔註103〕，以及社會的貧富擴大、勞動者被剝削和役使等問題。對於這樣的問題，杜繼平和陳映真明確呼籲必須對於當前中國共產黨治下的社會進行調查和分析，以新的理論和實踐找出新的社會主義道路。在這裡，我們看到了《人間思想與創作叢刊》的同仁對於社會主義理想的堅持。實際上，對中國社會進行社會調查與分析的呼籲，更是陳映真在1990年代初期就不斷倡議的。然而，多年下來，由於這方面的倡議仍未落實爲具體的實踐，因而對於中國社會主義新的實踐道路其實仍未有具體的概念，加上當前並沒有一個理想的社會主義模式可做參照，因此不免也出現像陳映真這種除了憂慮更感到徬徨的心情。

不過，雖然陳映真等人對於他們的「社會主義祖國」的資本主義化感到憂心和不滿，但是他們仍然帶有堅定的中國民族主義立場，堅持並且試圖論證兩岸統一的優先性，以及其作爲階級解放的前提。這也顯示了《人間思想與創作叢刊》的「責之切」是因爲對於「社會主義中國」的「愛之深」，其各種的思索並未能超越對於「中國」這個國族框架的依戀。其質疑「台灣民族論」虛構，並以此全盤反對台灣分離自決權，就是最好的例子。畢竟，所謂的民族傳統或民族論以及任何史觀，本來即是人們從歷史事實中，特別著重某些面向去建構出來的想像，因此指責某個民族論或史觀的虛構其實並沒有太大的意義，我們至多只能檢驗其理論有沒有一定的歷史事實作基礎。杜繼平與其他左統陣營的人士堅持兩岸統一的優先性，卻又對於台獨運動者建構新國族觀的質疑，都顯現了他們國族觀的本質主義傾向，以及特定國族本位的思考立場。

〔註103〕雖然台灣左統派的成員都正視中華人民共和國已資本主義化的問題，並且對於資本主義化所造就的社會問題提出不少批判，並且尋思解決之道，但是關於中華人民共和國資本主義化的程度，他們其實仍有觀點上的差異，除了像杜繼平這樣論斷中華人民共和國已然是資本主義國家的觀點，另外有一種意見則以陳明忠爲代表，認爲中華人民共和國的資本主義化是爲了發展還不夠發達的社會生產力的過渡階段，還不至於完全蛻變成資本主義國家。可見陳明忠，《中國走向社會主義的道路》，（台北：人間出版社，2011年6月）。至於從前面〈樂園：渴望的和失去的〉一文可以看的出來，陳映真對於中華人民共和國的資本主義化走到什麼程度，是否已全然是資本主義國家也是持較爲保留的態度。曾健民的看法也與陳映真差不多，可見本論文附錄2〈訪談曾健民〉，頁209。

然而撤除這部分的問題，《人間思想與創作叢刊》的同仁對於中華人民共和國政治動向的關注倒是值得肯定的，畢竟就如杜繼平的分析，兩岸越來越密切將是趨勢，無論政治上主張統一或獨立，在這樣的趨勢下，台灣是無法免除於中華人民共和國的各種影響，因此理解中華人民共和國的政治、社會變化，甚至正視這樣的變化所帶來的各種問題是必須的。而就如同陳映真和杜繼平的呼籲，要面對並解決當前中華人民共和國的問題，徹底的調查和研究是必要的，這不只是海峽兩岸的左派的責任，也是關心台灣前途者所必須考慮和面對的課題。

總結本節的爬梳，我們很清楚的看到了《人間思想與創作叢刊》對於當代中國走向的關心，該刊不但關心對岸的文化思潮，認同「中國新左派」批判性繼承中國的革命文化和傳統、批判改革開放、反對「西方現代性」作為價值標準的立場，更關心海峽對岸的政治發展方向。該刊對於中國共產黨的政策方向也提出了質疑和批評，並且憂慮官僚的貪汙腐化、經濟的資本主義化，期望兩岸的左派能找出新的社會主義實踐模式。對於過去的反共文人，未曾反省交代過去，竟能在對岸備受禮遇，該刊的同仁則感到不以為然和感慨。但是，他們的失望和質疑，畢竟是出於「愛之深，責之切」的心理，因此，對於中國民族主義的立場仍然不曾動搖。

總的來說，《人間思想與創作叢刊》對於當代中國的關心，是帶有對於中國革命傳統的捍衛和堅持，對於當代中國在實踐上偏離中國革命傳統的部分，該刊的同仁是憂心、失望的，並且認為找出中國社會主義的新實踐道路是中國左派迫切的任務。但是即便再憂心、再失望，由於他們是以國族本位出發的思考立場，他們仍然視兩岸統一、整合為不可改變的首要追求。

第四節　小　結

《人間思想與創作叢刊》除了致力於恢復台灣的中國認同，尚有以下政治關懷的面向：（1）對於日本殖民主義影響的追究和清理，這包含了針對為日本帝國主義服務的「殖民現代化」，以及大東亞戰爭時期，作為戰爭動員的「皇民化運動」的清理和批判（2）對於突破冷戰所造就的戰後東亞新殖民主義支配結構的關心和思索（3）關切中華人民共和國的當代動向。

　　我們必須肯定該刊對於日本殖民主義的的追究和東亞反帝論述的重視，畢竟日本殖民主義造成台灣人心靈的創傷和價值異化，更在晚期讓台灣人成了既是受害者又是加害人的悲劇角色，至今這樣的影響仍然存在，不經過對於殖民主義的批判和反省，是無法真正的去除殖民主義價值觀的影響。而戰後至今，東亞依舊受到冷戰所殘留下來的美國新殖民主義的支配，不但台灣社會的自主性受到影響，連去除舊殖民主義影響的可能也受到了限制，因此思索反帝的途徑和方略也有其必要，尤其像左統陣營致力於串聯東亞反帝勢力的嘗試，更是值得肯定。這些都是台灣社會應該正視的課題。然而，由於該刊把「中國」給本質化、絕對化，對於台灣反帝、去殖民後的國族願景，因而僅侷限在對於中國的回歸，而不曾給予開放的選擇。這實際上也反映了僅以反帝作為共識的「第三世界主義」的不足，在缺乏超越畛域的共同主體的情況下，去殖民終究只會是導向、確立特定國族框架的老路，而不是開啓一種新的可能。

　　最後，由於《人間思想與創作叢刊》對於反帝、去殖民的方案，著重於兩岸的統合，因此該刊對於中華人民共和國的動向，自然是十分關心。不論是在文化或政治上，我們看到了，台灣左統派中以陳映真為核心的《人間思想與創作叢刊》同仁，對於中華人民共和國的關心，是出於對中國革命傳統的捍衛和堅持，也看到了他們對於中國共產黨當局並非毫無批判，並非全面盲信，甚至能感受到，他們對於「社會主義祖國」資本主義化的憤怒和徬徨，並且視找出新的中國社會主義實踐道路為迫切的共同責任。不過，即使充滿了憂心和失望，由於中國本位的思考立場，他們對於兩岸統一的優先性卻仍是堅定不移的，這也反映了他們立場的侷限性。

第六章 結 論

透過前面四個章節的爬梳，我們應該已經可以瞭解，《人間思想與創作叢刊》乃至於左統運動在 1990 年代以後的使命、價值和侷限，以及其在 21 世紀之交的文化實踐重心。接下來，我們就透過對於本研究的重點回顧，來進行最後的總結。

第一節 觀點總結

一、《人間思想與創作叢刊》的定位

在 1950 年代白色恐怖肅清以後再起的台灣左統運動，由於在其所處的客觀環境和條件的限制下，再加上理論的貧弱，而且組織化與群眾結合方面進行得較晚，因此無法與高度組織化且積極結合群眾的台獨運動競爭，進到了 1990 年代以後便急速的邊緣化。其中繼續堅守文化陣地的陳映真，由於深切的體認到左統陣營在理論上的貧乏，缺乏一套分析、解釋台灣社會發展的完整論述，因而在 1990 年代初期，全心投入於馬克思主義的政治經濟學批判理論的研習，以及致力於發展自身對於台灣社會的政經分析。他更結合了曾健民等人，組織了「台灣社會科學研究會」作為從事相關工作的隊伍。到了 1990 年代中後，陳映真已形成一套固定的、有政經分析基礎的論述。

由於 1990 年代中期以後，台灣政府在教科書上，關於台灣史的部分，吸納了獨派的觀點，以台灣獨自的發展脈絡這個角度進行書寫，使得左統陣營感到焦慮，加上為殖民時代的皇民文學平反的論述出現，又讓左統陣營大為不滿，《人間思想與創作叢刊》即是由陳映真為首的「台灣社會科學研究會」

同仁，在這樣的情勢裡推出的新文化刊物，它既延續了陳映眞所創辦的《人間》雜誌的「第三世界主義」立場，又具有《人間》後期著重於歷史議題的精神，可以說是充滿了鮮明的反帝態度和競奪歷史詮釋權、爭取文化領導權的意圖。而前述陳映眞在1990年代以政經分析爲基礎所確立的解釋台灣社會的觀點，即成爲這套作爲歷史詮釋權競奪戰線的刊物的基本史觀。

這套史觀主要指出，台灣社會在1950年代兩岸分立以後，由於反帝中國民族主義傳統連同左翼運動一起被蔣氏／國民黨政權肅清，加上美、日新殖民主義扶植下才發展起來的資本主義的塑造下，造成了親美、日，並且追求脫離中國獨立的「變異」。透過這個有政經分析基礎的觀點，陳映眞等於是把反對、去除新殖民主義的反帝、去殖民任務，與反對台獨、恢復中國認同這個目標，更爲緊密的扣連在一起，使得反對台獨、恢復中國認同，成爲反帝、去殖民運動的一部分。因此可以這麼說，《人間思想與創作叢刊》是一套以去殖民、促進中國認同的立場出發，爲左統陣營進行歷史詮釋權和文化領導權爭奪的文化刊物。

二、《人間思想與創作叢刊》的內容與運作

雖然《人間思想與創作叢刊》延續了《人間》雜誌的文藝實踐傳統，但是爲了競奪歷史詮釋權，文藝上的實踐，已不再是刊物的重心。在內容上，該刊一方面努力整理、挖掘、介紹史料中的中國民族主義傳統，甚至在對於台灣文學的評論和詮釋上，以中國民族主義爲判準，另一方面，該刊仍舊致力於宣揚戰後初期被肅清的左翼運動中的反帝中國民族主義解放傳統。除了這些國族史觀的競奪表現外，該刊也致力於殖民主義價值觀的清理，以及關切東亞的去殖民和中國社會主義實踐的走向。

而在運作上，《人間思想與創作叢刊》主要是由陳映眞主導、決斷，刊物的編輯委員會僅是掛名的意義，而不具有實質的運作功能。陳映眞赴北京後，刊物主要交由范振國維持，因此它可以說是一套帶有強烈陳映眞風格的刊物。

值得注意的是，該刊對外積極與東亞各地區的反帝人士或理念相近的文化人、知識份子結盟、交流，頗有藉國際力量來加強戰線火力的意味；對內則試圖行使「消極革命」的手段——拉攏、同化不同陣營的知識份子，壯大己方的隊伍，這些現象，都顯現了該刊對於文化領導權的爭奪有一定的企圖心。

　　然而，即便左統陣營對於《人間思想與創作叢刊》的積極經營，該刊從發刊到停刊為止，始終以左統陣營的老班底在支撐，最多只是吸引到同樣不認同台灣民族主義的左派知識份子與之結盟，至於傾向或支持台灣民族主義的知識份子，即使存在著部分共同價值，也始終沒能成功吸收或聯合。這其實顯現了，到了 1990 年代中期以後，台灣社會統、獨陣營在政治自由化後，因為對未來缺乏共同的變革展望和想像而壁壘分明。

　　在這種壁壘分明的情形下，由於台灣民族主義的共同體想像，又比起中國民族主義更合身於持續與中國本土分治的台灣社會，《人間思想與創作叢刊》的影響力因而終究是有限的。

三、《人間思想與創作叢刊》的價值

　　如果要論定《人間思想與創作叢刊》的價值，本研究認為，該刊最大的價值在於對於殖民主義的敏銳和警惕，以及對於去殖民的重視和堅持。這包括了對於殖民主義價值邏輯的清理、對於東亞依舊存在的冷戰結構下的新殖民主義問題的關切。尤其是東亞冷戰結構下的新殖民主義問題，那更是戰後東亞反共國家的社會問題的總根源。該刊對於這個問題的堅持思索和關注，可以說是提醒了我們，如果台灣要真正徹底的去殖民，不能不思考遺留下來的冷戰結構的問題，更不能不尋思東亞整體去殖民的方案。而該刊的這項價值，事實上也正是台灣左統陣營長期以來在理念上最值得肯定和珍視之處，他們在這方面的各種論述，是思索戰後台灣社會問題不能繞過的思想資源。

　　另外，該刊對於海峽對岸動向的介紹和討論，其實也甚有參考、反思價值，因為它可說是提供了一種有別於主流自由主義的批判視角。在兩岸關係日益密切的今日，擁有多樣的視角來理解海峽對岸的問題，以相互參照是極為重要的。

四、《人間思想與創作叢刊》的問題

　　至於《人間思想與創作叢刊》的弊病，本研究認為，應是在於把中國民族主義絕對化。最好的例子就是，關於台灣文學的評論上，該刊將國族立場傾向台灣獨立的作家，在創作上的美學成就全盤否定，以及視中國認同的恢復、兩岸統一為社會變革追求的前提。該刊這樣對於美學評判採取鮮明的「國族掛帥」態度，事實上對於其自身的評論造成了傷害。而將國族框架擺到關懷的優先地位時，不免又擱置了對於其他更具體的社會問題的關懷。

之所以會有這樣的問題，筆者認為，那是因為該刊主導者陳映真對於國族概念的過度在意，把反台獨、復歸中國立場作為去殖民實踐的必要一部分，因而導致中國民族主義立場被無限上綱了。

其實，國族本來就是一種外在形貌會隨著社會條件不斷變遷的事物，固定不變、永恆存在的國族可以說是從來就沒有的，試圖永久維持一個社會的國族形貌也可以說是不可能的。對於一個社會來說，重要的並不是國族認同的確立或復歸，而是在地文化是否獲得平等對待，以及普羅大眾決定自身所處的社會的公共事務的權利是否被尊重和維護。帝國主義、新殖民主義、內部殖民主義這些各種型態的殖民主義，之所以需要反對、去除，根本上來說，是因為它們造成了地區間的政經、文化不平等這些實質的社會問題和傷害，而不是在於國族認同這種抽象價值的改變上。比起國族這個概念，一個社會的勞動階級的權益和地位，對於古典馬克思主義者而言無疑是更為優先，也更為需要在意的問題，列寧所建立起來的左翼反帝傳統，即是以這樣的立場出發，而區別於國族本位立場的右翼。

對於特定國族認同復歸的過度執著，免不了會將國族的確立當成了絕對的價值，當國族確立成了絕對的價值，就會導致更為根本、實質的社會問題被遮蔽和犧牲，即使是不完全被遮蔽和犧牲，也會造成人們把過多的精力耗費在這種主觀情感的紛爭上。不幸的是，作為應該以勞動階級為認同依歸的古典馬克思主義者，陳映真與其追隨者卻存在著這樣的問題，而在國族問題上與他們對立，同樣以左派自許的史明和他的追隨者，其實在這方面也有過之而無不及。

然而，作為戰後的馬克思主義者，陳映真與史明的強烈國族本位色彩並不是特例，他們只是反映了戰後後進地區的馬克思主義者的特色，那些第二次世界大戰後誕生於亞洲、非洲、拉美等後進地區的「實存社會主義」政權，也都具有強烈的國族本位色彩，甚至也無法避免民族主義式的紛爭。這除了是因為後進地區很多左派、馬克思主義者，往往先是一位憂慮家國存亡的民族主義者，然後才在追尋救國保種之道時，接觸到列寧以降的馬克思主義反帝論述，由於他們獻身的初心是為了特定國族的存滅而奮鬥，因此在認同上他們無法避免的以特定國族為本位。另一方面，這更與戰前那種以不分畛域的勞動階級為認同依歸的國際主義精神的式微很有關係。畢竟，同樣是後進地區，在戰前這些地區的左翼在實踐上都是以勞動階級為共同認同的對象，

而不同於戰後的國族本位立場。到了戰後，由於以階級認同作為共同聯合基礎的國際主義的衰退，各國的左翼就僅是以「第三世界主義」這個反帝的共同立場作為聯合的基礎，而不是直接以全世界勞動階級為共同的認同主體，因此各國左翼的認同主體自然就被各自的國族這個概念所替代，因而無法避免的產生了國族本位的立場。由於以國族本位為立場，國族這個框架自然就無法被超越，而且還會不斷被上綱上限，既遮蔽了實質的社會平等的問題，也干擾著被壓迫階級的團結。至於跨越國界和認同所需共同面對的社會問題也就注定屢屢被隱沒，或者退居於次要的地位了。

　　總之，台灣的左統陣營，甚至是與其對立的左獨運動，一如戰後其他僅以「第三世界主義」為共識的左翼，固然為人們留下了許多值得珍惜的去殖民資源，但他們都無法避免的陷入了國族的迷障之中。如果想想馬克思和恩格斯所疾呼的「全世界無產者，聯合起來！」〔註1〕的口號，以及列寧所提醒的：「如果把同『本』民族資產階級的政治統一，看得高於同各民族無產者的完全統一，那就違犯了自己的利益。違犯了社會主義的利益和民主主義的利益。」〔註2〕這無疑是令人感慨、唏噓的。然而，前人在立場和實踐上的侷限，畢竟是受限於時代條件的形塑，作為後來者的我們，除了對於這樣的執迷需要保持警惕外，與其進行苛責，或許更應該、也更迫切的是對於他們在尋找社會解放的出路所未能克服的若干問題，進行勇敢的承擔和嚴肅的求索罷。

第二節　研究的突破與限制

　　如果要說本研究有什麼地方助益於學界的，個人認為，應是在於它是第一個針對《人間思想與創作叢刊》，這個 1990 年代中後的左統文化刊物本身進行研究的嘗試，而這個嘗試的目的，主要是藉著《人間思想與創作叢刊》這個切入點，去探究左統陣營中以陳映真為核心的知識份子群體，

〔註 1〕引自卡爾・馬克思（Karl Marx）、弗里德里希・恩格斯（Friedrich Engels），《共產黨宣言》（Manifest der Kommunistischen Partei），中共中央馬克思恩格斯列寧斯大林著作編譯局編譯，《馬克思恩格斯全集第四卷》，（北京：人民出版社，1985 年），頁 504。

〔註 2〕引自列寧（Влади́мир Ильи́ч Ле́нин），〈民族問題提綱〉，中共中央馬克思恩格斯列寧斯大林著作編譯局編譯，《列寧全集　第二十三卷》，（北京：人民出版社，1990 年 4 月），頁 331。

在世紀之交的關懷、作為，並梳理出他們的具體貢獻，以及考察左統陣營之所以沒落、無法突破發展上的侷限的根本性因素，也算是為學界開拓一種新的可能。不過，因為研究的重心，是從《人間思想與創作叢刊》去對於左統知識社群在世紀之交的主要價值觀和作為的大致檢視，因此本研究無法兼顧《人間思想與創作叢刊》的每篇文章，只能選擇代表其核心關懷的文章進行討論，對於該刊文藝創作的部分，也只是初步的整理，而未能對其進行美學上的細緻梳理或品評。這些是本書在關於該刊的研究上，所必須承認的限制。

事實上，無論是文學運動或是政治運動，關於左統陣營尚有許多地方值得研究，以台灣文學的運動來說，學界多以獨派的脈絡為研究的對象，而有關左統脈絡的研究則多集中於 1990 年代以前的代表刊物和活動，如《夏潮》雜誌同仁與他們在文藝上的作為、《文季》系列雜誌同仁和他們的運作、《人間》雜誌同仁以及他們的實踐的研究。1990 年代以後的文藝實踐則較少被關注，包括前面所提及的，本書對於《人間思想與創作叢刊》文藝部分的研究也僅止於表面的、較為粗梳的整理，而未能深入進行美學的品評。而對於 1950 年代以後台灣政治運動、民主運動的研究方面，學界主要都是以《自由中國》以降這種自由主義的脈絡，或者是《台灣政論》一系的在野本土公職競選勢力的脈絡為主，左統的脈絡除了郭紀舟研究的 1970 年代《夏潮》集團和不少人關注的《人間》雜誌團隊有被研究以外，1980 年代左統陣營的各式各樣組織、運動和其中的分化變遷，則仍缺乏更進一步的梳理，甚至 1990 年代以後左統陣營中的「海峽出版社」系統和《海峽評論》雜誌，以及作為台灣左翼思想交流平台的《左翼》雜誌和《批判與再造》也都是一種研究的可能。這些都還期待能有來者做進一步的探索。因為，左統陣營也是屬於台灣社會在戰後政經被支配的格局中尋求解放出路的產物，雖然他們所想望的，並不同於當前社會的發展方向，但是對於他們行跡的梳理，將有助於呈現台灣歷史真實發展情形的複雜性，以及身處於其中的實踐者的不同選擇，並豐富關於台灣社會走向的思考。更重要的是，也許還能從中梳理出更多因為與其國族理念夾雜在一起而被忽視的台灣左翼思想資源。畢竟，只要資本主義制度所產生的弊病被解決以前，作為其批判力量的左翼思想，就永遠會是人類社會追求公義、尋求解放的重要指引。近年來，台灣向來右傾的主流政黨，在全球經濟衰退，社會貧富差距持續擴大、階級對立浮上檯面的情勢下，也開始

出現調整路線向左翼靠攏的呼聲，更是說明了左翼立場的重要性意義〔註3〕。
而這樣重要的價值觀，一方面固然要有世界全局的視野，但另一方面來說，
更要能「在地化」，因此梳理台灣自身歷史上的左翼思想資源，以利來者的批
判性繼承以及進一步的開創，就顯得格外的重要。相較於日治時期和戰後初
期的左翼思想資源的爬梳，學界已有不少成果，1950 年代以後那些尚待開拓
的部分，就更需要人們進一步的去挖掘了。

〔註 3〕例如台聯和民進黨在 2007 年後都相繼有這樣的聲音出現，見新聞：〈黃昆輝
　　　掌台聯　路線中間偏左〉（來源：http://www.appledaily.com.tw/appledaily/article/
　　　headline/20070127/3212491/，2012 年 9 月 30 日）。以及〈蘇煥智：中間偏左
　　　路線　搶救崩世代〉（來源：http://tw.news.yahoo.com/%E8%98%87%E7%85%
　　　A5%E6%99%BA-%E4%B8%AD%E9%96%93%E5%81%8F%E5%B7%A6%E8
　　　%B7%AF%E7%B7%9A-%E6%90%B6%E6%95%91%E5%B4%A9%E4%B8%9
　　　6%E4%BB%A3-202137089.html，2012 年 9 月 30 日）。雖然主張是一回事，具
　　　體實踐又是另一回事，但至少說明了左翼理念重新受到重視。

參考文獻

一、《人間思想與創作叢刊》、《人間思想與創作叢刊增刊》

（一）《人間思想與創作叢刊》

1. 曾健民主編，《1998 年冬 台灣鄉土文學・皇民文學的清理與批判》，（台北：人間出版社，1998 年 12 月）。

2. ——主編，《1999 年秋 噤啞的論爭》，（台北：人間出版社，1999 年 9 月）。

3. ——主編，《2000 年秋 復現的星圖》，（台北：人間出版社，2000 年 12 月）。

4. ——主編，《2001 年春夏 那些年，我們在台灣》，（台北：人間出版社，2001 年 8 月）。

5. ——主編，《2001 年秋冬 因爲是祖國的緣故》，（台北：人間出版社，2001 年 12 月）。

6. 陳映眞主編，《2003 年冬 告別革命文學?》，（台北：人間出版社，2003 年 12 月）。

7. ——主編，《2004 年秋 爪痕與文學》，（台北：人間出版社，2004 年 10 月）。

8. ——主編，《2005 年春 迎回尾崎秀樹》，（台北：人間出版社，2005 年 4 月）。

9. ——主編，《2005 年秋 八一五：記憶和歷史》，（台北：人間出版社，2005 年 9 月）。

10. 人間出版社編委會主編，《2006 年春 2・28：文學和歷史》，（台北：人間出版社，2006 年 2 月）。

11. 陳映眞總編輯，《2006 年夏 日讀書界看藍博洲》，（台北：人間出版社，2006 年 7 月）。

12. ——總編輯，《2006 年秋 貪腐破解了台獨政權的神話》，（台北：人間出版社，2006 年 10 月）。

13. ——總編輯，《2006 年冬 復甦文藝變革的力量》，（台北：人間出版社，2006 年 12 月）。

14. ——總編輯，《2007 年春 2‧28 六十周年特輯》，（台北：人間出版社，2007 年 3 月）。

15. ——總編輯，《2007 年夏 學習楊逵精神》，（台北：人間出版社，2007 年 6 月）。

16. ——總編輯，《2008 年.01 鄉土文學論戰三十年 左翼傳統的復歸》，（台北：人間出版社，2008 年 1 月）。

（二）《人間思想與創作叢刊增刊》

1. 陳映真、曾健民主編，《1947～1949 台灣文學問題論議集》，（台北：人間出版社，1999 年 10 月）。

2. 歐坦生，《鵝仔——歐坦生作品集》，（台北：人間出版社，2000 年 9 月）。

3. 范泉，《遙念台灣——范泉散文集》，（台北：人間出版社，2000 年 2 月）。

二、專書

1. 文訊雜誌社主編，《陳映真創作 50 週年國際學術研討會論文集》，（台北：文訊雜誌社，2009 年 11 月）。

2. 王振寰、瞿海源編，《社會學與台灣社會》，（台北：巨流圖書，2003 年）。

3. 王振寰，《誰統治台灣？轉型中的國家機器與權力結構》，（台北：巨流圖書公司，1996 年 9 月）。

4. 王曉波，《從遺少到總統——論馬英九的崛起之路》，（台北：海峽學術，2009 年 8 月）。

5. ——編，《臺胞抗日文獻選新編》，（台北：海峽學術初版社，1998 年 11 月）。

6. 中共中央馬克思恩格斯列寧斯大林著作編譯局編譯，《列寧選集》，（北京：人民出版社，1975 年 4 月）。

7. ——編譯，《列寧全集》，（北京：人民出版社，1990 年）。

8. ——編譯，《馬克思恩格斯全集》，（北京：人民出版社，1985 年）。

9. 生安鋒，《霍米巴巴》，（台北：生智文化，2005 年）。

10. 矢內原忠雄著，周憲文譯，《日本帝國主義下的台灣》，（台北：海峽學術出版社，1999 年）。

11. 丘爲君、陳連順編，《中國現代文學回顧》，（台北：龍田，1978 年）。

12. 史明，《台灣人四百年史》，（台北：草根文化出版社，1998 年 4 月）。

13. 白永瑞、陳光興編,李旭淵翻譯校訂,《白樂晴——分斷體制・民族文學》, （台北：聯經出版,2010 年 11 月初版）。

14. 杜繼平,《階級、民族與統獨爭議——統獨左右的上下求索》,（台北：人間出版社,2002 年 8 月）。

15. 谷蒲孝雄,《國際加工基地的形成》,（台北：人間出版社,1992 年） 。

16. 吳晟,《一首詩一個故事》,（台北：聯合文學,2002 年）。

17. 吳音寧,《蒙面叢林》,（台北：印刻出版社,2003 年 12 月）。

18. 李輝凡、張捷,《20 世紀俄羅斯文學史》,（青島：青島出版社,1999 年）。

19. 孟樊,《論文寫作方法與格式》,（台北：威仕曼文化,2012 年 1 月二版一刷）。

20. 周婉窈,《海分行的年代：日本殖民統治末期臺灣史論集》,（台北：允晨文化,2003 年 2 月） 。

21. 施敏輝編,《台灣意識論戰選集》,（台北：前衛出版社,1995 年 7 月 1 日）。

22. 段承璞,《台灣戰後經濟》,（台北：人間出版社,1992 年）。

23. 馬戎編,《西方民族社會學的理論與方法》,（天津：天津人民出版社,1997 年）。

24. 倪炎元,《東亞威權政體之轉型——比較台灣與南韓的民主化歷程》,（台北：月旦出版社,1995 年 11 月）。

25. 那昇華、洪毓琄,《研究論文的實踐：國小老師經驗》,（台北：心理出版社,2009）。

26. 許南村編,《反對言偽而辯——陳芳明台灣文學論、後現代論、後殖民論的批判》,（台北：人間出版社,2002 年 8 月）。

27. 涂兆彥,《日本帝國主義下台灣》,（台北：人間出版社,1992 年）。

28. 張炎憲主編,《民主崛起——1980 年代台灣民主化運動訪談錄（二）》,（台北：國史館,2008 年 4 月 1 日）。

29. 曾萍萍,《噤啞的他者——陳映真小說與後殖民論述》,（台北：萬卷樓圖書,2003 年 12 月初版）。

30. 曾慶豹,《哈伯瑪斯》,（台北：生智文化,1998 年）。

31. 黃惠禎,《左翼批判精神的鍛接：四〇年代楊逵文學與思想的歷史研究》,（台北：秀威,2009 年 7 月）。

32. 荊子馨,《成為「日本人」：殖民地台灣與認同政治》,（台北：麥田出版,2006 年 1 月）。

33. 楊威理著,陳映真譯,《雙鄉記——葉盛吉傳：一台灣知識分子之青春・徬徨・探索・實踐與悲劇》,（台北：人間出版社,1995 年 3 月）。

34. 新台灣研究文教基金會，《走向美麗島——戰後反對意識的萌芽》，（台北：時報文化，1999 年 11 月 29 日）。

35. ——，《沒有黨名的黨——美麗島政團的發展》，（台北：時報文化，1999 年 11 月 29 日）。

36. ——，《暴力與詩歌——高雄事件與美麗島大審》，（台北：時報文化，1999 年 11 月 29 日）。

37. 游勝冠，《臺灣文學本土論的興起與發展》，（台北：群學出版社，2009 年 04 月）。

38. ——，《殖民主義與文化抗爭：日據時期臺灣解殖文學》，（台北：群學出版，2012 年 4 月）。

39. 趙遐秋、呂正惠主編，《台灣新文學思潮史綱》，（台北：人間出版社，2002 年 7 月）。

40. 趙遐秋，《生命的思索與吶喊——陳映真的小說氣象》，（台北：人間出版社，2007 年 10 月 26 日）。

41. 趙剛，《求索：陳映真的文學之路》，（台北：台灣社會研究雜誌社，2011 年 9 月）。

42. ——，《橙紅的早星：隨著陳映真重訪台灣一九六〇年代》，（台北：人間出版社，2013 年 4 月）。

43. 葉石濤，《一個台灣老朽作家的五〇年代》，（台北：前衛出版社，1991 年 9 月）。

44. 劉依潔，《《人間》雜誌研究》，（台中：印書小舖，2010 年 1 月）。

45. 劉進慶，《台灣戰後經濟分析》，（台北：人間出版社，1992 年）。

46. 劉進慶等，《台灣之經濟》，（台北：人間出版社，1993 年）。

47. 劉小新，《闡釋臺灣的焦慮》，（台北：人間出版社，2012 年 10 月）。

48. 郭紀舟，《70 年代台灣左翼運動》，（台北：海峽出版社，1999 年 1 月 05 日）。

49. 黎湘萍，《台灣憂鬱》，（台北：人間出版社，2004 年 2 月 19 日）。

50. 陳光興、蘇淑芬主編，《陳映真：思想與文學（上）（下）》，（台北：台灣社會研究雜誌社，2011 年 11 月）。

51. 陳光興，《去帝國：亞洲作為方法》，（台北：行人出版社，2006 年 10 月）。

52. 陳世宏、張建隆等編，《戰後台灣民主運動史料彙編（三）從黨外助選團到黨外總部》，（台北：國史館，2001 年 12 月 10 日）。

53. 陳映真，《將軍族》，（台北：遠景出版社，1975 年 10 月）。

54. ——，《第一件差事》，（台北：遠景出版社，1975 年 10 月）。

55. ——，《孤兒的歷史·歷史的孤兒》，（台北：遠景出版社，1984 年）。

56. ——,《陳映眞作品集 1：我的弟弟康雄》,（台北：人間出版社,1988 年 4 月）。

57. ——,《陳映眞作品集 2：唐倩的喜劇》,（台北：人間出版社,1988 年 4 月）。

58. ——,《陳映眞作品集 3：上班族的一日》,（台北：人間出版社,1988 年 4 月）。

59. ——,《陳映眞作品集 4：萬商帝君》,（台北：人間出版社,1988 年 4 月）。

60. ——,《陳映眞作品集 5：鈴璫花》,（台北：人間出版社,1988 年 4 月）。

61. ——,《陳映眞作品集 6：思想的貧困》,（台北：人間出版社,1988 年 4 月）。

62. ——,《陳映眞作品集 7：石破天驚》,（台北：人間出版社,1988 年 4 月）。

63. ——,《陳映眞作品集 8：鳶山》,（台北：人間出版社,1988 年 4 月）。

64. ——,《陳映眞作品集 9：鞭子和提燈》,（台北：人間出版社,1988 年 4 月）。

65. ——,《陳映眞作品集 10：走出國境內的異國》,（台北：人間出版社,1988 年 4 月）。

66. ——,《陳映眞作品集 11：中國結》,（台北：人間出版社,1988 年 4 月）。

67. ——,《陳映眞作品集 12：西川滿與台灣文學》,（台北：人間出版社,1988 年 4 月）。

68. ——,《陳映眞作品集 13：美國統治下的台灣》,（台北：人間出版社,1988 年 4 月）。

69. ——,《陳映眞作品集 14：愛情的故事》,（台北：人間出版社,1988 年 4 月）。

70. ——,《陳映眞作品集 15：文學的思考者》,（台北：人間出版社,1988 年 4 月）。

71. ——,《現代戲劇集演出劇本系列 9：春祭》,（台北：文建會,1995 年）。

72. ——,《陳映眞小說集 1：我的弟弟康雄》,（台北：洪範書店,2001 年 10 月）。

73. ——,《陳映眞小說集 2：唐倩的喜劇》,（台北：洪範書店,2001 年 10 月）。

74. ——,《陳映眞小說集 3：上班族的一日》,（台北：洪範書店,2001 年 10 月）。

75. ——,《陳映眞小說集 4：萬商帝君》,（台北：洪範書店,2001 年 10 月）。

76. ——,《陳映眞小說集 5：鈴璫花》,（台北：洪範書店,2001 年 10 月）。

77. ——,《陳映眞小說集 6：忠孝公園》,（台北：洪範書店,2001 年 10 月）。

78. ──，《陳映真散文集 1：父親》，（台北：洪範書店，2004 年 10 月）。

79. 陳芳明，《後殖民台灣：文學史論及其周邊》，（台北：麥田出版，2002 年 4 月初版）。

80. 陳玉璽，《台灣依附型發展》，（台北：人間出版社，1992 年）。

81. 陳建忠，《被詛咒的文學：戰後初期台灣文學問題論集》，（台北：五南圖書，2007 年 1 月）。

82. 陳明忠，《中國走向社會主義的道路》，（台北：人間出版社，2011 年 6 月）。

83. 彭小研主編，《楊逵全集》，（台南：國立文化資產保存研究中心籌備處，2001 年 6 月）。

84. 羅志平，《民族主義：理論、類型語學者》，（台北：望文社出版，2005 年 2 月）。

85. 蕭阿勤，《回歸現實：臺灣 1970 年代的戰後世代與文化政治變遷》，（台北：中央研究院社會學研究所，2008 年）。

86. 鄭鴻生，《青春之歌：追憶一九七〇年代台灣左翼青年的一段如火年華》，（台北：聯經出版，2001 年 12 月 2 版）。

87. 安東尼奧・葛蘭西（Antonio Gramsci），曹雷雨、姜麗、張跣譯，《獄中札記》（*The Prison Notebooks*），（北京：中國社會科學出版社，2000 年 10 月）。

88. 班納迪克・安德森（Benedict Anderson）著，吳叡人譯，《想像的共同體：民族主義的啟源和散佈》（*Imagined Community : Reflections on the Origin and Spread of Nationalism*），（台北：時報文化，2010 年 5 月 3 日）。

89. 大衛・哈維（David Harvey），王志弘譯，《新自由主義化的空間：邁向不均地理發展理論》，（*Spaces of Neoliberalization: Towards a Theory of Uneven Geographical Development*），（台北：群學出版，2008 年 12 月）。

90. E.A Wimckler S. Greenhalgh 編《台灣政治經濟學諸論辨析》，（台北：人間出版社，1994 年）。

91. Frank Bealey 著，張文揚等譯，《布萊克威爾-政治學智典》（*The Blackwell Dictionary of Political Science*），（台北：韋柏文化，2007 年 4 月）。

90. 弗朗茲・法農（Frantz Fanon）著，陳瑞樺譯，《黑皮膚，白面具》（*Peau noire, masques blancs*），（台北：心靈工坊，2009 年 11 月二版二刷）。

91. 弗朗茲・法農（Frantz Fanon）著，楊碧川譯，《大地上的受苦者》（*Les Damnés de la Terre*），（台北：心靈工坊，2009 年 6 月初版一刷）。

92. 法蘭西斯・福山（Francis Fukuyama），李永熾譯，《歷史之終結與最後一人》（*The End of History and the Last Man*），（台北：時報出版社，1993 年 4 月）。

93. 賽班（George H. Sabine）著，Thomas Landon Thorson 修訂，李少軍、尚新建譯，《西方政治思想史》（*A History of Political Theory*），（台北：桂冠圖書，1997 年 10 月）。

94. 恩克魯瑪（Kwame Nkrumah），北京編譯社譯，《新殖民主義：帝國主義的最後階段》（*Neo-Colonialism： the Last Stage of Imperialism*），（北京：世界知識出版社，1966 年）。

95. 彼得・布魯克（Peter Brook），王志弘、李根芳譯，《文化理論詞彙》（*A Glossary of Cultural Theory*），（台北：巨流圖書，2004 年 4 月初版二刷）。

96. 湯姆・博托莫爾（Tom Bottomore）等編，陳叔平等譯，《馬克思主義思想辭典》（*A Dictionary of Marxist Thought*），（河南：河南人民出版社，1994 年 7 月）。

三、刊物

1. 大學雜誌編輯部，《大學雜誌》43 期（1971 年 7 月）。

2. 官鴻志主編，《夏潮論壇》12 期（1984 年 3 月）。

3. 曾健民主編，《方向叢刊 2012 年秋 創刊號 東亞後殖民與批判》，（台北：台灣社會科學出版社，2012 年 10 月）。

4. 陳映真主編，《人間》1～47 期（1985 年 11 月～1989 年 9 月）。

5. 陳光興、趙剛、鄭鴻生主編，《人間・思想》夏季號，（台北：人間出版社，2012 年 8 月）。

四、單篇論文

1. 王永魁，〈「第三世界」與「三個世界」的提法及涵義考證〉，《北京黨史》，（2011 年 3 月），頁 63～64。

2. 吳介民，〈台海上空的粉紅色幽靈〉，《台灣社會研究季刊》57 期，（2005 年 3 月），頁 219～234。

3. 吳叡人，〈啓示與召喚：《臺灣人四百年史》的思想史定位〉，《史明口述史 3：陸上行舟》，（台北：行人出版社，2013 年 1 月 29 日），頁 126～145。

4. ──，〈他人之顏：民族國家對峙結構中的『皇民文學』與『原鄉文藝』〉，國立成功大學台灣文學系企劃編輯，《跨領域的臺灣文學研究學術研討會論文集》，（台南：國家台灣文學館，2006 年），頁 257～316。

5. ──，〈「台灣非是台灣人的台灣不可」：反殖民鬥爭與台灣人民族國家的論述，1919～1931〉，林佳龍、鄭永年主編，《民族主義與兩岸關係》，（台北：新自然主義，2009 年 04 月），頁 43～110。

6. 何義麟，〈戰後初期臺灣留日學生的左傾言論及其動向〉，《臺灣史研究》19 卷 2 期，（2012 年 6 月），頁 151～192。

7. 李桂芳，〈意識的偵防與歷史的夢魘——從陳映眞與陳芳明的論爭說起，並兼論晚近「臺灣文學史」的問題〉，《中外文學》32 卷 11 期（2004 年 4 月），頁 13～35。

8. 江燦騰、陳正茂，〈解嚴以來台灣文學史論述的統獨大戰：陳芳明 VS 陳映眞〉，《北臺灣科技學院通識學報》3 期（2007 年 5 月），頁 25～42。

9. 林淇瀁，〈「台北的」與「台灣的」——初論台灣現代文學的「城鄉差距」〉，鄭明娳編：《當．代台灣都市文學論》（台北：時報文化，1995 年 11 月），頁 39～57。

10. 林子忻，〈遍歷人間：《人間》雜誌與八〇年代臺灣紀實攝影研究〉，《通識論叢》（2007 年 6 月），頁 203～224。

11. 趙剛，〈以「方法論中國人」超克分斷體制〉，《台灣社會研究季刊》74 期，（2009 年 6 月），頁 141～218。

12. 劉依潔，〈從「人間」雜誌及其創始歷程探陳映眞的人文理念〉，《中國現代文學理論》18（2000 年 6 月），頁 164～176。

13. 劉勝驥，〈台灣民眾統獨態度之變化〉，，《中國大陸研究》41 卷 3 期，（1998 年 3 月），頁 29。

14. 陳正茂，〈戰後台獨運動先驅——廖文毅與「台灣再解放聯盟」初探〉，《臺北城市大學學報》35 期，（2012 年 5 月），頁 361～382。

15. 陳鼓應，〈七十年代以來，台灣新生一代的改革運動（上）〉，《中報月刊》28 期（1982 年 5 月），頁 27～35。

16. 陳建忠，〈末日啓示錄：論陳映眞小說中的記憶政治〉，《中外文學》32 卷 4 期（2003 年 9 月），頁 113～143。

17. 陳光興，〈在台灣教文化研究的問題與問題意識〉，《台灣社會研究季刊》62 期，（2006 年 6 月），頁 247～268。

18. 鄭鴻生，〈台灣人如何再作中國人：超克分斷體制下的身分難題〉，《台灣社會研究季刊》74 期，（2009 年 6 月），頁 95～139。

五、學位論文

1. 林竣達，《戰後台灣政治論述及民主概念》，（台灣大學政治學系／碩士論文，98 學年）。

2. 林世傑，《台灣文學中的白色恐怖——以葉石濤與陳映眞及其作品比較爲主軸》，（靜宜大學中文所／碩士論文，96 學年）。

3. 林肇豐，《王拓的文學與思想研究 1970～1988》，（國立台灣師範大學台灣文化及語言文學研究所／碩士論文，95 學年）。

4. 郭紀舟，《一九七〇年代臺灣左翼啓蒙運動——《夏潮》雜誌研究》，（東海大學歷史學系／碩士論文，83 學年）。

5. 許振福,《人間報導・文學人間——《人間》雜誌及其影響研究》,(國立台北教育大學中文系／碩士論文,97 學年)。

6. 曾巧雲,《未完成進行式——戰前戰後的皇民文學論爭／述》,(國立成功大學台灣文學研究所／碩士論文,93 學年)。

7. 劉依潔,《《人間》雜誌研究》,(東吳大學中文系／碩士論文,88 學年)。

8. 陳筱茵,《《島嶼邊緣》:一九八、九〇年代之交台灣左翼的新實踐論述》,(交通大學社會與文化研究所／碩士論文,83 學年)。

9. 陳瀅洲,《七〇年代以降現代詩論戰之話語運用》,(國立成功大學台灣文學系／碩士論文,94 學年)。

10. 陳明成,《陳映眞現象研究》,(國立成功大學台文所／博士論文,100 學年)。

11. 鄭明德,《民進黨派系政治之研究》,(國立中山大學中山學術研究所／博士論文,92 學年)。

六、報刊文獻

1. 宋冬陽,〈現階段台灣文學本土化的問題〉,《台灣文藝》86 期（1984 年 1 月）,頁 10～40。

2. 林麗如,〈以認眞、嚴肅的態度思想與創作——專訪陳映眞先生〉,《文訊》196 期（2002 年 2 月）,頁 79～82。

3. 松永正義,〈台湾にとっての日本の意味——藤井省三氏への異議〉,《東方》285 期（2004 年 11 月）,頁 16～19。

4. ——,〈台湾を考えるむずかしさ〉,《東方》292 期（2005 年 6 月）,頁 10～13。

5. 張良澤,〈正視台灣文學史上的難題——關於台灣「皇民文學」作品拾遺〉,《聯合報》,1998 年 2 月 10 日,41 版。

6. ——,〈台灣「皇民文學」作品拾遺〉,《聯合報》,1998 年 2 月 10 日,41 版。

7. 郭紀舟,〈七十年代的《夏潮》雜誌〉,《思想》4 期（2007 年 1 月）,頁 103～114。

8. 游勝冠,〈在殖民者與被殖民者之間徘徊:又見一場以「皇民文學」爲焦點的論點〉,《聯合報》,1998 年 7 月 24 日,37 版。

9. 曾建民,〈從皇民文學問題談陳映眞與藤井省三的論戰——兼談要警覺日本右翼的文化尖兵〉,《批判與再造》第 15 期（2005 年 1 月）,頁 49。

10. 葉石濤,〈台灣鄉土文學史導論〉,《夏潮》2 卷 5 期（1977 年 5 月）,頁 68～75。

11. 葉阿明，〈意識與存在——再論台灣意識〉，《生根》15 期（1983 年 8 月），頁 27～28。

12. 廖玉蕙，〈讓所有受侮辱的人重新得到尊嚴——訪陳映眞先生談小說創作〉，《文訊》287 期（1977 年 6 月），頁 102。

13. 陳映眞，〈「鄉土文學」的盲點〉，《臺灣文藝（革新號）》2 期（1977 年 6 月），頁 107～112。

14. ——，〈我在台灣所體驗的文革〉，《亞洲週刊》10 卷 20 期（1996 年 5 月 26 日），頁 50～51。

15. 陳映眞、黎湘萍，〈陳映眞先生談臺灣後現代問題〉，《東方藝術》，1996 年第 3 期，頁 18～21。

16. 陳映眞主講，張清志整理，〈我的寫作與台灣社會嬗變〉，《印刻文學生活誌》12 期（2004 年 8 月），月，頁 29～59。

17. 陳映眞口述，〈現在是重大反省時刻！——陳映眞總評國共兩黨、民進黨及臺獨〉，《財訊》132 期（1993 年 3 月），頁 157～162。

18. ——，〈陳映眞自剖「統一情結」——陳映眞：我又要提筆上陣了！〉，《財訊》132 期（1993 年 3 月），頁 163～165。

19. 陳芳明，〈台灣新文學史的建構與分期〉，《聯合文學》15 卷 10 期（1999 年 8 月），頁 162～173。

20. ——，〈《夏潮》的衝擊〉，《文訊》297 期（2010 年 7 月），頁 14～17。

21. 龍應台，〈請用文明來說服我——給胡錦濤先生的公開信〉，《中國時報》，2006 年 1 月 26 日，A41 版。

22. 蔡珠兒、張娟芬、朱恩伶，〈人間燈火未熄〉，《中國時報》，1993 年 5 月 14 日，第 31 版。

23. 羅奇，〈陳映眞的堅持：由《人間》雜誌到「人間思想與創作叢刊」〉，《聯合報》，1999 年 9 月 20 日，41 版。

24. 藤井省三，〈回應陳映眞對拙著《台灣文學百年》之誹謗中傷〉，《聯合文學》236 期（2004 年 6 月），頁 28～34。

25. ——，〈誹謗中傷の容認は東アジアの言論自由を脅かす——松永正義氏による陳映眞擁護論の誤り〉，《東方》288 期（2005.2），頁 16～19。

26. ——，〈東アジアの学問自由を脅かす"正直的学者"たち——陳映眞・松永正義・《文芸報》三者の「"文学台独"大批判」をめぐって〉，《東方》294 期（2005.8），頁 6～10。

七、網路文獻

1. 「人間出版社」於 PChome 商店街的出版品（來源：http://www.pcstore.com.tw/renjian/，2012 年 9 月 30 日）。

2. 小野在〈人間昏迷〉，（來源：小野家族 http://mypaper.pchome.com.tw/adam888/post/1322358249，2012 年 9 月 30 日）。

3. 王曉波，〈在那追隨胡秋原先生的日子裡——講於「七七抗戰 67 週年暨胡秋原先生紀念會」〉，（來源：王曉波部落格——http://wangxiaopo.blogspot.tw/2005/08/67.html，2012 年 9 月 30 日）。

4. 〈文藝界在台北紀念陳映真創作 50 周年〉，（來源：http://www.publishing.com.hk/pubnews/NewsDetail.asp?NewsID=20090925005，2012 年 9 月 30 日）。

5. 〈毛澤東是日本文革偶像〉，（來源：http://blog.boxun.com/hero/200909/xiangqianjin/4_1.shtml ，2012 年 9 月 30 日）。

6. 〈中國統一聯盟簡介〉，（來源：http://www.onechina.org.tw/index.php?f=ViewArt&c=440140000125，2012 年 9 月 30 日）。

7. 〈統盟大事紀〉，（來源：http://www.onechina.org.tw/index.php?f=ViewArt&c =440190000046，2012 年 9 月 30 日）。

8. 「台灣民眾統獨立場趨勢分佈（1994～2012.12）」，（來源：國立政治大學選舉研究中心——http://esc.nccu.edu.tw/modules/tinyd2/content/tonduID.htm，2012 年 12 月 30 日）。

9. 「台灣民眾台灣人／中國人認同趨勢分佈（1992～2012.12）」，（來源：國立政治大學選舉研究中心——http://esc.nccu.edu.tw/modules/tinyd2/content/pic/trend/People201212.jpg，2012 年 12 月 30 日）。

10. 何榮幸，〈認識新潮流系——歷史戰役篇〉，（來源：認識新潮流系——http://forums.chinatimes.com.tw/special/DPP_new/，2012 年 9 月 30 日）。

11. 江澤民，〈江澤民在慶祝建黨八十周年大會上的講話〉，（來源：http://www.people.com.cn/GB/shizheng/16/20010702/501591.html ，2012 年 11 月 28 日）。

12. 李筱峰，〈二二八事件與族群問題〉，（來源：李筱峰個人網站，http://www.jimlee.org.tw/article.jsp?b_id=72271&menu_id=4， 2012 年 9 月 30 日瀏覽）。

13. 林柏文，〈文革對西方世界的衝擊〉（來源：http://forums.chinatimes.com/report/cultural_revolution/review/95051501.htm，2012 年 9 月 30 日）。

14. 汪立峽，〈懷念慶黎〉，（來源：夏潮聯合會網站 http://www.xiachao.org.tw/?act=page&repno=655，2012 年 9 月 30 日）。

15. 具海根，《韓國工人——階級形成與文化政治》（來源：http://www.marxists.org/chinese/reference-books/korean-workers/marxist.org-chinese-Korean-Workers.htm，2012 年 9 月 30 日）。

16. 南方朔，〈鄧小平曾想見黃信介〉，（來源：番薯藤新聞網：http://magazine.n.yam.com/view/mkmnews.php/269651，2012 年 9 月 30 日）。

17. 施善繼，〈立報犇報聯播：毒蘋果札記 2011.11〉，《台灣立報》，（來源：http://www.lihpao.com/?action-viewnews-itemid-113741，檢索日期 2012 年 4 月）。

18. ——，〈30 年前遇見陳映真先生〉，（來源：大眾時代 http://mass-age.com/wpmu/blog/2007/01/18/30%E5%B9%B4%E5%89%8D%E9%81%87%E8%A6%8B%E9%99%B3%E6%98%A0%E7%9C%9F%E5%85%88%E7%94%9F/，2012 年 9 月 30 日）。

19. 〈夏潮的歷史與歷史的夏潮——夏潮聯合會簡介〉，（來源：夏潮聯合會正式網站——http://www.xiachao.org.tw/?act=content&cls_mother =13，2012 年 9 月 30 日）。

20. 「海峽學術出版社」（來源：http://www.pcstore.com.tw/askforbooks/S059879.htm，2012 年 9 月 30 日）。

21. 〈黃昆輝掌台聯　路線中間偏左〉（來源：http://www.appledaily.com.tw/appledaily/article/headline/20070127/3212491/，2012 年 9 月 30 日）。

22. 程映虹，〈文革和新加坡左翼運動〉（來源：http://www.sginsight.com/xjp/index.php?id=5753，2012 年 9 月 30 日）。

23. 楊偉中，〈選後台灣左翼的要務：建立工人階級的政治反對派〉一文。（來源：http://www.coolloud.org.tw/node/61617，2012 年 9 月 30 日）。

24. 「綠色小組」，〈0293 1987/08/08 夏潮聯誼會餐會 2-2〉，（來源：綠色小組社會運動紀錄片資料庫 http://203.71.53.86/PlayFilm.aspx?FilmID=3200，2013 年 6 月 1 日）。

25. 「綠色小組」，〈1990/05/05 五月學運 （反軍人干政） 61-7 （A13-7）5/5 PM10:45~5/6 反郝遊行 PM1:30〉，（來源：綠色小組社會運動紀錄片資料庫 http://203.71.53.86/PlayFilm.aspx?FilmID=4530，2013 年 6 月 1 日）。

26. 「綠色小組」，〈1991/05/20 聲援獨台會案 16-12 "反白色恐怖及政治迫害" 遊行 7-3〉，（來源：綠色小組社會運動紀錄片資料庫 http://203.71.53.86/PlayFilm.aspx?FilmID=4697，2013 年 6 月 1 日）。

27. 〈憂國憂民一俠者：唐文標先生座談會 （一） 詩人的唐文標〉，（來源：http://www.lib.nthu.edu.tw/guide/exhibits_and_events/tangwenbiao/forumrecord1.pdf，2012 年 9 月 30 日）。

27. 劉進興，〈三十物語〉，（來源：財團法人陳文成博士紀念基金會 http://www.cwcmf.org.tw/joomla/index.php?option=com_content&task=view&id=188&Itemid=402，2012 年 9 月 30 日）。

29. 陳英泰，〈地下組織組立〉，（來源：陳英泰部落格—— http://tw.myblog.yahoo.com/yingtaichen/article?mid=-2&prev=711&l=a&fid=1，2012 年 9 月 30 日）。

30. ——，〈五十年代白色恐怖和共產主義迷思〉，（來源：陳英泰部落格 -http://tw.myblog.yahoo.com/yingtaichen/article?mid=707&prev=709&next=706&l=f&fid=1，2012 年 9 月 30 日）。

31. ——，〈9-41 於 1986 年成立政治受難人互助會〉，（來源：陳英泰部落格——http://tw.myblog.yahoo.com/yingtaichen/article?mid=499&prev=501&next=498&l=f&fid=1，2012 年 9 月 30 日）。

32. ——，〈第十四章 總統選舉〉，（來源：陳英泰部落格—— http://tw.myblog.yahoo.com/yingtaichen/article?mid=512&prev=513&next=511&l=f&fid=1，2012 年 9 月 30 日）。

33. 陳文添，〈日治五十年臺灣總督府文官加俸問題〉，（來源：http://www.th.gov.tw/files/613_s04.pdf，2012 年 11 月 28 日）。

34. 陳火泉，〈道〉，（來源：http://www.srcs.nctu.edu.tw/joyceliu/TaiwanLit/online_papers/ref1.html，2012 年 11 月 28 日）。

35. 陳樹德，〈中國社會性質論戰〉，（來源：中國大百科全書—— http://163.17.37.33/cpedia/Content.asp?ID=18186&Query=1，2012 年 11 月 28 日）。

36. 逸華，〈春風不息〉，（來源：http://www.mollie.com.tw/web/Diary_Library_Show.asp?Sel=DC&DCID=DC20080808110657&DIID=DI20091113105106&Keyword=&Page=2&Time=2011-08-06%2020:41:03，2012 年 9 月 30 日）。

37. 薛化元，〈臺灣歷史辭典——三畫 千島湖事件〉，（來源：http://nrch.cca.gov.tw/ccahome/website/site20/contents/003/cca220003-li-wpkbhisdict000113-0077-u.xml，2012 年 9 月 30 日）。

38. 鄭漢良，〈反英武鬥 香港最動盪時節〉，（來源：http://forums.chinatimes.com/report/cultural_revolution/review/95051607.htm，2012 年 9 月 30 日）。

39. 藍博洲，〈通過鏡頭顯現的歷史光影——台灣左翼運動與五〇年代白色恐怖〉，（來源：https://docs.google.com/viewer?a=v&q=cache:vxbD-eM5t28J:203.64.6.236/tawian1101/w/6_2.doc+%E7%99%BD%E8%89%B2%E6%81%90%E6%80%96%E5%8F%97%E9%9B%A3%E8%80%85+%E7%AC%AC%E4%B8%80%E6%9C%9F%E5%B7%A6%E7%BF%BC%E9%81%8B%E5%8B%95&hl=zh-TW&gl=tw&pid=bl&srcid=ADGEESio18wzBXGButNPOcOR_4yE_V7F7KYZk3YoJps-zCHnRLXbgbPSzdZ41jChuzRBxCBZzN2Q_TjKMMqeK2rze9un5XMWyUJv1ch7mBIwV2AOp1Oxo65t6oM2tSP039_p_QCNKiUB&sig=AHIEtbR0_dB8mr_Dcy4vibdrL6gefdNR3w，2012 年 9 月 30 日）。

40. ——，〈戰鬥的歐巴桑——許月里女士的道路（1912～2008）〉，（來源：夏潮聯合會網站 http://www.xiachao.org.tw/?act=page&repno=964，2012 年 9 月 30 日）。

41. 〈蘇煥智：中間偏左路線 搶救崩世代〉（來源：http://tw.news.yahoo.com/%E8%98%87%E7%85%A5%E6%99%BA-%E4%B8%AD%E9%96%93%E5

%81%8F%E5%B7%A6%E8%B7%AF%E7%B7%9A-%E6%90%B6%E6%9
5%91%E5%B4%A9%E4%B8%96%E4%BB%A3-202137089.html，2012 年
9 月 30 日）。

42. 蘇慶黎年表，（來源：http://www.fokas.com.tw/news/newslist.php?id=878 ，
2012 年 9 月 30 日）。

43. Han Ji-Won，〈工運動能與韓國勞工政黨之演進〉（來源：http://www.
coolloud.org.tw/node/49927，2012 年 9 月 30 日）。

44. 佩里・安德森（Perry Anderson），《西方馬克思主義探討》（Considerations
on Western Marxism），（來源：中文馬克思主義文庫：http://www.marxists.
org/chinese/reference-books/westernmarxism/index.htm，2012 年 11 月 28
日）。

45. 理查德・沃林（Richard Wolin），〈當時西方知識界都在關注中國〉，（來
源：http://culture.yunnan.cn/html/2010-11/09/content_1403994.htm，2012
年 9 月 30 日）。

附錄一 《人間思想與創作叢刊》 各期內容

期　名	單　元	紀實報導 ／ 紀實攝影	特集 ／ 特輯	其　他	專題 ／ 專輯	文　獻	東亞冷戰與國 家恐怖主義	爭鳴 ／ 豎碑	人間文學／人間文藝／ 文學創作／文藝創作
1998 年冬 台灣 鄉土文學・皇民 文學的清理與 批判	台灣 鄉土文學・皇民 文學的清理與 批判	關曉榮：〈十 一年後的八 尺門和阿 春〉	「台灣皇民 合理論的批 判」特集論 文 3 篇	「台灣文學 史」古繼 堂：〈民族魂 主宰的一次 新詩革命〉 鄉土文學論 戰二十周年 座談會紀錄	「鄉土文學 論爭二十周 年」專題論 文 4 篇	關於鄉土文 學論戰的早 期 論 文 2 篇、《龍族》 評論專號前 的評論		曾健民：〈反 鄉土派的嫡 傳〉 石家駒（陳映 真）：〈一時 代思想的倒 退與反動〉	吳晟：〈詩集因緣──吾鄉 印象〉 詹澈：〈兩個十年──鄉土 文學論戰前後台灣現代詩 的淺介及淺思〉 施繼善：〈毒癩果札記〉

－183－

1999 年秋 嚎啞的論爭	李文吉：〈北埔——「本土化」浪潮下的客家庄〉 藍博洲：〈尋找周慎源〉	「馬克思主義論在台灣的中挫」特集論文 4 篇	「人物剪影」許南村：〈兵士路駝英的腳蹤〉 藍博洲：〈放逐詩人雷石榆〉	「不許新的台灣總督府『文奉會』復辟！」專題論文 2 篇	「狗屎（糞）現實主義」論爭的相關文獻	曾慶瑞、趙退秋：〈質疑「小說百強」〉 周良沛：〈在黃春明・陳映真研討會上的隨想隨說〉	陳映真：〈歸鄉〉（小說） 柏鴻鵠：〈明麗鳥〉（散文） 詹澈：〈聞南韓拒設 TMD〉（詩）【紀念四・六事件五十週年 詩葉】 鍾喬：〈青春——紀念「四」六」五十週年〉 施善繼：〈流放野百合〉 楊渡：〈眼睛裡的野百合〉 詹澈：〈螢火蟲〉 施善繼：〈毒蘋果札記之二〉
2000 年秋 復現的星圖	李文吉：〈九二一災後重建〉	「發現歐坦生」特集論文 2 篇	陳映真：〈以意識型態代替科學知識的災難〉 陳映真：〈關於台灣「社會性質」的進一步討論〉	「藍明谷專題」：作品與評論	賴明弘：〈重見祖國之日〉 「台灣文學史」 施善繼：〈呼喊迦尼〉	曾慶瑞：〈大眾文化的世紀末進軍〉 趙退秋：〈釀成他獨創的甜蜜〉	陳映真：〈夜霧〉（小說） 陳義芝：〈一所房屋的廣告辭〉（詩） 古添洪：〈秋興：一九九九〉（詩） 古添洪：〈聞一多與澳門回歸〉（詩） 詹澈：〈嘆・門〉（詩） 周良沛：〈評吳晟〉（評論）
2001 年春夏 那些年，我們在台灣	林國彰・張平宜：〈希望在大營盤〉	「《和平日報》：回憶與評價」7 篇文章	「在脫走西渡的前夜」文章 3 篇 「高行健批判」批判文 3 篇	「紀念范泉」專題文章 4 篇			陳映真：〈忠孝公園〉（小說） 田野：〈離合悲歡的三天〉（散文） 古添洪：〈午馬神騰〉（散文） 蕭荻：〈幻夢〉（詩） 鍾喬：〈異國書簡〉（詩） 鍾喬：〈南方之針〉（詩）

					詹澈：〈斜躺著杉原海水浴場〉（詩） 詹澈：〈金光大道〉（詩） 詹澈：〈與鍾喬夜談〉（詩） 詹澈：〈紅色野百合〉（詩） 古添洪：〈近代英／美與觀察〉（詩）張軍：〈黎明的憂懼〉（評論）
2001 年秋冬 因為是祖國的緣故	樋口健二著，許南村譯：〈以人手終結人手製造的核害〉	橫地剛著，許南村譯：〈大陸木刻家們的台灣〉 木皆作著，陳純真等譯：《日本無產階級電影與「無產階級電影同盟」全史（一）》 「陳芳明台灣新文學史論的再批判」特集文章2篇	「國語政策」和「閩南方言」相關論獻和評論	「兩岸爭鳴」：因為是祖國的緣故」 回應中共開放資本家入黨的文章5篇	林步履：〈死亡的河〉（小說） 田野：〈往事難忘〉（散文） 何苦：〈詐欺〉（雜文） 何苦：「選擇」的變戲法〉（雜文） 許南村：〈反思和批判的可能性〉（評論） 施善繼：〈牛、虎、猴〉（詩） 施善繼：〈迎九七〉（詩） 施善繼：〈無題〉（詩） 舞岸：〈百年遊子〉（詩） Marsiem Sumanjo：〈掌中戲〉（詩） 陳映真：〈工人邱惠珍〉（詩）
2003 年冬 告別革命文學？	汪立峽：〈憤怒的火車——記台鐵工會反民營化抗爭始末〉	「推薦論文」橫地剛／泉的反思」 「八十年代以後大陸文論的反思」特集文章4篇	石家駒（陳映真）：〈葉石濤「面從腹背」還是主機會主義？〉 陳映真：〈磐成第二輪台...〉	曾健民：〈淺釋「《台灣文化的前途》座談會」〉 蘇新等：〈談台灣文化的前途（座談記錄）〉	楊渡：〈雪原上的眼睛〉（報告文學） 施善繼：〈周爺〉（散文） 施善繼：〈草馬及其他〉（散文） 何標：〈天地至今留正氣——紀念賴和先生逝世六十週年〉（詩）

2004 年秋 爪痕與文學	陳星怡等：〈青春十八、十九時〉	「余光中風波在大陸」特集 「藤井省三尊題」批判之論文 1 篇	「特薦論文」 黎湘萍：〈是誤讀，還是羅蘭‧巴特斯？——從海峽兩岸魯迅 "走近" 的不同方式談起〉 黎湘萍：〈「走出國境內的異國」——《台灣的憂鬱》人間版自序〉 陳映真：〈在香港看「七‧一遊行」〉	朱雙一：〈尋找夢周——一位在光復初期台灣文壇留下深深足跡的作家〉 林木：《楊逵大學和台灣新文學》 麥浪歌詠隊： 「朱點人新出土小說」 朱石峰： （貼）周青：〈含淚憶點人〉 曾健民：〈關於朱點人的出土及其他〉

井上清：〈東亞的冷戰與日本〉 姜萬吉：〈韓國國家恐怖主義的現代史背景〉 徐勝：〈朝向以民眾為主體的冷戰終結〉	〈反對「不准反美反戰」和「只准反戰不准反美以反美！」〉 「皇民文學」的圖謀一讀藤井省三《百年來的台灣文學》 陳映真：批許的《台灣文學》：批許的筆記（一） 陳映真：〈向內戰‧冷戰意識形態挑戰〉	曾健民：〈兩岸文學的新頁——試讀周良沛《走進臺灣》〉 周良沛：〈旗幟〉（詩） 周良沛：〈跋涉〉（詩） 周良沛：〈山與路〉（詩） 施善繼：〈顛倒過〉來（詩） 施善繼：〈蒙古馬〉（詩） 詩： 楊渡：〈四首反戰之詩〉 鍾喬：〈致詩人朋友——寫給農民詩人吳晟‧詹澈〉 鍾喬：〈老王——寶藏嚴，在時間裂縫中的想像…〉 施善繼：〈一顆子彈，然而〉 施善繼：〈風笛〉 散文： 詹澈：〈佰合〉

2005 年春 迎回尾崎秀樹	林哲元：〈久握不放的手——隨父親返鄉記〉	「尾崎秀樹」特輯	「藤井批判」論文 3 篇 「特薦論文」橫地剛：〈由《改造》連載《中國傑作小說》所見日中知識份子之姿態〉 「余光中風波反響」論文 2 篇 「報導文學」藍博洲：〈「這個人，國家不能讓他活下去！」——許強醫師（一九一三～一九五〇）(上)〉	「美日帝國主義論」專題論文 2 篇	「台灣文學史資料」台灣光復初期的文學史料	曾健民：〈風雨飲來……——關於「東亞冷戰與國家恐怖主義」論文選輯〉 新崎盛暉：〈沖繩的反基地鬥爭與東亞和平之創造〉 高良鐵美：〈自日本沖繩所見日之右傾化及東亞和平與人權〉	詩： 楊渡：〈希望之光〉 詹澈：〈寫給稻米炸彈客〉 詹澈：〈一闋紅色鷺鷥號——致農運先驅簡吉〉 施善繼：〈上海組曲〉 散文： 鍾喬：〈視線：裸露、錯又或交匯——亞洲民眾戲劇的迴流〉 詹澈：〈讀《中國農民調查》〉
2005 年秋 八一五：記憶和歷史	林國彰、張平宜：〈悲歡新生——樂生療養院紀實報導〉	「大陸『背景』爭論」特輯文章 7 篇 「特薦論文」施淑：〈台灣話文論戰兩中華文化意識——郭秋生、黃石輝論述〉	「我的『八・一五』」專題文章 4 篇	「台灣文學史資料」台灣作家的「八一五」	姜禎求：〈美國的韓半島戰略與朝鮮的分斷：以四・三抗爭為中心〉		詩： 詹澈：〈站農田邊記之二〉 詹澈：〈靜靜的雨幕〉 鍾喬：〈來到邊境〉 吳音寧：〈吳音寧詩三首〉 施善繼：〈梅妃——帳篷遊戲〉

				劇《台灣 Faust》觀後〉 散文： 施善繼：〈毒蘋果札記（三）〉 隨筆： 楊渡：〈一本書的故事—— 關於《戰慄的未來》〉 陳映真：〈對我而言的「第 三世界」〉
			呂正惠：〈近期台灣文學的「後」論述〉 「台灣文學研究」 劉孝春：〈朱點人小說初探——紀念台灣光復六十週年〉 「特載」 卓彼庭：〈「前事不忘，後事之師」——北京「花岡暴動」六十週年追悼大會側記〉 「報導文學」 藍博洲：〈「這個人，國家不能讓他活下去！」——許強醫師（一九一三～一九五〇）（下）〉		

2006 年春 2·28：文學和歷史	唐曙、李哲、關晨宇：〈WTO 香港〉林深靖：〈維多利亞的秘密——WTO 香港部長級會議場外側記〉	「2·28：文學和歷史」特輯文章 5 篇	「焦點論文」汪立峽：〈根深蒂固的軍國主義國家——日本右翼勢力的歷史、文化與思想探源〉陳映真：〈文明與野蠻的辯證〉「楊儒門獄中書簡」2 中書簡及一篇書信及一篇介紹「大陸廣泛注目·新寫實小說」曹征路：〈那兒〉以及 2 篇評介〈陳映真·櫻井大造對談〉	「台灣大眾文學焦點」專題介紹宋非我〈蓬萊仙島〉	「台灣文學焦點」呂赫若最新出土小說《一年級生》		特別訪談：藍博洲：〈瞭解伊斯蘭世界及其作家〉隨筆：尾崎秀樹：〈我的青少年時代〉曾慶瑞：〈人雖去，魂猶在——寫在巴金老人遠行的時候〉散文：施善繼：〈毒蘋果札記（四）〉詩：詹徹：〈站在農田邊記之三〉詹徹：〈載台灣釋迦往上海的路上——欣聞農產免收農產稅〉鐘喬：〈遊盪浮士德〉
2006 年夏 日讀書界看藍博洲	蔡德明：〈故事媽媽〉	「日讀書界看藍博洲」特輯文章 9 篇	「特薦論文」趙剛：〈多元文化〉「時勢論衡」陳扶餘：〈一〉		「台灣文學史料」曾健民：〈「光復」的出發——談台灣光復初〉	洪根珠：〈韓戰經驗的克服與南北韓的統一〉藍博洲：〈重新恢復健康的民族魂〉	隨筆：曾慶瑞：〈俄羅斯十一日行——文化「遊學」之旅〉散文：施善繼：〈毒蘋果札記（五）〉

詩：
歐仁・鮑狄埃：〈公社走過的道路〉、〈給公社委員艾杜阿・瓦楊〉
迪・努・艾地：〈唯一的道路〉
詹澈：〈聽胡德夫在金門海邊歌唱〉
鍾喬：〈一切的孤寂——致關曉榮〉

最早出現的報紙副刊——〈詞華〉、〈藝文〉、〈學林〉〉
鍾喬：〈決戰時期的台灣劇運——簡國賢和他一輩的劇場人〉

個沒有美國的亞洲——從美國的東亞戰略轉型看東亞一體化的可能與挑戰〉
「書評書介」
陳映真：〈突破兩岸分斷的構造，開創統一的新時代——《春雷之後——保釣運動三十五週年文獻選輯》序〉
「回響」
汪立峽：〈那兒就是這兒〉
「文化前線」
官土生：〈綠色暗雲下的一道曙光——記台灣五十九年來第一次「宋斐如先生追思會」〉

2006 年秋 貪腐「台獨政權的神話」破解了台獨	「反貪倒扁」凱達格蘭・楊渡：〈九九運動觀察筆記〉	「反貪倒扁」解剖・特輯文章 9 篇	「NO PASARAN」唐曙的：〈別讓法西斯通過！紀念西班牙內戰七十周年〉〉「台灣民眾史」藍博洲：〈還有這樣的台	「紀念魯迅逝世七十周年」魯迅文章 3 篇　評論文章 6 篇	瑟柯慧：〈地下室中的《黎明的國度》——記一場四十年前的文革前的文革紀錄片放映會〉官士生：《《雷雨》歌——記相隔六十年的兩場《雷雨》》讚范振國：〈糾擺「反共」「反中」的刻板印象〉

彭明偉：〈關於「智識階級」和平民〉
愛羅先珂：〈智識階級的使命〉
施善繼：〈毒蘋果札記（六）〉

2006年冬 復甦文藝變革的力量	李文吉：〈作協・青藏鐵路〉	「民眾劇場」布萊希特特輯文章8篇 「時局論衡」林書揚：〈十二・九北高選戰的幾點意見〉李弘毅：〈台灣分離主義與民主的根本矛盾〉 「特寫論文」朱雙一：〈與「本土八股」的對抗和超越「文像筆記」文章2篇 「歷史現場」關曉榮：〈秋祭的眼睛〉 「兩岸三地電影視焦點：《雲水謠》觀後感2篇與座談會	灣人——革金良先生的道路（一九一五～二〇〇五）〉	「大陸新寫實小說」曹虹征路〈霓虹〉及4篇感想	藤目ゆき：〈帝國主義與性暴力〉 馮守娥：〈台灣白色恐怖與女性——在東亞和平人權國際學術大會上的演講〉	陳志平：〈那些歌・給了她力量——馮守娥的戰鬥曲〉 櫻井大造：〈台灣的逆光為托邦〉 施善繼：〈毒蘋果札記（七）〉 布萊希特：〈一個工人讀歷史的疑問〉 布萊希特：〈辯證法頌〉

| 2007 年春 2·28 六十周年特輯 | 關曉榮：〈造究記憶・創造現在——反核廢二十年〉 | 「形勢背景」二二八背景介紹 8 篇　「歷史證言」二二八歷史證言 5 篇　葉芸芸：〈二二八前的蘇新〉　藍博洲：〈張志忠傳奇而悲壯的一生（1910～1954）〉　藍博洲：〈註二二八・台北武仔——二二八台北武裝計畫總指揮李中志〉　陳耀霆：〈情系台北《人民導報》——深切悼念宋斐如先生〉　「文藝反映」朱雙一：〈二二八文學書寫與台灣意識的〉 | 「女工讀書會」1 篇介紹及 3 篇心得 | 「文獻資料」二二八文獻 5 篇 | 「人物顯影」 | 楊思諶：〈阿貴的悲哀〉　陳映真：〈母親的叮嚀——拜見詩人臧克家先生〉　黃儼紅：〈永不消逝的彩虹——尋找黃榮燦的關蹤〉　范泉：〈記台灣的憤怒〉　林書揚：〈消失在歷史迷霧中的背影——丁名楠與二‧二八事變〉　施善繼：〈毒蘋果札記（八）——二〇〇七‧二二八‧飄撇的烏狗兄〉　鍾喬：〈冷戰封鎖下的民眾文化〉 |

					曉風：〈神交五十年相見在酒泉〉 施善繼：〈毒蘋果札記（九）〉 張學峰：〈尾崎秀實與中國〉 大江健三郎：〈始自於絕望的希望〉
2007年夏 學習楊逵精神	抗戰木刻選	「最新出土楊逵佚文」3篇 「楊逵的文藝戰線」6篇關於楊逵的特輯論文	自我異化——鍾肇政長篇小說《怒濤》論析 潘朝陽：〈台灣鄉土作家吳濁流在二二八事件中的信試煉〉 李娜：〈在記憶的寂滅與復燃之間——「二·二八」文學與台灣的文化政治〉	「日本法西斯批判與再出發」4篇 戰後初期批判日本法西斯的文章	「歷史背景文獻」關於楊逵及胡風的7篇文獻 「胡風與中日文學交流」2篇
		「新美日帝國主義批判」9篇文章 「人間書序」林書揚：〈鄭重推介日本軍國主義的新階段〉中譯本 李娜：〈通過《人間》認識世界〉		「新文學交流」2篇新出土胡風佚文和3篇評介 「讀者來函」	

2008 年.01 鄉土文學論戰三十年 左翼傳統的復歸	盧昱瑞：〈冰點——冷凍廠勞動工作初探紀實〉	「保釣運動」王正方：〈保釣的今昔談〉鄭鴻生：〈校園驚蟄——國族裂變台大保釣運動的海外關係〉「美國帝國主義批判」河清：〈文化冷戰與中央情報局〉「美國繪畫的橫空出世（1945～1960）〉「大陸學者談陳映真」6篇相關論文「人間書序」趙遐秋：〈生命的思索與陳映真的小說〉肖成：〈一個時代的文學面影——黃春明〉	「鄉土文學論戰三十年」文獻1篇、論文5篇			施善繼：〈「鄉土文學論戰」三十年〉施善繼：〈毒蘋果札記（十）〉鍾喬：〈於是，我來到邊境…〉詹澈：〈另一次遠行——欣聞映真兄逐漸康復〉

附錄二　訪談曾健民

時間：2012 年 9 月 28 日（五）上午 10：10~12：30
地點：中日牙醫診所（台北市大安區敦化南路一段 238 巷 2 號 2 樓）
訪談人：王奕超
受訪者：曾健民醫師

問：第一個問題，想請教說曾醫師文學、思想上的歷程，以及與陳映真先生
相交的過程。

曾健民：這個說起來就很長囉！那個當然就是曾醫師跟你年輕、像你那麼年
輕的時候所處的環境是一樣的，但是不是所處的環境，年齡是一樣的，感情
當然年輕嘛！肯定會有一些憧憬。但是在你們的時代當然是會有一直追求新
的東西，或追求那個理想，或追求真實，這個是年輕人大概都有的共同的特
質嘛！但是在我們的年代跟你的年代當然是有很大的不同，你們現在可以很
自由的去追尋嘛！但是在陳映真的時代，還有我的時代，當然陳映真跟我的
時代又不同囉！陳映真跟我差 13 歲。當然他的時代跟我的時代也不同。但是
陳映真跟我的時代的共同點，就是第一個，在思想上，還有就是實際的生活
上，就是國民黨政府的壓迫，就是所謂的戒嚴，還有就是那個反共戒嚴嘛！
那個我們簡單的是這麼說啦，有壓迫當然就會有反抗就會有不滿，當然是這
樣的一個時代，這個時代跟你們那個時代當然不同，所謂的反抗當然有各種，
像陳映真追求這個不一樣的思想就被人家抓去關了，是不是這樣子？那共同
的在我們那個時代也是啊，沒有被抓去關，或是差一點被抓去關的，或是說

被壓下去的，這個是很普遍的，這是相當普遍的。因爲有不正常的壓迫當然會追求新的思想出路，這當然是跟你們的時代最大的不同。

問：像陳映眞的想法，大家可能比較了解，因爲他有講過他的過程。但是曾醫師的想法是怎樣形成，因爲跟您同輩的想法可能未必跟您一樣，可能會走上主張台獨的路線，那可是曾醫師您的想法或路線爲什麼跟他們有所不同？因爲一開始可能大家都差不多，那後來爲什麼就是會……，是從在哪一個點……？

曾健民：第一個，所謂的台獨，這樣的思想或歷史論述或文學論述，這種論或這種史觀，實際上在台灣是在 70 年代末 80 年代初才在台灣出現，那個之前，在台灣的社會裡面，是沒有這種東西，在思想界各方面，所以你現在看到的所有現象，一些論述、一些所謂的認同啦、一些政治立場，這個是在台灣具體的來講是在 80 年代以後，才有的一個新生事物吧！那個之前在台灣的內部是幾乎是沒有的。但是在日本在美國，你也知道，在日本 50 年代開始就有人主張台灣獨立這樣的政治運動，一直都是一個政治運動，那只有一個史明寫了一個《台灣人四百年史》吧！這個是一個，我講是台獨運動，他一直都是反抗國民黨，從反抗國民黨的戒嚴滑到反抗中國，這個是有變化的。但是作爲一個文學論述甚至於歷史論述，實際上只有史明那本書四百年史，我想你也讀過了嘛！那後來變成一種文學論述，是來到台灣，就是從葉石濤開始，慢慢的、慢慢的這個東西，作爲一個新的政治力量的一個前鋒吧！才在台灣出現。這個東西並不是純粹的思想問題，或純粹的只是文學的問題，而是眞正的是跟政治，跟當時不只台灣的問題，跟當時的國際局勢，跟亞洲的國際局勢新的變化是有很大的關係。這個是我必須先說明的，那因爲你提到說爲什麼會有這樣的一個分歧。先這樣的說明以後呢，曾醫師先跟你解釋一下，我這個跟你一樣年紀時的大概的過程。實際上，曾醫師是在高中的時候就寫小說了，在《台灣文藝》剛剛出版的前幾期，吳濁流的時候，那時候我高中的時候有發表了幾篇小說。可是，曾醫師跟那個陳映眞當然是有時代的不同嘛！那曾醫師成長的時代，已經是 50 年代以後的事，50 年代以後呢，那在文學上、那思想上，那很簡單，那就是現代主義。但是現代主義並不是跟西方，只是西方流下來、流進台灣或是流進大陸，然後傳到台灣來的那個現代主義。台灣的現代主義，實際上是從大陸傳過來，也就是從大陸來的一些

文人，從新詩開始，從現代詩開始，這種現代主義實際上是帶著很濃厚的反共色彩，那跟西方的又有很大的不同。可是也有一個比較純粹的所謂的西方的自由主義、現代主義的那種思想跟文學，譬如說當時李敖那個他們的那個《文星》，你知道嗎？你聽過嗎？《文星》這個東西就比較屬於不是反共色彩。那曾醫師是在這樣的一個思想環境長大的，那所以現代主義的影響還是一個開始。後來因為是那個各種反共戒嚴的思想限制跟壓迫下，就想應該有新的思想出路。那時候大陸剛好是在文革期間，當然我們就相反的去看它，對不對？你認為說是暴政，對不對？我們認為這個是一個一個……而且這個東西不只大陸，整個世界的思潮，已經開始從 70 年代、60 年代末，就是一種反叛的世代已經產生，從英國、從美國的反越戰，然後在大陸的那個文革，還有日本的日美安保，就是反對日美安保的鬥爭，這個是整個時代的風潮。然後，最後就是那個美國，台灣去美國的留學生的保釣運動，這是整個時代的一個潮流。在這個潮流裡面，當然曾醫師也是受這個潮流影響，慢慢的思想上，一開始的思想會比較開闊，實際上，所關心的、受的影響還是整個世界潮流的影響，就不會說只是呵！呵！在一個島嶼，那個事情是透過世界的接軌這樣的展開。可是不管怎麼樣，後來最寄託的，因為曾醫師是鄉下出生的，知道弱者的那個不平等的這種壓迫，所以我們是基本上就是還是希望追求公平正義的社會，這個是基本的，不管就是思想是怎麼樣的思想，最後你還是要落實到整個社會的公平正義，那當然的慢慢的、慢慢的，你就會找到社會主義的道路嘛！這個不是簡單的說只是說是「左派」，台灣就是把所謂的「左右」變得是抽象化的、僵化的分類，實際上這樣的東西「左」還是「右」呢？你就是回到你的生活裡面，回到整個社會的公平正義，當然我們追求的是社會的公平正義。而且真正的說起來，就是人的不幸，實際上是一個制度性的問題，不是個人的，不是說曾醫師對你的個人對個人的問題，不是單個資本家對勞工的問題，那是整個社會是資本主義社會還是社會主義社會這樣的一個差別，那最後你會去找到就是說人的解放的道路，而不是說只是簡單的一個島內的一個族群的一個紛爭，要超越這個東西。曾醫師基本上是一個這樣的。因為在台灣也沒辦法讀到其他的，都是禁書，是不是這樣子？到日本去才真正的因此讀到禁書，簡體字的書，那是 1985 年。

問：1985 年您才第一次去留學？

曾健民：留學是 1982、81 年就去了，85 年才正式去，因爲日本東京有中國書店，就是內山書店，你知道內山書店嗎？那你如果知道魯迅的話，魯迅最好的日本朋友就是內山完造，後來他內山回到日本以後，有開了一個書店叫內山書店，專門賣中國書。

問：所以，就 85 年才眞正讀到？

曾健民：讀到大陸的書，那個時候在台灣這個也是不可能，是不是？

問：所以之前在台灣是朦朧的「左」？

曾健民：可以這麼說吧！所謂朦朧的「左」，實際上也就是並沒有一個系統。

問：可是後來到那個時候不是也……，到 85 年差不多開始本土論崛起，因爲在 70 年代普遍是中國民族主義加左翼的色彩，到了 80 年代就開始已經有一些不同的，那不是您身邊的同儕或朋友也應該是開始有一些轉變，那曾醫師您都沒有受到影響？

曾健民：當然沒有受到什麼影響，因爲即使有這個影響，那一開始的時候，實際上是反國民黨，實際上就是省籍矛盾開始的，省籍矛盾對不對？是在台灣社會當時有存在，當然是有不平等的那個問題存在，但是跟種族壓迫、民族壓迫這個完全是不一樣的。作爲一個社會，你說大家要平等，這個是有他的正當性，所以他當然是取得了很多的選票。那再過來呢，就是開始所謂的自由化、民主化以後呢，就有各種各樣的想法出現，可是最主要的還是就是最後呢，還是變成從反對省籍的問題開始變成反對中國的問題。這個過程，這個實際上是可以每一個時期每一個時期可以看得很清楚，所以族群問題就在那個時候，就是被提出來，什麼四大族群，我想你們還是讀到那個台灣史的那個教科書，四大族群論，是這個樣子。那基本上曾醫師是因爲這樣的一個思想的一個路線，所以並沒有受到這種的風潮的影響，是這樣的。

問：因爲像我看吳晟寫一篇在回憶陳映眞的文章有講到，說他以前的想法跟你們差不多，但是後來可能見了一些中國的人之後就想法改變。我的意思是說，吳晟跟曾醫師你們是朋友，你們都會有這種的變化，所以我比較好奇是說，是

理論認識比較深還是怎樣？就是有人會被影響有人不會。而且我認爲六四應該是個關鍵，六四事件應該是一個分水嶺，就是很多人可能是因爲六四⋯⋯

曾健民：對，六四，而且六四也並不是在台灣，在很多地方都產生了很大的一個，個人的認同的一個分裂。那吳晟是我的最好的朋友，你大概也知道，他的散文幾乎都是曾醫師給他寫序的，陳映眞好像也給他寫過評論。這個東西，這個我們就很難講，什麼人高什麼人低，什麼人對什麼人錯，這個是一個很微妙的，曾醫師也不好說到底是怎麼樣，這個當然是跟世界觀有關係，我們只能夠這麼說吧，人有一個世界觀、有一個哲學觀、社會觀，我想最大的分歧可能在這邊吧，他畢竟是一個詩人，他是用感性來創作，那曾醫師是比較屬於思維、思想來思考這個問題，這裡面可能也會有一個差別吧！可是最後還是牽涉到世界觀，你到底要追尋什麼樣的社會？你並不把現在所存在的社會認爲是一個合理的社會，就是所謂的世界觀，就是你除了看到的東西，你還可以看到更廣泛、更廣泛的世界，而關心更廣泛的世界，而且何況現在已經全球化了，是不是？呵！呵！呵！

問：那你跟陳映眞先生的認識，是還沒有出國就認識了？

曾健民：對，就認識了。

問：那後來回國是因爲想要？

曾健民：那陳映眞有寫信給我，寄一些文章給我，還斷斷續續的有聯繫，就是他希望我就是趕快回來，回來以後趕快找他。因爲他那時候，實際上陳映眞就是越來越孤獨，他雖然是說名聲很大，但是他實際上在思想上他是蠻孤獨，而且也蠻孤立的狀況。曾醫師回來實際上馬上就去找他，曾醫師是 1992年回來。那時候他就開始編那個政治經濟學叢刊。實際上他那個《人間》雜誌停刊以後，像我那篇文章也有講到，那他面對當時整個包括中國的六四，包括整個世界的變化、台灣的變化，他要找一個新的思想的出路，那個時候，他認爲沒有重新再認識台灣，認識台灣的社會，認識台灣的政治經濟，而且是科學的認識，這個很重要，並不是感情的、感性的認識。當然這個東西要經過一番努力，而且台灣也沒有這樣的先例，那他體會到必須要走這一關，他有跟我，所以跟我⋯⋯

問：那時候島內《夏潮》系的也還是有一些人在，照理說他不是那麼孤單才對……

曾健民：當然是孤單。就是在政治上，在政治派別上，譬如你說叫作「左統」，可能是有一批人，可是在文化思想上，他是孤單的，是這樣子的。真正的就是能夠用陳映真一直常常批判的所謂的感情論跟道德論，就是要超越這樣的一個層次，這個是就是找尋一個社會科學的，一個比較客觀的認識，那這個東西實際上是跟社會主義的理論，跟馬克思主義的理論是一致的。那這點實際上就叫作「左」嘛！那如果台灣的所謂的「左」已經被妖魔化，而且就是被標籤化、被概念化，那真正的所謂的「左」，這種東西它的基礎是什麼？這基礎就是很簡單，你相信有人有解放的這個道路，有一種解放的一個思想嘛！如果沒有這個隨便就說是「左」，有些人說台獨就是「左」，很多，很多人這麼說，有些人說，欸、哎呀，你是「左」，你是不是台獨啊？是已經整個都混亂了，什麼叫作「左」？搞混了嘛！所以一開始陳映真是……所以陳映真為什麼在辦叢刊的期間，他一直都沒有寫小說，到後來叢刊的快後來他才開始寫小說，這段時間，我那個文章裡面也有寫，他就是要找尋新的思想的出路。陳映真的小說他自認為他是思想先行，他自己要有一定的一個想法、一個世界觀、一個社會觀，他才可能從事創作，可以這麼說吧！他自己也承認。

問：那就是說第二個問題，就是說看您的文章有講說，後來就創立「台灣社會科學研究會」，我記得您文章提到研究會的會議討論要創一本新的「左統」的刊物，所以《人間思想與創作叢刊》是不是以「台灣社會科學研究會」成員為中心所創立的「左統」刊物？那我自己的看法是說，那時候其實「左統」刊物還有《海峽評論》，可是那其實比較偏向是政治，而且它比較偏向「統」，它「左」的也比較少。而且比較是政治性的，那時候文化性的很像也比較缺乏，所以是可不可請您談一下，當初這個刊物的創立經過？還有，為什麼會選擇以叢刊的形式而非雜誌的形式呢？

曾健民：當然這個是，這個《海峽評論》你剛剛也說對了，它是屬於一個政治的刊物，那這個《思想創作叢刊》當然就是像我文章裡面寫的，大概是在研究會裡面，大家有討論，最後就是落實，而且就是開始運作。那跟編委會上面的名單，這些名單基本上也是那個「台灣社會科學研究會」的成員，包

括呂正惠也是。但是這些成員呢，我們這個研究會是比較鬆散的，但是定期，大概剛開始都是一個禮拜一次，比較鬆散的一個，也沒什麼這個約束，也是進進出出，這個是研究會的一個特徵。可是它，就是成立這個研究會實際上是陳映眞推動的，陳映眞邀我一起，然後再邀請一些朋友共同創立的，那個研究會的一些章程都還在，呵！呵！後來本來是，曾經嘗試就說是不是就是《人間雜誌》……，再成立《人間雜誌》，後來現實上是沒辦法再繼續搞這個雜誌型。

問：是經費不足嗎？

曾健民：經費，還有再過來，時代也不一樣，跟 80 年代不一樣。因爲你要維持一個雜誌不那麼容易，這個時代的整個風氣跟潮流都不一樣，到了 90 年代跟 80 年代完全不一樣。所以那個時候就是以……，實際上是陳映眞的想法啦，就是要科學的認識台灣社會、認識台灣的政治，那你想要知道的就是編委會，就是每一期都有編委會的一些名單嘛！這些名單有些呢，實際上都是掛名的，很多是掛名的，那眞正的主導的還是陳映眞，我們是可以這麼說。剛開始的時候，本來是說我跟陳映眞一起出錢，後來變成陳映眞一個人，呵！呵！這個是就是引導你。

問：而且其實應該用蠻多筆名，像陳映眞的筆名比較多，就我比較了解，許南村、石家駒那些，那很像曾醫師也有筆名，因爲我是後來看那個邱士杰他的一個什麼《台灣社會主義運動的萌芽》，就是他出的那本書裡面有講到官土生是那個曾醫師的筆名，那像還有一個叫瑟柯慧也是曾醫師的筆名？

曾健民：沒錯，你還是蠻厲害的，呵！呵！呵！

問：因爲我想說瑟柯慧應該是「台灣社會科學研究會」。

曾健民：呵！呵！呵！你還是蠻……，還有官漢生，如果你有看到官漢生也是。

問：所以主要早期就只有你們兩個？

曾健民：是這樣子沒錯。爲什麼會第一本會出來呢？還是 97 年的鄉土文學論戰二十周年的那一場，我們辦了一個研討會嘛！那個研討會的那個內容，研

討會的這些文章，就變成了第一期的那個主要的那個部分，你把他看第一期《清理與批判》就知道了。

問：那還有就是隔一年有那個皇民文學的……

曾健民：對，皇民文學的，對。陳映真因為，不是陳映真，曾醫師因為對張良澤把皇民文學的內容無限的擴大，把小學的作文也認為說是皇民文學，因為你把他查那個當時的聯合報的副刊，你就會知道了，他把皇民文學無限上綱，對不對，這個就扭曲了皇民文學的真正的內容。有些是在那個時代，就是人不知不覺的，譬如後來的反共教育大家也要寫反共的文章啊，你不能寫說那時候小學生寫的、中學生寫的反共文章就是反共文學，同樣的，這樣的意思。因為是這樣子，而且皇民文學的問題一直沒有得到一個真正的基於史料的一個皇民文學論，所以曾醫師那個時候就開始查文本，所謂的文本很重要，就是日本在台灣那個精神總動員、戰爭總動員時期的幾本文學刊物。幾本文學刊物，透過這些文學刊物，來真正的在有論，或者有「據」，最主要的曾醫師強調的就是要有「據」才能夠有論，大部分的論述都是只有論，根本就不是根據「據」的論嘛！所以曾醫師就開始在摸，真正的去閱讀那個當時的文學、當時真正的幾本的文學雜誌，是根據這個東西，因為曾醫師的日文還算不錯嘛！我在日本待了十二年。那因此透過這樣的一個實際的掌握這個文本，然後才提出了我的皇民文學論嘛！對不對？第一期。

問：可是我看一下，有時候覺得就是說批判日本帝國主義是很應該批判，可是我覺得當時的人有時候是迫不得已，他可能是在那個環境下，他沒辦法，出生就受這種教育使他變成這樣，所以有些用詞很像對那些皇民作家有些太嚴苛，我是覺得應該同情的理解，我覺得張良澤那個又太過了。但是我覺得曾醫師和陳映真在批判皇民作家有點太過火了。

曾健民：對，過火的意思，實際上是針對就是有些像那個中島利郎把志願兵變成就是愛台灣、愛鄉土，你還記得嗎？第一期還第二期也有那個。而且我們是把皇民文學這種東西，已經極限到，真正的皇民文學已經極限到只有幾篇嘛！像陳火泉嘛！跟那個周金波，那個是真正的皇民文學。但是把皇民文學說成是愛台灣、愛鄉土。這個東西就變成顛倒是非了。而且還有一點，陳

火泉後來在台灣光復以後，他又回到他本來的一個民族立場，這個陳火泉，後來他還有繼續創作，那基本上，我們只是對陳火泉跟周金波，那時候他是有意識的創作，你懂不懂我的意思？很多就是沒有意識的創作，我們根本不把他當皇民文學。對張良澤的批判，最主要就是他把其他什麼東西都拉入皇民文學，把皇民文學這種東西當作是一個正正當當的文學。那實際上是一個戰爭動員的文學，很簡單嘛！是不是這樣子？同樣我們的態度，對於反共文學我們也是嚴厲的啊！是不是這樣子？因為你們是依附嘛！而且是有意識的創作嘛！而且是把真正的戰爭發動者，所他們嘉許的、培養出來的東西，這個東西我們有兩個層次，個人來講是時代的不幸，這個我們都知道，但是對於這樣的一個文學，全世界有反法西斯文學，德國人會對法西斯文學會有一個同情的那個嗎？不會嘛！是這個樣子，但是對於個人來講，他是一個不幸，是時代的不幸，可是對為你變成一個文學來講，你就是變成一個戰爭的、軍國主義的、就是鼓吹台灣人去當皇民的文學。這個客觀的影響，這種文學我們當然是要批判的，曾醫師是這樣的態度，陳映真也是這樣的態度。我們要分作幾個層次，就是說在現在的時代，我們也是是非分明，做為一個時代，做為一個你的影響力，這我們還是要有一個不同的，是這樣子。

問：就是我們一般人可能會誤解說，像曾醫師或者是陳映真，就是有寫皇民文學的話，就感覺就算是時代的不得已，也是會被罵得很慘。那我就想，像楊逵、呂赫若在戰爭時期也有寫一些品質不怎麼好的，配合國策的作品。但是他們戰後的作為又是另外一回事。所以我就想說皇民文學是一種時代高壓下的不得已……

曾健民：是，沒錯。但是我們要區別呂赫若、楊逵、陳火泉跟周金波的不同，還有其他很多啊！那個是一種看不見的，你會讀了以後，你會知道它後面有很多不甘不願的，不是全心贊同的，這個東西你是讀文學你會讀得出來，而且當時代的人，如果讀了這些作品，大概也會知道這真的是不得已的。就譬如說坤集、乾集的，最後的決戰文學，有沒有？那個是真正的在那個他的文學裡面，你有看到他的不甘不願又不得已去做的事，你說那個時候也有很多那個怎麼講御用紳士啦，整個時代就是附合戰爭體制的，但是就是這裡面我們還是要能夠分辨出來，所以我們把皇民文學就是侷限在少數的幾篇，是這樣的意思。

問：所以很像大家都誤解了你們的意思。像最新有一篇陳映眞的研究，就是成大有一篇研究，不知道曾醫師有沒有看過？他講的就是陳映眞批評皇民文學，但是他就有收集史料說，其實他的生父和養父在日治時代，譬如他的生父也有創作一些戰時的音樂，所以就會質疑陳映眞爲什麼不能寬容、不能體諒那個時代的皇民。所以聽曾醫師講一講，這樣似乎也不是不能體諒。所以是論戰的本身就比較會情緒性……

曾健民：也不是情緒，這個是一個態度，就是對一個時代的，同樣我就跟你講嘛！就是到了反共時期，對於反共文學，對不對，爲什麼會有鄉土文學出來，是不是？爲什麼陳映眞一直要批評這個余光中，同樣的意思，他並沒有批評所有的那個時候寫反共的，或是爲了反共去當什麼職位的這些人。這個我們要區別，同樣的這樣的一個意思，至於就是說，你如果是說連什麼，因爲那個時候就有很多這個皇民奉公隊啦，各種各樣的，整個就是，什麼叫做戰爭動員，你了解什麼叫做戰爭動員，就是每個人都必須要爲這個戰爭要去分配到各種職位，小學生就要寫戰爭文學、皇民文學，可是你不能這樣說每一個人都是爲了日本帝國主義啊！是不是？我們要分辨誰是主要的那個……譬如說日本軍國主義、法西斯主義者就是主要的犯罪，我們這個絕對是不可能就是有讓步的。這個很清楚，如果我們連這個都不清楚的話，那我們的時代永遠都是不公不義的時代。然後第二個，我們要分辨絕大部分的，在時代裡面，就是說不知不覺必須要在這個時代裡面扮演這個時代的角色的人，跟有意識的去追求這個時代的這個功名的這些人，我們還是要分辨嘛！

問：所以主要是批判那些有自覺性的？

曾健民：當然是這個樣子，不但就是自覺性的，而且就是你創作出來的文學，實際上是變成眞正的爲了軍國，而且這個文學並不是就是說只是在雜誌上發表，而且是被獎勵的，以鄙視自己的文化和同胞來被獎勵的這樣的一個東西。但是這個時間是很短的，而且是少數的，可是就是從 80 年代開始，就有皇民文學論爭，最後的論爭的意思就是說日據時代日本人沒有錯嘛！是這樣而已啊！是這樣的一個效果──是皇民文學，當時每一個都是皇民文學，皇民文學是眞正的一個文學，就忘掉了它是一個戰爭文學，是一個鼓吹戰爭的國策文學！是這個樣子！

問：那編委召集人後來有變動，一開始是曾醫師，後來是陳映眞，那後來 2006 年，應該陳映眞是去了中國大陸，那所以應該只是掛名，後面掛了個總編輯，但是我想應該不對，因爲那個時候……

曾健民：不是，最後就是陳映眞不在了。實際上陳映眞在要走之前，就有本來《人間》雜誌的一個重要的成員叫作范振國，就是范振國還留在「人間出版社」，是主要他在主編。2006 年以後的幾期都是那個主編就是變成范振國，是這個樣子。

問：那比較早的幾期，我看好像也不是每一季都有出刊，是因爲就是你們兩個都比較忙所以沒辦法，還是要收集什麼史料沒有湊齊，所以才沒有當季都有出刊？

曾健民：對，沒錯！沒錯！因爲你要知道，就是寫手是很重要，你一個雜誌你要不要維持？你這個筆陣是很重要的，還有就是這個議題，那爲什麼你剛才有問到，爲什麼要用叢刊而不用雜誌，這個就是這個問題在這邊，因爲雜誌它要定期出刊，那在台灣當時的那個潮流是，像陳映眞像我們這些這樣的一個文化思想批判態度的這些寫手，基本上不多，所以用叢刊。還有一個，用叢刊呢，叢刊它算是一個叫作 Book Magazine，它是書，它不會過期，因爲它是一個專題、一個專題的東西，所以它不會過期，它不會說這個到了下個月它就完全賣不出去了，雜誌它是有時限的，那是爲了經營上，還有就是採取這樣的一個形式。第一個，就是當然我們的寫手也不夠，經費也不夠，還有就是採取叢刊的方式就是它不會過期，它就是常常都還可以擺在書店上賣，是這樣的。這個是當時我跟陳映眞，陳映眞也不斷地表明的這樣的一個方式。

問：所以換編委召集人風格不會有差異？

曾健民：不會，基本上還是陳映眞在主導。

問：所以稿主要是看到好文章再轉載嗎？還是先討論我們要做什麼？還是收集了什麼史料之後決定？

曾健民：基本上還是看當時有哪些文章、有哪些議題，當然由陳映真來決定，要不要推出、要不要出稿、要不要就是出一期。

問：所以主要還是轉載，還有就是你們兩個的文章？

曾健民：也不是轉載，大部分都是創作吧！轉載的比較少。

問：因為我看有些可能是在聯合報或在哪裡先發表，之後再拿過來。

曾健民：陳映真的是吧？陳映真的有可能。

問：因為我看創刊、發刊詞有說要團結所有進步的力量嘛，對，那我看有一個就是《噤啞的論爭》那一期有陳建忠，像陳建忠是比較屬於本土派，那就是說，可是很像之後，很像就比較少再看到團結不是「統派」的、但也不是很「右」的那種，其他進步力量？當時有沒有考慮一個譬如說統一戰線，就是聯合「右翼」以外，任何相對進步的力量？

曾健民：對，當然，就是說有意識的要團結更多的人，是不是有這樣的一個把它當作一個很重要的目標？我想這個所謂的團結的這種東西，就是說你推出這樣的一個批判的態度，一個批判的一個文化跟思想，那如果有受到影響，認為受到啟發的，而且認為在你這個地方發表是能夠突顯我的影響力的，我想我們是很歡迎。但就是說，陳建忠後來也沒有主動要在我們這邊發表。實際上，我們是很樂意團結更多人的。

問：那我發現《人間思想與創作叢刊》很重視台灣戰後初期的歷史和文學，是不是很看重「新民主主義革命」的傳統，我的感覺是《人間思想與創作叢刊》以復歸這段傳統為己任。

曾健民：基本上我是有「據」才論的，就是說有這段歷史事實，才做這樣的論述。我的想法是重現歷史，把它當作進入歷史看待，是這樣子的一個態度。當然日本的橫地剛也幫了我們很多，他整理了很多，他們說戰後初期，我們說光復初期、光復期的文化史料。

問：像橫地剛這樣的日本人很特別，好像跟一般的日本人理念不太一樣……

曾健民：沒有，像這樣的日本人其實很多。他是安保鬥爭世代的，受到文革的影響，當時他親身到中國去。他是理解並認同中國革命的人。

問：所以這方面的歷史研究是他的興趣？

曾健民：不是興趣，是當作一個理想、一個事業，包括像陳映眞還有曾醫師我們辦刊物、做這些都是整個生命去投入的。我們不只是興趣，是嚴肅的……

問：志業？

曾健民：對、對，可以這麼說罷！

問：當時中國是世界革命的中心，是很多年輕人認同的對象，可是後來毛澤東跟尼克森握手不是造成很大的打擊？很多人的信念應該都垮了，他沒有因此轉向？

曾健民：應該說造成衝擊吧！轉向倒是還不至於，改革開放跟六四以後才比較有轉向的問題。

問：那我有一個問題就是，我感覺 90 年代後的形勢與 40 年代截然相反，包括中國本身都進入革命的倒退期，叢刊一方面高舉中國的革命傳統，但是一方面對於 90 後走資的中共仍抱有期望，這不會產生矛盾嗎？對現在的中國共產黨批判好像都比較婉轉。對於當今中國不是應該寄望新的社會主義變革運動嗎？

曾健民：事實上，陳映眞在《因爲是祖國的緣故》的「兩岸爭鳴」把他的立場講得很清楚，包括編輯語都是他寫的，還有《人間》雜誌講天安門的那兩篇，你可以再找來看看。目前的中國大陸，當然資本主義壞的方面都出現，貪污腐敗得很厲害，這個我們要批判，這沒問題。但是中國畢竟仍然還保有社會主義制度，它的經濟還不全是資本主義，憲法上也規定是社會主義國家。關於這點，我們還是要給予肯定和支持，就是支持社會主義制度，支持中國作爲一個社會主義國家存在下去這點。那說我們批評得太婉轉，畢竟我們不是住在那裡，是不是？我想大陸的人民比起我們更有資格去作嚴厲的批評和鬥爭。

問：那個就是關於社會性質論，我認爲陳映眞先生與陳芳明的論戰，很明顯他試圖引起一場關於台灣社會性質的論戰，雖然這個企圖並不成功。我好奇的是，《人間》陣營爲什麼沒有發起關於當代中國的社會性質的討論？我記得陳映眞對於當代中國的社會性質也是很關心？

曾健民：當初陳映眞創立「台灣社會科學研究會」就是要研究台灣社會性質，但是到後來只剩下我和陳映眞幾個人還重視這個問題。實際上，社會性質論在台灣是討論不起來的，因爲沒什麼人對這個議題感興趣，也沒人跟得上。陳映眞在跟陳芳明論戰的時候，不斷強調「社會性質」就是想引起討論，但問題是，缺乏可以跟他對話的人。目前台灣的社會性質到底是什麼？在他離開台灣前，我們還是沒有一個定論，因爲台灣的社會變動太大，你說戰前是「殖民地・半封建社會」，這個沒有問題，可是現在是什麼？而且我們講社會性質論不是隨便說說的，是要深厚地去掌握，到目前爲止，還沒有一個很好的答案。至於你說中國的社會性質，台灣的都沒有弄清楚，怎麼可能討論到中國的？而且我們也不是生活在那裡。但是中國大陸有很多這方面的人才，是有辦法解決這個問題的。

問：那叢刊停刊的原因是？

曾健民：就是陳映眞走了以後，「人間出版社」的經營權換人，因爲路線不同，後來呂正惠就決定停刊了。

問：現在不是又出了繼承它的刊物？那個《人間思想叢刊》？

曾健民：你說《人間思想叢刊》？它是繼承了《人間思想與創作叢刊》的名稱，但是內容其實不太一樣，主要是陳光興他們負責。

問：2002 年陳映眞先生在接受《文訊》訪問時，曾提到《人間思想與創作叢刊》一期印一千本，也不見得銷售光。不知道該刊的平均銷量是多少？銷量最好的是哪一期？

曾健民：銷量一直都不好吧，是叫好不叫座。就那一千本也沒有賣完。我想前幾期銷量比較好吧！因爲打開新的批判空間。

問：因為是叫《人間思想與創作叢刊》，也強調創作，但在文藝實踐上卻沒能培養新的作家或開拓現實主義的潮流，很像不太成功？

曾健民：對，沒錯，這是個問題。那在創作的方面是很弱是沒錯，可是這個是就是陳映真一直寄望能夠培養出一個創作的隊伍出來，但是實際上是沒有成功的，這個實際上也是反映了台灣的現實嘛！台灣的文學已經是民粹化了，已經就是所關心的主題，所關心的人已經是不一樣了嘛！那真正的觸及到生活、真正的觸及到人的命運的這樣的一個文學已經沒有了，都只是關心就是個人的，個人的感情世界，或是只是關心到少部分的群體的世界，這個沒辦法，這個是現實上，譬如說叢刊為什麼是不定期，那個也是反映了就是創作的隊伍不夠。

問：《人間》雜誌還可以培養一批隊伍出來，可是到了叢刊就沒辦法。

曾健民：沒錯，那個時候你要知道，《人間》雜誌是在 80 年代，台灣正在變化的時候，正在快要解嚴，然後就是在各方面都在解放的時期。在那個時期，而且它是《人間》雜誌等於是 80 年代的，以文化參與新社會的塑造過程的，會有很多人有熱情願意加入，這個是很不一樣的。

問：曾醫師您作為一個參與者，自己對《人間思想與創作叢刊》的評價和檢討，哪邊做得不好，哪邊覺得成積做出來這樣？

曾健民：我覺得不能叫做好，也不能叫做不好。要我做評價很難講，這可能應該是給你們來評價。如果有做出些什麼，我想就是打開思想文化的空間，聯繫東亞和兩岸的視野吧！主要是打破被支配的歷史，開啟東亞共同命運的歷史認識。就是東亞各國看起來很像不相關，其實有著相同的被支配命運，所以我們辦了六屆的「東亞冷戰與國家恐怖主義」研討會，目的就是要促進東亞國際性進步力量的聯結，認識我們共同面對的問題，就是美國霸權的支配嘛！我覺得主要是發揮這些功能。我是這樣看，做得好不好，不是看銷量，而是看有沒有突破什麼，就看未來有沒有影響。實踐啊，是看不到未來如何的，但是就是抱持信心，體認到應該怎麼做的信念，就是做下去。

問：比起 1990 年代，現在資本主義經濟的困境，全球「左」的力量又要起來的跡象了。

曾健民：或許新自由主義即將落幕，就是看到一點微光，但過程一定仍然是曲折的。但就是要繼續走下去。曾醫師接著將要辦一個刊物，是繼承《人間思想與創作叢刊》的，叫《方向》叢刊，預計 10 月要出刊。出了再給你一本。

問：主要內容是？仍然是文化思想方面的？

曾健民：對，主要是文化思想的，就是東亞共同進步力量的團結。然後，就是曾醫師想跟你說的就是，《人間思想與創作叢刊》是文化思想的叢刊，不是政治刊物，你說它是「左統」，可能也不是那麼恰當，你要再思考一下。不像你說的《海峽評論》是政治刊物，實際上《海峽評論》也不是「左」，就是「統」。我是覺得你「左右」、「統獨」要更確切的掌握其意義。像那個時候有一個《左翼》雜誌就真的是很強調左翼，《左翼》雜誌你知道吧？用油印的……

問：後來變成《批判與再造》？

曾健民：不太一樣，《批判與再造》是從《左翼》再分出來的。

問：因為我看曾醫師的文章在講《人間思想與創作叢刊》，有提到當初陳映真就是說要創辦一個新的「左統」刊物……

曾健民：《人間思想與創作叢刊》不是只有「左統」。你想想看叢刊內容，有沒有哪個文章特別強調「左統」這兩個字？它主要還是文化思想的批判。就是我們不能只侷限在一個島嶼看問題，而是應該把台灣放在國際的視野來思考，我們跟大陸的關聯性、跟亞洲的關聯性、跟世界的關聯性，什麼是我們共同的結構性問題？那台灣就是處在陳映真所說的雙戰結構——冷戰和內戰的結構。我們應該是要從這個結構解放出來，這也是陳映真曾提出的「第三世界文學論」的意義。

附錄三 《人間思想與創作叢刊》主要作者〔註1〕和其載於該刊的著作

陳映真

期　名	論述／創作	署　名	所在頁數
《1998年冬 台灣鄉土文學・皇民文學的清理與批判》	論述〈精神的荒廢──張良澤皇民文學論的批評〉	陳映眞	頁5～19
《1998年冬 台灣鄉土文學・皇民文學的清理與批判》	論述〈一時代思想的倒退與反動──從王拓「鄉土文學論戰與台灣本土化運動」的批判展開〉	石家駒	頁255～279
《1999年秋 噤啞的論爭》	論述〈一場被遮斷的文學論爭──關於台灣新文學諸問題的論爭（一九四七～一九四九）〉	石家駒	頁14～31
《1999年秋 噤啞的論爭》	論述〈「台灣文學」是增進兩岸民族團結的渠道──讀楊逵〈台灣文學問答〉〉	許南村	頁32～44
《1999年秋 噤啞的論爭》	論述〈駱駝英對當代台灣文意思潮的貢獻──〈讀「台灣文學」諸論爭〉〉	卓言若	頁45～64
《1999年秋 噤啞的論爭》	報導文學〈「兵士」駱駝英的腳蹤〉	許南村	頁65～73
《1999年秋 噤啞的論爭》	小說〈歸鄉〉	陳映眞	左翻頁1～41

〔註1〕主要作者指的是論述或創作出現在叢刊三期以上者。

《2000 年秋 復現的星圖》	論述〈以意識形態代替科學知識的災難——批評陳芳明先生的〈臺灣新文學史的建構與分期〉〉	陳映眞	頁 97～146
《2000 年秋 復現的星圖》	論述〈關於台灣「社會性質」的進一步討論——答陳芳明先生〉〉	陳映眞	頁 147～191
《2000 年秋 復現的星圖》	報導〈掌燈——訪問歐坦生先生〉〉	許南村	頁 203～215
《2000 年秋 復現的星圖》	小說〈夜霧〉	陳映眞	頁 293～340
《2001 年春夏 那些年，我們在台灣》	論述〈鼓舞——紀念范泉先生〉	陳映眞	頁 77～83
《2001 年春夏 那些年，我們在台灣》	小說〈忠孝公園〉	陳映眞	頁 193～281
《2001 年秋冬 因爲是祖國的緣故》	報導〈爲核電被曝工人代言的攝影家〉	陳映眞	圖版頁
《2001 年秋冬 因爲是祖國的緣故》	論述〈駁陳芳明再論殖民主義的雙重作用〉	陳映眞	頁 68～122
《2001 年秋冬 因爲是祖國的緣故》	論述〈樂園：渴望的和失去的〉	石家駒	頁 172～186
《2001 年秋冬 因爲是祖國的緣故》	論述〈反思和批判的可能性——關於高重黎「影像・聲音——故事」展出的隨想〉	許南村	頁 300～304
《2001 年秋冬 因爲是祖國的緣故》	現代詩〈工人邱惠珍——悼念爲追討華隆公司積欠工資被迫自殺的女工邱惠珍〉	陳映眞	頁 318～324
《2003 年冬 告別革命文學？》	論述〈爲重新遇合的那日——讀賀照田〈後社會主義的歷史與中國當代文學批評觀的變遷〉及趙稀方〈「西馬」、「現代主義」的理論旅行及「新左派」的視域〉〉	許南村	頁 53～71
《2003 年冬 告別革命文學？》	論述〈葉石濤：「面從腹背」還視機會主義？〉	石家駒	頁 128～142
《2003 年冬 告別革命文學？》	論述〈警戒第二輪台灣「皇民文學」運動的圖謀——讀藤井省三《百年來的台灣文學》：批評的筆記（一）〉	陳映眞	頁 143～161

《2003 年冬 告別革命文學？》	論述〈向內戰‧冷戰意識形態挑戰—— 七〇年代文學論爭在台灣文藝思潮史上劃時代的意義〉	陳映眞	頁 162～207
《2003 年冬 告別革命文學？》	論述〈反對「不准反美反戰」和「只准聊以反戰不准反美」！——此次反對美帝侵伊運動的反思〉	陳映眞	頁 255～266
《2004 年秋 爪痕與文學》	論述〈惋惜〉	陳映眞	頁 87～101
《2004 年秋 爪痕與文學》	論述〈陳映眞經鍾玲教授轉余光中信〉	陳映眞	頁 102～104
《2004 年秋 爪痕與文學》	論述〈陳映眞致余光中先生信〉	陳映眞	頁 105～109
《2004 年秋 爪痕與文學》	論述〈在香港看「七‧一」遊行〉	陳映眞	頁 149～156
《2004 年秋 爪痕與文學》	論述〈避重就輕的遁辭——對藤井省三〈駁陳映眞：以其對於拙著《台灣文學這一百年》的誹謗中傷爲中心〉的駁論〉	陳映眞	頁 205～249
《2005 年春 迎回尾崎秀樹》	論述〈評藤井省三的假日本鬼子民族共同體想像——讀藤井省三《百年來的台灣文學》：批判的筆記（二）〉	陳映眞	頁 157～178
《2005 年秋 八一五：記憶和歷史》	報導文學〈被出賣的「皇軍」〉	陳映眞	頁 23～46
《2005 年秋 八一五：記憶和歷史》	散文〈對我而言的「第三世界」〉	陳映眞	頁 310～320
《2006 年春 2‧28：文學和歷史》	論述〈文明與野蠻的辯證——龍應台女士〈請用文明來說服我〉的商榷〉	陳映眞	頁 124～140
《2006 年春 2‧28：文學和歷史》	論述〈從台灣看《那兒》〉	陳映眞	頁 339～349
《2006 年夏 日讀書界看藍博洲》	論述〈盼望日本大眾端正對台灣的視角——祝賀藍博洲的《幌馬車之歌》日譯本的出版〉	陳映眞	頁 65～76
《2006 年夏 日讀書界看藍博洲》	論述〈突破兩岸分斷的構造，開創統一的新時代——《春雷之後——保釣運動三十五週年文獻選輯》序〉	陳映眞	頁 224～237

《2007 年春 2・28 六十周年特輯》	散文〈母親的叮嚀──拜見詩人臧克家先生〉	陳映眞	頁 412～417
《2007 年夏 學習楊逵精神》	論述〈學習楊逵精神〉	陳映眞	頁 123～135
《2008 年 01 鄉土文學論戰三十年 左翼傳統的復歸》	論述〈七○年代黃春名小說中的新殖民主義批判意識──以〈莎喲娜啦・再見〉、〈小寡婦〉和〈我愛瑪莉〉爲中心〉	陳映眞	頁 116～146
《2008 年 01 鄉土文學論戰三十年 左翼傳統的復歸》	論述〈論「文學台獨」〉	陳映眞	頁 147～158

論述 29 篇　新聞報導 2 篇　文學創作 8 篇　共計 39 篇

曾健民

期　　名	論述／創作	署　名	所在頁數
《1998 年冬 台灣鄉土文學・皇民文學的清理與批判》	論述〈台灣「皇民文學」的總清算──從台灣文學的尊嚴出發〉	曾健民	頁 20～37
《1998 年冬 台灣鄉土文學・皇民文學的清理與批判》	論述〈民眾的與民族的──鄉土文學論戰的精神與七○年代思潮精神的再確認〉	曾健民	頁 107～122
《1998 年冬 台灣鄉土文學・皇民文學的清理與批判》	論述〈反鄉土派的嫡傳──七批陳芳明的「歷史的歧見與回歸的歧路」一文〉	曾健民	頁 234～254
《1999 年秋 噤啞的論爭》	論述〈評介「狗屎現實主義」論爭〉	曾健民	頁 109～123
《1999 年秋 噤啞的論爭》	論述〈一個日本「自虐史觀批判」者的皇民文學論──揭開中島利郎的「周金波論」的思想本質〉	曾健民	頁 223～237
《2001 年春夏 那些年，我們在台灣》	論述〈關於台灣的《和平日報》〉	曾健民	頁 107～109
《2001 年秋冬 因爲是祖國的緣故》	論述〈打破刻板印象，重回台灣語言問題的原點〉	曾健民	頁 189～196
《2003 年冬 告別革命文學?》	論述〈百感交集讀賀文〉	曾健民	頁 72～79
《2003 年冬 告別革命文學？》	論述〈淺釋「《台灣文化的前途》座談會」〉	曾健民	頁 232～234

《2003 年冬　告別革命文學？》	論述〈兩岸文學的新頁——試讀周良沛《走進臺灣》	曾健民	頁 311～337
《2004 年秋　爪痕與文學》	論述〈關於朱點人〈玷〉的出土及其他〉	曾健民	頁 200～204
《2005 年春　迎回尾崎秀樹》	論述〈風雨欲來……——關於「東亞冷戰與國家恐怖主義」論文選輯〉	曾健民	頁 64～68
《2005 年春　迎回尾崎秀樹》	論述〈批評藤井就是「威脅東亞的言論自由」嗎？——斥藤井省三的粗暴之言〉	官土生	頁 151～156
《2005 年春　迎回尾崎秀樹》	論述〈從〈奪還我們的語言〉到〈台灣將會怎樣〉？——關於台灣光復初期的文學史料中之去殖民意識〉	曾健民	頁 179～185
《2005 年秋　八一五：記憶和歷史》	論述〈台灣作家的「八‧一五」〉	曾健民	頁 47～58
《2006 年春 2‧28：文學和歷史》	論述〈打破魔咒化的「二二八論述」〉	曾健民	頁 5～14
《2006 年春 2‧28：文學和歷史》	論述〈略談呂赫若新出土小說《一年級生》〉	曾健民	頁 178～180
《2006 年夏　日讀書界看藍博洲》	論述〈展現了一個與日本支配性「台灣論」不同的歷史——藍博洲《幌馬車之歌》日譯出版的意義〉	曾健民	頁 60～64
《2006 年夏　日讀書界看藍博洲》	論述〈「光復文學」的出發點——談台灣光復初最早出現的報紙副刊〈詞華〉、〈藝文〉、〈學林〉〉	曾健民	頁 176～196
《2006 年夏　日讀書界看藍博洲》	論述〈綠色暗雲下的一道曙光——記台灣五十九年來第一次「宋斐如先生追思會」〉	官土生	頁 314～318
《2006 年夏　日讀書界看藍博洲》	論述〈地下室中的《黎明的國度》——記一場四十年前的文革紀錄片放映會〉	瑟柯慧	頁 319～325
《2006 年夏　日讀書界看藍博洲》	論述〈《雷雨》讚歌——記相隔六十年的兩場《雷雨》〉	官土生	頁 326～334

《2006 年秋 貪腐破解了台獨政權的神話》	論述〈戰後台灣精神使的變異——從民族認同和去殖民問題的視角〉	曾健民	頁 34～51
《2006 年秋 貪腐破解了台獨政權的神話》	論述〈著紅杉的「公民社會」列車的向路——「反貪倒扁」運動初步的街角觀察〉	官土生	頁 99～116
《2006 年秋 貪腐破解了台獨政權的神話》	論述〈記六十年前（一九四六）兩岸共同的魯迅熱潮〉	瑟柯慧	頁 182～187
《2007 年春 2・28 六十周年特輯》	論述〈談「查緝私菸」的社會實相和政治經濟本質〉	曾健民	頁 93～97
《2007 年夏 學習楊逵精神》	論述〈奪回我們的歷史〉	官土生	頁 96～104

論述 27 篇　共計 27 篇

施善繼

期　名	論述／創作	署名	所在頁數
《1998 年冬 台灣鄉土文學・皇民文學的清理與批判》	散文〈毒蘋果札記〉	施善繼	頁 294～299
《1999 年秋 噤啞的論爭》	現代詩〈青春——紀念「四・六」五十週年〉	施善繼	左翻頁 47～49
《1999 年秋 噤啞的論爭》	散文〈毒蘋果札記之二〉	施善繼	左翻頁 58～62
《2000 年秋 復現的星圖》	論述〈呼喊迦尼〉	施善繼	頁 279～292
《2001 年秋冬 因為是祖國的緣故》	現代詩〈牛、虎、猴〉	施善繼	頁 305～306
《2001 年秋冬 因為是祖國的緣故》	現代詩〈迎九七〉	施善繼	頁 307～308
《2001 年秋冬 因為是祖國的緣故》	現代詩〈無題〉	施善繼	頁 309～311
《2003 年冬 告別革命文學？》	散文〈周爺〉	施善繼	頁 296～302
《2003 年冬 告別革命文學？》	散文〈卓瑪及其他〉	施善繼	頁 303～308
《2003 年冬 告別革命文學？》	現代詩〈顛倒過來〉	施善繼	頁 347～348
《2003 年冬 告別革命文學？》	現代詩〈蒙古馬〉	施善繼	頁 349～350
《2004 年秋 爪痕與文學》	現代詩〈一顆子彈，然而〉	施善繼	頁 279～280
《2004 年秋 爪痕與文學》	現代詩〈風笛〉	施善繼	頁 281～284
《2005 年春 迎回尾崎秀樹》	現代詩〈上海組曲〉	施善繼	頁 324～330

《2005 年秋 八一五：記憶和歷史》	現代詩〈徐家匯天主堂〉	施善繼	頁 283〜284
《2005 年秋 八一五：記憶和歷史》	現代詩〈梅妃——帳篷戲劇《台灣 Faust》觀後〉	施善繼	頁 285〜287
《2005 年秋 八一五：記憶和歷史》	散文〈毒蘋果札記（三）〉	施善繼	頁 288〜296
《2006 年春 2・28：文學和歷史》	散文〈毒蘋果札記（四）〉	施善繼	頁 239〜245
《2006 年夏 日讀書界看藍博洲》	散文〈毒蘋果札記（五）〉	施善繼	頁 268〜273
《2006 年秋 貪腐破解了台獨政權的神話》	散文〈毒蘋果札記（六）〉	施善繼	頁 278〜285
《2006 年冬 復甦文藝變革的力量》	散文〈毒蘋果札記（七）〉	施善繼	頁 288〜293
《2007 年春 2・28 六十周年特輯》	散文〈毒蘋果札記（八）——二〇〇七・二・二八・飄撒的鳥狗兄〉	施善繼	頁 475〜478
《2007 年夏 學習楊逵精神》	散文〈毒蘋果札記（九）〉	施善繼	頁 353〜355
《2008 年.01 鄉土文學論戰三十年 左翼傳統的復歸》	散文〈「鄉土文學論戰」三十年〉	施善繼	頁 387〜391
《2008 年.01 鄉土文學論戰三十年 左翼傳統的復歸》	散文〈毒蘋果札記（十）〉	施善繼	頁 392〜394

論述 1 篇　文學創作 24 篇　共計 25 篇

詹 澈

期　名	論述/創作	署　名	所在頁數
《1998 年冬 台灣鄉土文學・皇民文學的清理與批判》	散文〈兩個十年——鄉土文學論戰前後台灣現代詩的淺介及淺思〉	詹澈	頁 286〜293
《1999 年秋 噤啞的論爭》	現代詩〈聞南韓拒設 TMD〉	詹澈	左翻頁 44
《1999 年秋 噤啞的論爭》	現代詩〈眼睛裡的野百合——四六事件五十週年〉	詹澈	左翻頁 50
《2000 年秋 復現的星圖》	現代詩〈東海岸速寫〉	詹澈	頁 350〜355
《2000 年秋 復現的星圖》	現代詩〈噢，門——澳門回歸有感〉	詹澈	頁 356

《2001 年春夏 那些年，我們在台灣》	現代詩〈斜躺著杉原海水浴場〉	詹澈	頁 299～301
《2001 年春夏 那些年，我們在台灣》	現代詩〈金光大道——欣見南北韓兩金第一次握手〉	詹澈	頁 302～304
《2001 年春夏 那些年，我們在台灣》	現代詩〈與鍾喬夜談——在台東利吉山上貨櫃屋內〉	詹澈	頁 305～308
《2001 年春夏 那些年，我們在台灣》	現代詩〈紅色野百合——寫給二二八在台北焚燒黨旗的學生們〉	詹澈	頁 309～311
《2004 年秋 爪痕與文學》	散文〈宿舍〉	詹澈	頁 285～391
《2005 年春 迎回尾崎秀樹》	現代詩〈寫給稻米炸彈客〉	詹澈	頁 318～320
《2005 年春 迎回尾崎秀樹》	現代詩〈一個紅色驚嘆號——致農運先驅簡吉〉	詹澈	頁 321～323
《2005 年春 迎回尾崎秀樹》	散文〈讀《中國農民調查》〉	詹澈	頁 349～357
《2005 年秋 八一五：記憶和歷史》	現代詩〈站農田邊記之二〉	詹澈	頁 268～270
《2005 年秋 八一五：記憶和歷史》	現代詩〈靜靜的雨幕〉	詹澈	頁 271～273
《2006 年春 2・28：文學和歷史》	現代詩〈站農田邊記之三〉	詹澈	頁 246～248
《2006 年春 2・28：文學和歷史》	現代詩〈台灣釋迦往上海的路上——欣聞農產免收農產稅〉	詹澈	頁 249～252
《2006 年夏 日讀書界看藍博洲》	現代詩〈聽胡德夫在金門海邊歌唱〉	詹澈	頁 287～296
《2008 年.01 鄉土文學論戰三十年 左翼傳統的復歸》	現代詩〈另一次遠行——欣聞映真兄逐漸康復〉	詹澈	頁 405～407

文學創作 19 篇　共計 19 篇

鍾　喬

期名	論述／創作	署名	所在頁數
《1999 年秋 噤啞的論爭》	現代詩〈流放野百合〉	鍾喬	左翻頁 45～46
《2001 年春夏 那些年，我們在台灣》	論述〈流亡的告白〉	鍾喬	頁 102～106
《2001 年春夏 那些年，我們在台灣》	現代詩〈異國書簡〉	鍾喬	頁 294～295

《2001 年春夏 那些年，我們在台灣》	現代詩〈南方之針〉	鍾喬	頁 296～298
《2004 年秋 爪痕與文學》	現代詩〈致詩人朋友——寫給農民詩人吳晟、詹澈〉	鍾喬	頁 270～272
《2004 年秋 爪痕與文學》	現代詩〈老王——一寶藏巖，在時間裂縫中的想像...〉	鍾喬	頁 273～278
《2005 年春 迎回尾崎秀樹》	論述〈逃避的視線——關於「狼來了」是不是共犯構造的問題〉	鍾喬	頁 249～254
《2005 年春 迎回尾崎秀樹》	散文〈視線：裸露、錯叉或交匯——亞洲民眾戲劇的迴流〉	鍾喬	頁 331～348
《2005 年秋 八一五：記憶和歷史》	現代詩〈來到邊境〉	鍾喬	頁 274～276
《2006 年春 2‧28：文學和歷史》	現代詩〈遊盪浮士德〉	鍾喬	頁 253～255
《2006 年夏 日讀書界看藍博洲》	論述〈決戰時期的台灣劇運——簡國賢和他一輩的劇場人〉	鍾喬	頁 197～223
《2006 年夏 日讀書界看藍博洲》	現代詩〈一切的孤寂——致關曉榮〉	鍾喬	頁 297～300
《2006 年秋 貪腐破解了台獨政權的神話》	散文〈夜歌——關於魯迅〉	鍾喬	頁 214～222
《2006 年冬 復甦文藝變革的力量》	論述〈布萊希特意味著什麼？〉	鍾喬	頁 46～49
《2007 年春 2‧28 六十周年特輯》	散文〈冷戰封鎖下的民眾文化〉	鍾喬	頁 479～495
《2008 年.01 鄉土文學論戰三十年 左翼傳統的復歸》	散文〈於是我來到邊境〉	鍾喬	頁 395～404

論述 4 篇　文學創作 12 篇　共計 16 篇

藍博洲

期　名	論述／創作	署　名	所在頁數
《1999 年秋 瘖啞的論爭》	報導文學〈放逐詩人雷石榆〉	藍博洲	頁 74～108
《1999 年秋 瘖啞的論爭》	報導文學〈尋找周慎源〉	藍博洲	頁 150～186
《2000 年秋 復現的星圖》	年表〈藍明谷大事年表〉	藍博洲	頁 45～49
《2000 年秋 復現的星圖》	報導文學〈從福馬林池撈起來的詩人（上）〉	藍博洲	頁 51～96

《2001 年春夏 那些年，我們在台灣》	報導文學〈從福馬林池撈起來的詩人（下）〉	藍博洲	頁 153～191
《2005 年春 迎回尾崎秀樹》	報導文學〈「這個人，國家不能讓他活下去！」──許強醫師（一九一三～一九五〇）（上）〉	藍博洲	頁 267～309
《2005 年秋 八一五：記憶和歷史》	報導文學〈「這個人，國家不能讓他活下去！」──許強醫師（一九一三～一九五〇）（下）〉	藍博洲	頁 227～267
《2006 年春 2·28：文學和歷史》	報導文學〈瞭解伊斯蘭世界及其作家〉	藍博洲	頁 181～209
《2006 年夏 日讀書界看藍博洲》	論述〈重新恢復健康的民族魂〉	藍博洲	頁 99～109
《2006 年秋 貪腐破解了台獨政權的神話》	報導文學〈還有這樣的台灣人──辜金良先生的道路（一九一五～二〇〇五）〉	藍博洲	頁 223～256
《2007 年春 2·28 六十周年特輯》	報導文學〈張志忠傳奇而悲壯的一生（1910～1954）〉	藍博洲	頁 223～251
《2007 年春 2·28 六十周年特輯》	報導文學〈註仔──二·二八台北武裝計畫總指揮李中志〉	藍博洲	頁 252～283

文學創作 10 篇　年表 1 篇　論述 1 篇　共計 12 篇

林書揚

期　名	論述／創作	署　名	所在頁數
《2001 年秋冬 因為是祖國的緣故》	論述〈有關七一講話的生產力論〉	林書揚	頁 143～150
《2005 年春 迎回尾崎秀樹》	論述〈後冷戰·資本主義全球化與美國帝國主義〉	林書揚	頁 94～113
《2005 年秋 八一五：記憶和歷史》	散文〈激動一九四五年〉	林書揚	頁 4～10
《2006 年秋 貪腐破解了台獨政權的神話》	論述〈台灣六十年──探索分離運動社會內因之一端〉	林書揚	頁 17～33
《2006 年冬 復甦文藝變革的力量》	論述〈十二·九北高選戰的幾點意見〉	林書揚	頁 5～12
《2007 年春 2·28 六十周年特輯》	論述〈二·二八事變六十周年有感──期盼從悲劇論到省思錄〉	林書揚	頁 7～20

期　名	論述／創作	署名	所在頁數
《2007 年春 2‧28 六十周年特輯》	散文〈消失在歷史迷霧中的背影——丁名楠與二‧二八事變〉	林書揚	頁 446～474
《2007 年夏 學習楊逵精神》	論述〈鄭重推介——《新日本軍國主義的新階段》〉	林書揚	頁 343～346

論述 6 篇　文學創作 2 篇　共計 8 篇

趙稀方

期　名	論述／創作	署名	所在頁數
《2003 年冬 告別革命文學?》	論述〈「西馬」、「現代主義」的理論旅行及「新左派」的視域——對賀照田的《時勢抑或人事：簡論當下文學困境的歷史與觀念成因》一文的回應〉	趙稀方	頁 35～51
《2004 年冬 爪痕與文學》	論述〈視線之外的余光中〉	趙稀方	頁 35～44
《2004 年冬 爪痕與文學》	論述〈趙稀方答《中國圖書商報‧書評周刊》記者問〉	趙稀方	頁 45～48
《2004 年冬 爪痕與文學》	論述〈就「余光中」一文達黃維樑諸先生〉	趙稀方	頁 71～75
《2004 年冬 爪痕與文學》	論述〈答《羊城晚報》記者問〉	趙稀方	頁 76～79
《2007 年夏 學習楊逵精神》	論述〈楊逵小說與台灣本土論述〉	趙稀方	頁 105～122
《2008 年 01 鄉土文學論戰三十年 左翼傳統的復歸》	論述〈台灣：新殖民與後殖民〉	趙稀方	頁 26～76

論述 7 篇　共計 7 篇

施　淑

期　名	論述／創作	署名	所在頁數
《1998 年冬 台灣鄉土文學‧皇民文學的清理與批判》	論述〈想像鄉土 想像族群——日據時代台灣鄉土觀念問題〉	施淑	頁 65～76
《2000 年秋 復現的星圖》	論述〈復現的星圖——讀歐坦生新出土的小說〉	施淑	頁 193～202
《2005 年春 迎回尾崎秀樹》	論述〈台灣文學研究的分光儀〉	施淑	頁 61～63
《2005 年秋 八一五：記憶和歷史》	論述〈台灣話文論戰與中華文化意識——郭秋生、黃石輝論述〉	施淑	頁 172～196

期　名	論述／創作	署名	所在頁數
《2006年春2‧28：文學和歷史》	論述〈死滅與新生——宋非我與〈蓬萊仙島〉引論〉	施淑	頁49～64
《2007年夏 學習楊逵精神》	論述〈土匪和馬賊的背後——楊逵‧一九三七〉	施淑	頁87～95

論述6篇　共計6篇

周良沛

期　名	論述／創作	署名	所在頁數
《1999年秋 瘖啞的論爭》	論述〈在黃春明‧陳映真研討會上的隨想隨說〉	周良沛	頁198～207
《2000年秋 復現的星圖》	論述〈評吳晟〉	周良沛	頁357～378
《2001年春夏 那些年，我們在台灣》	論述〈也談文學的「政治標準」〉	周良沛	頁97～101
《2003年冬 告別革命文學？》	現代詩〈旗幟——寫給孫兒曉貴〉	周良沛	頁338～339
《2003年冬 告別革命文學？》	現代詩〈跋涉——贈一位忘年的年輕朋友K‧C〉	周良沛	頁340～342
《2003年冬 告別革命文學？》	現代詩〈山與路〉	周良沛	頁343～346

論述3篇　文學創作3篇　共計6篇

橫地剛

期　名	論述／創作	署名	所在頁數
《2001年秋冬 因為是祖國的緣故》	論述〈大陸木刻家們的台灣——岩漿曾在地底燃燒〉	橫地剛	頁237～256
《2003年冬 告別革命文學?》	論述〈范泉的台灣認識—四十年代後期台灣的文學狀況〉	橫地剛	頁80～127
《2005年春 迎回尾崎秀樹》	論述〈由《改造》連載《中國傑作小說》所見日中知識份子之姿態——從魯迅佚文／蕭君《羊》所附〈作者小傳〉說起〉	橫地剛	頁198～248
《2006年夏 日讀書界看藍博洲》	論述〈一切都已結束，一切又已開始——藍博洲之旅〉	橫地剛	頁5～30
《2007年夏 學習楊逵精神》	論述〈〈讀《第三代》及其他〉——楊逵，一九三七年再次訪日〉	橫地剛	頁50～86
《2007年夏 學習楊逵精神》	註釋〈有關曉風〈從湖風……〉文的注釋〉	橫地剛	頁211～215

論述5篇　註釋1篇　共計6篇

汪立峽

期名	論述／創作	署名	所在頁數
《2003 年冬 告別革命文學?》	報導〈憤怒的火車—記台鐵工會反民營化抗爭始末〉	汪立峽	頁 208～231
《2005 年春 迎回尾崎秀樹》	論述〈關於台獨分裂意識外部因素的評論〉	汪立峽	頁 114～135
《2006 年春 2‧28：文學和歷史》	論述〈根深蒂固的軍國主義國家——日本右翼勢力的歷史、文化與思想探源〉	汪立峽	頁 96～123
《2006 年夏 日讀書界看藍博洲》	論述〈那兒就是這兒——《那兒》讀後隨筆〉	汪立峽	頁 301～313
《2006 年秋 貪腐破解了台獨政權的神話》	論述〈紅色九月與「倒扁運動」〉	汪立峽	頁 89～98
《2006 年冬 復甦文藝變革的力量》	論述〈兩岸「情結」——《雲水謠》觀後隨筆〉	汪立峽	頁 129～132

新聞報導 1 篇　論述 5 篇　共計 6 篇

呂正惠

期　名	論述／創作	署名	所在頁數
《2000 年秋 復現的星圖》	散文〈與歷史相遇——我的台灣先輩鍾浩東與藍明谷〉	呂正惠	頁 41～44
《2001 年秋冬 因爲是祖國的緣故》	論述〈陳芳明「再殖民論」質疑〉	呂正惠	頁 3～67
《2004 年秋 爪痕與文學》	論述〈「余光中熱」讓人難以接受〉	呂正惠	頁 49～50
《2005 年秋 八一五：記憶和歷史》	論述〈近期台灣文學的「後學」論述〉	呂正惠	頁 197～211
《2008 年.01 鄉土文學論戰三十年 左翼傳統的復歸》	論述〈鄉土文學與台灣現代文學〉	呂正惠	頁 97～115
《2008 年 01 鄉土文學論戰三十年 左翼傳統的復歸》	論述〈我的接近中國之路——三十年後反思「鄉土文學」運動〉	呂正惠	頁 77～96

文學創作 1 篇　論述 5 篇　共計 6 篇

楊　渡

期　名	論述／創作	署　名	所在頁數
《1999 年秋　噤啞的論爭》	現代詩〈螢火蟲──紀念四六事件五十週年〉	楊渡	左翻頁 51～57
《2003 年冬　告別革命文學？》	報導文學〈雪原上的眼睛〉	楊渡	頁 267～295
《2004 年秋　爪痕與文學》	現代詩〈四首反戰之詩〉	楊渡	頁 250～269
《2005 年春　迎回尾崎秀樹》	現代詩〈希望之光〉	楊渡	頁 310～317
《2005 年秋　八一五：記憶和歷史》	散文〈一本書的故事──關於《戰慄的未來》〉	楊渡	頁 297～309

文學創作 5 篇　共計 5 篇

李文吉

期　名	論述／創作	署　名	所在頁數
《1999 年秋　噤啞的論爭》	紀實攝影〈北埔──「本土化」浪潮下的客家庄〉	李文吉	圖版頁、頁 143～149
《2000 年秋　復現的星圖》	紀實攝影〈雜亂失序的九二一災後重建〉	李文吉	圖版頁
《2006 年秋　貪腐破解了台獨政權的神話》	紀實攝影〈反貪倒扁‧凱達格蘭〉	李文吉	圖版頁
《2006 年冬　復甦文藝變革的力量》	紀實攝影〈作協‧青藏鐵路〉	李文吉	圖版頁

紀實攝影 4 篇　共計 4 篇

曾慶瑞

期　名	論述／創作	署　名	所在頁數
《1999 年秋　噤啞的論爭》	論述〈質疑「小說百強」〉	曾慶瑞趙遐秋	頁 187～197
《2000 年秋　復現的星圖》	論述〈大眾文化的世紀末進軍──二十世紀九〇年代中國電視劇領域不同型態文化的「較量」回眸之一〉	曾慶瑞	頁 223～240
《2006 年春 2‧28：文學和歷史》	散文〈人雖去，魂猶在──寫在巴金老人遠行的時候〉	曾慶瑞	頁 232～238
《2006 年夏　日讀書界看藍博洲》	散文〈俄羅斯十一日行──文化「遊學」之旅〉	曾慶瑞	頁 238～267

論述 2 篇　文學創作 2 篇　共計 4 篇

趙遐秋

期　名	論述／創作	署　名	所在頁數
《1999 年秋 噤啞的論爭》	論述〈質疑「小說百強」〉	曾慶瑞 趙遐秋	頁 187～197
《2000 年秋 復現的星圖》	論述〈釀成他獨創的甜蜜——重讀《繁星》和《春水》〉	趙遐秋	頁 241～277
《2005 年春 迎回尾崎秀樹》	論述〈藤井省三為「皇民文學」招魂，意在鼓吹「文學台獨」！〉	趙遐秋	頁 136～150
《2008 年 01 鄉土文學論戰三十年 左翼傳統的復歸》	論述〈生命的思索與吶喊——陳映真的小說氣象〉	趙遐秋	頁 327～338

論述 3 篇　共計 3 篇

陳明忠

期　名	論述／創作	署　名	所在頁數
《2001 年秋冬 因為是祖國的緣故》	論述〈「有階級論，不能唯階級論，還要看政治表現」——「紅色」資本家可否加入共產黨〉	黃志龍	頁 151～159
《2005 年秋 八一五：記憶和歷史》	散文〈日本投降前後日子的一些回憶〉	陳明忠	頁 11～19
《2007 年春 2・28 六十周年特輯》	論述〈紀念二・二八事件六十周年——一位受難者的反思〉	陳明忠	頁 21～46

文學創作 1 篇　論述 2 篇　共計 3 篇

關曉榮

期　名	論述／創作	署　名	所在頁數
《1998 年冬 台灣鄉土文學・皇民文學的清理與批判》	紀實攝影〈十一年後的八尺門和阿春〉	關曉榮	圖版頁、頁 123～128
《2006 年冬 復甦文藝變革的力量》	散文〈秋祭的眼睛〉	關曉榮	頁 80～82
《2007 年春 2・28 六十周年特輯》	紀實攝影〈追究記憶・創造現在 蘭與反核廢二十年〉	關曉榮	圖版頁

文學創作 1 篇　紀實攝影 2 篇　共計 3 篇

劉孝春

期　名	論述／創作	署　名	所在頁數
《1998 年冬 台灣鄉土文學・皇民文學的清理與批判》	論述〈試論「皇民文學」〉	劉孝春	頁 38～45
《2005 年秋 八一五：記憶和歷史》	論述〈朱點人小說初探──紀念台灣光復六十週年〉	劉孝春	頁 212～219
《2006 年冬 復甦文藝變革的力量》	論述〈可以就這樣結束嗎？──觀拜金歌劇有感〉	劉孝春	頁 59～61

論述 3 篇　共計 3 篇

李雲雷

期　名	論述／創作	署　名	所在頁數
《2006 年春 2・28：文學和歷史》	論述〈轉變中的中國與中國知識界──《那兒》討論評析〉	李雲雷	頁 320～338
《2006 年冬 復甦文藝變革的力量》	論述〈無望中的掙扎與力量──《霓虹》簡評〉	李雲雷	頁 211～216
《2008 年.01 鄉土文學論戰三十年 左翼傳統的復歸》	論述〈從排斥到認同──大陸作家對陳映眞二十年的「接受史」〉	李雲雷	頁 249～263

論述 3 篇　共計 3 篇

附錄四 《人間思想與創作叢刊》文藝欄的作品

現代詩

共計 54 篇

期　名	題材與名稱	作　者	所在頁數
《1999 年秋 喑啞的論爭》	〈聞南韓拒設 TMD〉	詹澈	左翻頁 44
《1999 年秋 喑啞的論爭》	〈流放野百合〉	鍾喬	左翻頁 45～46
《1999 年秋 喑啞的論爭》	〈青春——紀念「四‧六」五十週年〉	施善繼	左翻頁 47～49
《1999 年秋 喑啞的論爭》	〈眼睛裡的野百合——四六事件五十週年〉	詹澈	左翻頁 50
《1999 年秋 喑啞的論爭》	〈螢火蟲——紀念四六事件五十週年〉	楊渡	左翻頁 51～57
《2000 年秋 復現的星圖》	〈一所房屋的廣告詞〉	陳義芝	頁 341～343
《2000 年秋 復現的星圖》	〈秋興：一九九九——兼寫給即將逝去的世紀〉	古添洪	頁 344～346
《2000 年秋 復現的星圖》	〈聞一多與澳門回歸〉	古添洪	頁 347～349
《2000 年秋 復現的星圖》	〈東海岸速寫〉	詹澈	頁 350～355
《2000 年秋 復現的星圖》	〈噢，門——澳門回歸有感〉	詹澈	頁 356
《2001 年春夏 那些年我們在台灣》	〈史料〉〈幻夢〉	蕭荻	頁 291～293
《2001 年春夏 那些年，我們在台灣》	〈異國書簡〉	鍾喬	頁 249～295

《2001 年春夏 那些年，我們在台灣》	〈南方之針〉	鍾喬	頁 296～298
《2001 年春夏 那些年，我們在台灣》	〈斜躺著杉原海水浴場〉	詹澈	頁 299～301
《2001 年春夏 那些年，我們在台灣》	〈金光大道——欣見南北韓兩金第一次握手〉	詹澈	頁 302～304
《2001 年春夏 那些年，我們在台灣》	〈與鍾喬夜談——在台東利吉山上貨櫃屋內〉	詹澈	頁 305～308
《2001 年春夏 那些年，我們在台灣》	〈紅色野百合——寫給二二八在台北焚燒黨旗的學生們〉	詹澈	頁 309～311
《2001 年春夏 那些年，我們在台灣》	〈近代英／美語觀察——有感於美國強人布希總統上台轟炸伊拉克〉	古添洪	頁 312～316
《2001 年秋冬 因為是祖國的緣故》	〈牛、虎、猴〉	施善繼	頁 305～306
《2001 年秋冬 因為是祖國的緣故》	〈迎九七〉	施善繼	頁 307～308
《2001 年秋冬 因為是祖國的緣故》	〈無題〉	施善繼	頁 309～311
《2001 年秋冬 因為是祖國的緣故》	〈百年遊子〉	舞岸	頁 312～314
《2001 年秋冬 因為是祖國的緣故》話	〈掌中戲〉	Marsiem Sumanjo	頁 315～317
《2001 年秋冬 因為是祖國的緣故》	〈工人邱惠珍——悼念為追討華隆公司積欠工資被迫自殺的女工邱惠珍〉	陳映眞	頁 318～324
《2003 年冬 告別革命文學？》	〈旗幟—寫給孫兒曉貴〉	周良沛	頁 338～339
《2003 年冬 告別革命文學？》	〈跋涉—贈一位忘年的年輕朋友 K・C〉	周良沛	頁 340～342
《2003 年冬 告別革命文學？》	〈山與路〉	周良沛	頁 343～346
《2003 年冬 告別革命文學？》	〈顛倒過來〉	施善繼	頁 347～348
《2003 年冬 告別革命文學？》	〈蒙古馬〉	施善繼	頁 349～350
《2004年秋 爪痕與文學》	〈四首反戰之詩〉	楊渡	頁 250～269

《2004年秋 爪痕與文學》	〈致詩人朋友——寫給農民詩人吳晟、詹澈〉	鍾喬	頁 270～272
《2004年秋 爪痕與文學》	〈老王——一寶藏巖，在時間裂縫中的想像…〉	鍾喬	頁 273～278
《2004年秋 爪痕與文學》	〈一顆子彈，然而〉	施善繼	頁 279～280
《2004年秋 爪痕與文學》	〈風笛〉	施善繼	頁 281～284
《2005 年春 迎回尾崎秀樹》	〈希望之光〉	楊渡	頁 310～317
《2005 年春 迎回尾崎秀樹》	〈寫給稻米炸彈客〉	詹澈	頁 318～320
《2005 年春 迎回尾崎秀樹》	〈一個紅色驚嘆號——致農運先驅簡吉〉	詹澈	頁 321～323
《2005 年春 迎回尾崎秀樹》	〈上海組曲〉	施善繼	頁 324～330
《2005 年秋 八一五：記憶和歷史》	〈站農田邊記之二〉	詹澈	頁 268～270
《2005 年秋 八一五：記憶和歷史》	〈靜靜的雨幕〉	詹澈	頁 271～273
《2005 年秋 八一五：記憶和歷史》	〈來到邊境〉	鍾喬	頁 274～276
《2005 年秋 八一五：記憶和歷史》	〈吳音寧詩三首〉	吳音寧	頁 277～282
《2005 年秋 八一五：記憶和歷史》	〈徐家匯天主堂〉	施善繼	頁 283～284
《2005 年秋 八一五：記憶和歷史》	〈梅妃——帳篷戲劇《台灣 Faust》觀後〉	施善繼	頁 285～287
《2006 年春 2‧28：文學和歷史》	〈站農田邊記之三〉	詹澈	頁 246～248
《2006 年春 2‧28：文學和歷史》	〈台灣釋迦往上海的路上——欣聞農產免收農產稅〉	詹澈	頁 249～252
《2006 年春 2‧28：文學和歷史》	〈遊盪浮士德〉	鍾喬	頁 253～255
《2006 年夏 日讀書界看藍博洲》	（史料）〈公社走過的路——給公社委員艾阿杜‧瓦揚〉	歐仁‧鮑狄埃	頁 274～283
《2006 年夏 日讀書界看藍博洲》	（史料）〈唯一的道路〉	迪‧努‧艾地	頁 284～286

期　名	題材與名稱	作　者	所在頁數
《2006 年夏　日讀書界看藍博洲》	〈聽胡德夫在金門海邊歌唱〉	詹澈	頁 287～296
《2006 年夏　日讀書界看藍博洲》	〈一切的孤寂——致關曉榮〉	鍾喬	頁 297～300
《2006 年冬　復甦文藝變革的力量》	（史料）〈一個工人讀歷史的疑問〉	布萊希特	頁 294～299
《2006 年冬　復甦文藝變革的力量》	（史料）〈辯證法頌〉	布萊希特	頁 300～303
《2008 年.01 鄉土文學論戰三十年　左翼傳統的復歸》	〈另一次遠行——欣聞映真兄逐漸康復〉	詹澈	頁 405～407

散　文

共計 42 篇

期　名	題材與名稱	作　者	所在頁數
《1998 年冬　台灣鄉土文學‧皇民文學的清理與批判》	〈詩集因緣——「吾鄉印象」〉	吳晟	頁 280～285
《1998 年冬　台灣鄉土文學‧皇民文學的清理與批判》	〈兩個十年——鄉土文學論戰前後台灣現代詩的淺介及淺思〉	詹澈	頁 286～293
《1998 年冬　台灣鄉土文學‧皇民文學的清理與批判》	〈毒蘋果札記〉	施善繼	頁 294～299
《1999 年秋　噤啞的論爭》	（史料）〈明麗島〉	柏鴻鵠	左翻頁 42～43
《1999 年秋　噤啞的論爭》	〈毒蘋果札記之二〉	施善繼	左翻頁 58～62
《2001 年春夏　那些年，我們在台灣》	〈離合悲歡的三天〉	田野	頁 282～288
《2001 年春夏　那些年，我們在台灣》	〈午馬神騰〉	古添洪	頁 289～290
《2001 年秋冬　因為是祖國的緣故》	〈往事難忘〉	田野	頁 289～295
《2001 年秋冬　因為是祖國的緣故》	〈詐欺〉	何苦	頁 296～297

《2001 年秋冬 因為是祖國的緣故》	〈「選擇」的變戲法〉	何苦	頁 298～299
《2003 年冬 告別革命文學？》	〈周爺〉	施善繼	頁 296～302
《2003 年冬 告別革命文學？》	〈卓瑪及其他〉	施善繼	頁 303～308
《2003 年冬 告別革命文學？》	〈「天地至今留正氣」——紀念賴和先生逝世六十周年〉	何標	頁 309～310
《2004年秋 爪痕與文學》	〈宿舍〉	詹澈	頁 285～391
《2005 年春 迎回尾崎秀樹》	〈視線：裸露、錯叉或交匯——亞洲民眾戲劇的迴流〉	鍾喬	頁 331～348
《2005 年春 迎回尾崎秀樹》	〈讀《中國農民調查》〉	詹澈	頁 349～357
《2005 年秋 八一五：記憶和歷史》	〈懷事〈毒蘋果札記（三）〉	施善繼	頁 288～296
《2005 年秋 八一五：記憶和歷史》	〈一本書的故事——關於《戰慄的未來》〉	楊渡	頁 297～309
《2005 年秋 八一五：記憶和歷史》	〈對我而言的「第三世界」〉	陳映眞	頁 310～320
《2006 年春 2‧28：文學和歷史》	（史料）〈我的青少年時代〉	尾崎秀樹	頁 215～231
《2006 年春 2‧28：文學和歷史》	〈人雖去，魂猶在——寫在巴金老人遠行的時候〉	曾慶瑞	頁 232～238
《2006 年春 2‧28：文學和歷史》	〈毒蘋果札記（四）〉	施善繼	頁 239～245
《2006 年夏 日讀書界看藍博洲》	〈俄羅斯十一日行——文化「遊學」之旅〉	曾慶瑞	頁 238～267
《2006 年夏 日讀書界看藍博洲》	〈毒蘋果札記（五）〉	施善繼	頁 268～273
《2006 年秋 貪腐破解了台獨政權的神話》	〈關於「智識階級」的使命——從愛羅先珂的演講想起〉	彭明偉	頁 257～268
《2006 年秋 貪腐破解了台獨政權的神話》	（史料）〈智識階級的使命〉	愛羅先珂	頁 269～277
《2006 年秋 貪腐破解了台獨政權的神話》	〈毒蘋果札記（六）〉	施善繼	頁 278～285
《2006 年冬 復甦文藝變革的力量》	〈台灣的逆光烏托邦〉	櫻井大造	頁 280～287

《2006 年冬 復甦文藝變革的力量》	〈毒蘋果札記（七）〉	施善繼	頁 288～293
《2007 年春 2‧28 六十周年特輯》	〈母親的叮嚀——拜見詩人臧克家先生〉	陳映眞	頁 412～417
《2007 年春 2‧28 六十周年特輯》	〈永不消逝的彩虹——尋訪黃榮燦的腳蹤〉	黃儉紅	頁 418～433
《2007 年春 2‧28 六十周年特輯》	（史料）〈記台灣的憤怒〉	范泉	頁 235～445
《2007 年春 2‧28 六十周年特輯》	〈消失在歷史迷霧中的背影——丁名楠與二‧二八事變〉	林書揚	頁 446～474
《2007 年春 2‧28 六十周年特輯》	〈毒蘋果札記（八）——二〇〇七‧二‧二八‧飄撇的烏狗兄〉	施善繼	頁 475～478
《2007 年春 2‧28 六十周年特輯》	〈冷戰封鎖下的民眾文化〉	鍾喬	頁 479～495
《2007 年夏 學習楊逵精神》	〈神交五十年相見在九泉〉	曉風	頁 347～352
《2007 年夏 學習楊逵精神》	〈毒蘋果札記（九）〉	施善繼	頁 353～355
《2007 年夏 學習楊逵精神》	〈尾崎秀實與中國〉	張學峰	頁 356～387
《2007 年夏 學習楊逵精神》	〈始自於絕望的希望〉	大江健三郎	頁 388～405
《2008 年.01 鄉土文學論戰三十年 左翼傳統的復歸》	〈「鄉土文學論戰」三十年〉	施善繼	頁 387～391
《2008 年.01 鄉土文學論戰三十年 左翼傳統的復歸》	〈毒蘋果札記（十）〉	施善繼	頁 392～394
《2008 年.01 鄉土文學論戰三十年 左翼傳統的復歸》	〈於是我來到邊境〉	鍾喬	頁 395～404

小　說

共計 5 篇

期　名	題材與名稱	作　者	所在頁數
《1999 年秋　噤啞的論爭》	〈歸鄉〉	陳映眞	左翻頁 1～41
《2000 年秋　復現的星圖》	〈夜霧〉	陳映眞	頁 293～340
《2001 年春夏　那些年，我們在台灣》	〈忠孝公園〉	陳映眞	頁 193～281
《2001 年秋冬　因爲是祖國的緣故》	〈死亡的河〉	林步履	頁 281～288
《2007 年春 2・28 六十周年特輯》	（史料）〈阿貴的悲哀〉	楊思諶	頁 406～411

評　論

共計 4 篇

期　名	題材與名稱	作　者	所在頁數
《2000 年秋　復現的星圖》	〈評吳晟〉	周良沛	頁 357～378
《2001 年春夏　那些年，我們在台灣》	〈黎明的憂懼——詹澈詩集《土地請站起來說話》〉	張軍	頁 317～321
《2001 年秋冬　因爲是祖國的緣故》	〈反思和批判的可能性——關於高重黎「影像・聲音——故事」展出的隨想〉	許南村	頁 300～304
《2003 年冬　告別革命文學？》	〈兩岸文學的新頁—試讀周良沛《走進臺灣》	曾健民	頁 311～337

報導文學

共計 3 篇

期　名	題材與名稱	作　者	所在頁數
《2003 年冬　告別革命文學？》	〈雪原上的眼睛〉	楊渡	頁 267～295
《2006 年春 2・28：文學和歷史》	〈瞭解伊斯蘭世界及其作家〉	藍博洲	頁 181～209
《2006 年冬　復甦文藝變革的力量》	〈那些歌，給了她力量——馮守娥的戰鬥曲〉	陳志平	頁 259～279